Klaus P. Horn

Erleuchtung und Meisterschaft

Vom Sinn und Unsinn spiritueller Suche

Ullstein

Besuchen Sie uns im Internet:
www.ullstein-taschenbuch.de

Ullstein Esoterik
Herausgegeben von Michael Görden

Die Erstausgabe erschien 1997 unter dem Titel
DIE ERLEUCHTUNGSFALLE
als connection Buch bei Connection Medien GmbH,
Niedertaufkirchen

Umwelthinweis:
Dieses Buch wurde auf chlor- und säurefreiem Papier gedruckt.

Überarbeitete Ausgabe im Ullstein Taschenbuch
1. Auflage August 2005

Umschlaggestaltung: FranklDesign, München
Titelabbildung: Shivananda Ackermann
Gesetzt aus der Sabon
Satz: Pinkuin Satz und Datentechnik, Berlin
Druck und Bindearbeiten: Ebner & Spiegel, Ulm
Printed in Germany
ISBN-13: 978-3-548-74251-9
ISBN-10: 3-548-74251-3

Bhagwan – Osho, mit dem alles begann,
in dankbarer Erinnerung

Danksagung

Mit ihrer Unterstützung und Kritik haben viele mitgeholfen, dieses Buch entstehen zu lassen. Besonders danke ich Sami Regine Brick, Sugata W. Schneider, Karuno H. Grieß, Eva Steinrücke, Michael Barnett, Hal Stone, Artho und Veeta Wittemann, Ulrich Blomeier, Apsara. C. Kirchgraber, Manfred Miethe und Christian Salvesen.

Inhalt

EINLEITUNG

Solange ich mich erinnern kann, bin ich ein Sucher gewesen, bin viele Wege gegangen, äußere und innere. Heute suche ich nicht mehr, kenne aber viele, die ihre menschliche Natur am liebsten ausmerzen würden, damit der große Durchbruch endlich geschieht. Andere, weltlicher orientierte Sucher, mit denen ich arbeite, sind allzuschnell bereit, ihre seelischen Bedürfnisse zu opfern, wenn sie den großen Erfolg vor Augen sehen. Beide möchte ich mit diesem Buch ermutigen, ein wenig zu entspannen und sich selbst mehr zu respektieren.

Die Erkenntnisse und Schlußfolgerungen, die ich in diesem Buch dargestellt habe, sind meine persönlichen Einsichten. Wenn ich über Leiden, Schmerz, Erfolg, Macht, Erleuchtungen und Sehnsucht nach Befreiung schreibe, spreche ich aus eigener Erfahrung. Ich bekomme jedes Mal das Schaudern, wenn ich eine sogenannte Fachautorität nüchtern und objektiv über menschliche Probleme und ihre Lösungen berichten höre, als habe er oder sie selbst nicht das geringste damit zu tun. Als junger Student habe ich Psychiatrievorlesungen, in denen hochsensible Menschen von selbstgefälligen Psychiatern mit der ganzen Arroganz des Lehrstuhls als krankhafte »schizophrene Subjekte« vorgeführt wurden, unter Protest verlassen. Später sah ich völlig verschlossene, machtbesessene und aggressive »Startherapeuten« ihre Gruppenteilnehmer mit Verachtung anfahren, weil die sich angeblich nicht genug öffneten.

Im Verlauf meiner eigenen Sucherkarriere hörte ich international renommierte Gurus und provinzielle Psychotechniker ihre erlösungsdurstigen Anhänger die Zerstörung des Ego zum Zwecke des höchsten Glücks lehren. Heute scheint mir, daß die Mehrzahl dieser spirituellen Stars zu früh aufgehört hat, sich selbst zu erforschen. Wer von anderen völlige Selbstaufgabe fordert und sich zugleich auf unantastbare Machtpositionen zurückzieht, überzeugt mich nicht mehr, gleich was er oder sie lehrt. Wer seine Klienten, Patienten, Teilnehmer oder Schüler symbolisch oder tatsächlich nur mit Gummihandschuhen berührt und sein eigenes menschliches Leben als hermetisch abgeriegelte Ehrfurchtszone sichert, ist mir heute suspekt.

Sicherlich haben wir alle das Recht auf Grenzen und Privatsphäre. Wer aber in seiner Arbeit tief in die persönliche Sphäre anderer Menschen eintaucht und Öffnung bewirken will, muß, meine ich, bereit sein, auch sich selbst in Frage zu stellen.

Auch deshalb habe ich hier nicht nur Fälle aus meiner Praxis referiert, die ich der Offenheit und Bereitschaft meiner Klienten verdanke, mit mir zu arbeiten.

Meine eigene Entwicklung, meine Irrtümer, Umwege und Dummheiten sind mit einbezogen und beschrieben –

soweit sie das Thema dieses Buches betreffen: die Suche nach Befreiung – und ihr Ende.

Worum es geht...

Unsere kollektive Vergangenheit ist so voll von Unterdrückung, Schmerz und Gewalt, daß es kaum verwundern kann, wenn die Wege zur Befreiung des Menschen ebendiese Gewaltverhältnisse widerspiegeln. Zu unserem Erbe gehören nicht nur die Schrecken dieses ausgehenden Jahrhunderts – Holocaust, Hiroshima, Vietnam und die Zerstörung der Natur. Jahrtausendelang hat sich das Drama wiederholt. Die Schicksale der unzähligen hungernden, gequälten und erniedrigten Menschen berühren uns sehr konkret – ob wir es spüren oder nicht.

Große Ideen und Erlösungsphilosophen sind immer wieder aufgetaucht – Hoffnungsschimmer, Rettungsinseln. Strahlende Sterne wie Jesus, Buddha, Zarathustra und viele andere, auch unbekannte Männer und Frauen, haben aufatmen lassen, frische Luft gebracht, die Müden und Verzweifelten berührt und belebt. Ihren Fußspuren folgten allerdings stets die Institutionen der Rechtgläubigen, jene Kirchen und Parteien des einzig wahren Weges, die uns die Luft wieder verpestet haben mit dem Gestank ihrer Selbstgerechtigkeit.

Wie wunderbar ist Jesus, der die Kinder liebt und die Lilien auf dem Felde mehr schätzt als alle Pracht des Reichtums und der Macht! Doch was ist von seiner Lehre geblieben? Selbst die wenigen Bruchstücke, die unsere Kirchenväter vergaßen, aus der heutigen Bibel zu entfernen, glänzen wie reines Gold. Die Heuchler, die er bloßstellte, haben allerdings nicht nur den Kampf gegen ihn gewonnen, sie haben auch seine Lehre übernommen und zur Begründung eines der gewaltigsten Machtimperien der Geschichte benutzt.

Anderen Religionsstiftern ging es nicht besser. Und die Befreiungsreligion des 20. Jahrhunderts, die große Idee einer kommunistischen Gesellschaft der Freiheit, Gleichheit und Menschlichkeit, wurde eben erst auf dem Müllplatz der Geschichte entsorgt. Viele Zeitgenossen, die der Pervertierung revolutionären Geistes in den verkrusteten Zwangsapparaturen des ehemaligen Ostblocks ausgesetzt waren, fühlen sich heute von diesen Befreiern befreit.

Die scheußlichsten Kriege waren und sind immer noch jene, die im Namen Gottes oder im Namen einer Erlösungs-Ideologie geführt werden. Das letzte Gefecht zur endgültigen Befreiung der Menschheit wird von ebenjenen Menschen geführt, die aus der Sklaverei stammen und sie mitgetragen haben. Ist ihr Kampf erfolgreich, haben sie verständlicherweise nun doch wieder etwas mehr zur verlieren als nur ihre Ketten. Wenn nach der Befreiung dann alle gleich sind, sind sie eben ein klein wenig gleicher als alle anderen.

Also den Menschen selbst befreien, transformieren, erleuchten! Auch dies ist eine alte Erlösungsidee, die zumindest in Indien eine vieltausendjährige Geschichte hat. Die Wege zur Freiheit spiegeln auch auf dem inneren Weg die Zustände der inneren Gefängnisse ihrer Erfinder. Brutale Selbstverstümmlungen an Körper, Seele und Geist kennzeichnen so oft die Wege zur inneren Befreiung. Entsagung, Armut, Selbstaufgabe, Unterordnung und Abbruch zwischenmenschlicher Beziehungen sind nur einige der Opfer, die von traditionellen und neuen Religionen verlangt werden, wenn als Lohn das Paradies winkt.

Eine besonders hartnäckige Gewaltphantasie von Erlösungssuchern ist die Idee von der Egozerstörung. Der Mensch möchte gern nur noch Gott sein, und vor allem frei von dem lästigem Gepäck, mit dem dieser uns ausgestattet hat: den »niedrigen« Gefühlen. Angst, Ärger, Wut, Eifersucht und Gier müssen weg, damit dauerhaftes Glück sich einstellen kann – da sind sich die meisten Befreier einig. Und das soll eben über den Tod des Ich gelingen.

Erlösern wie Suchenden entgeht hierbei jedoch, daß ihr Ich nicht einem mächtigen Monarchen, sondern eher einer bunten Zirkustruppe gleicht.

Unbewußte psychische Energien, Teilpersönlichkeiten haben den Raum des Ich eingenommen: Antreiber und Angsthasen, Aufrechte und Schlitzohren bestimmen die innere Szene. Befreiungssucher ersetzen nun ihren inneren Erfolgsjäger oder Verlierer durch den spirituellen Aspiranten. Einmal ermächtigt, fordert er kategorisch den Tod des lästigen Ego – womit er alle diejenigen seelischen Komponenten meint, die ihm in die Quere kommen.

Doch sein Kanon zielt ins Leere, seine Kanonen zerschießen nur den Wind, denn das Ego kommt nicht in Sicht. Dafür leuchten seine Einsichten auf, verbunden mit Lichterfahrungen, energetischer Transformation oder stillen Seinszuständen. Ihnen folgt früher oder später unweigerlich die Erkenntnis der eigenen Befreiung oder Erleuchtung, mit der die spirituelle Teilpersönlichkeit ihren Dominanzanspruch über den inneren Zirkus sichert.

Der nun erleuchtete oder befreite Mensch identifiziert sich mit einem (sehr attraktiven) Teil seiner selbst. Eine Farbe des Spektrums wird zur einzigen, zur wahren Farbe erhoben, der Rest ignoriert.

Hinterwäldler scheuen sich ihr Dorf zu verlassen, weil

sie wissen, daß da draußen ohnehin nichts Gutes sein kann. So klammern sie sich an das Vertraute.

Doch ähnlich geht es auch den großen Weltenüberwindern. Indem sie die leuchtende Weite ihrer inneren Befreiung gegen all die anderen Farben aus dem Spektrum menschlicher Möglichkeiten eintauschen, verarmen sie inmitten ihres goldenen Reichtums.

Und so erweist sich diese große Befreiung wiederum als Sackgasse.

Das rächt sich mitunter, denn die persönliche Struktur bleibt auch nach dem – durchaus realen – Erleuchtungserlebnis erhalten. Das Leben konfrontiert auch die Erleuchteten mit ihren ungelebten Gegenseiten – so lange, bis sie lernen, sich von der Identifikation mit ihrer spirituellen Seite zu lösen. Gerät die Herrschaft des spirituellen Selbst über den ganzen Menschen erst ins Wanken, gewinnen sie die Freiheit, wie jeder Unerleuchtete auch, ein bewußteres Ich zu entwickeln, das zwischen dem Überpersönlichen und dem Persönlichen stehen kann.

Ramakrishna benutzte die Analogie des Geiers, um den Mechanismus der Selbsttäuschung zu veranschaulichen. Der Geier schwebe hoch oben in den Lüften, doch seine Augen seien auf die Abfallgruben gerichtet. Entweder aber schaue man auf Gott oder auf »Frauen und Gold«. Ramakrishna lebte zu einer Zeit und in einer Tradition, in der sogar die bloße Berührung eines Geldscheins eine spirituelle Verunreinigung bedeutete.

Wenn aber die Ramakrishnas von heute ihre Identifikation mit dem Göttlichen lösten und der verachteten »Abfallgrube«, den Frauen und dem Gold ebenso einen Raum in sich zugestünden wie dem lichten Raum der Erleuchtung, gingen sie einen Schritt aus ihrer Befreiungsfalle heraus. Die Freiheit von der Befreiung, die sie so erlangen könnten, wird die meisten kaum anziehen. Sie ist nicht großartig genug. Sie besteht in der Fähigkeit, zwischen den Gegensätzen zu stehen, zwischen Himmel und »Abfallgrube«, zwischen bedingungsloser Liebe und Eifersucht, zwischen Stille und Wut, zwischen Losgelöstheit und Bindung.

Diese neue Befreiung, die von der Erlösung also, stellt sich damit eher bescheiden vor als bewußtes Annehmen der eigenen Lebensreise. Und doch liegt hierin die Chance, ein Gleichgewicht zu erreichen, das es uns vielleicht zum ersten Mal erlaubt, das irdische Leben mit unserer spirituellen Heimat zu versöhnen.

Im Abschied vom kindlichen Erlösungstraum eines ewigen göttlichen Gleichmuts kann nun ein menschliches Wachstum beginnen, in dem wir lernen, die Gegensätze und Unsicherheiten des irdischen Lebens auszubalancieren.

Wir Menschen sind unvollkommene, verletzliche Wesen. Mit der Entwicklung eines handlungsfähigen Bewußtseins werden wir vielleicht eines Tages erwachsen und können unserer Verantwortung zwischen Himmel und Erde gerecht werden. Dann sind wir in der Lage, auf diesem schönen Planeten zu leben, ohne ihn zu ruinieren, in weisem Einklang mit uns selbst und unserer Umwelt.

Manche Zeitgenossen beneiden unsere Vorfahren um ihre einfache Lebensweise und Naturverbundenheit. Andere idealisieren bestimmte mutterrechtliche Gesellschaftsformen oder ichlose Stammesgemeinschaften. Doch wie wundervoll uns diese Welten auch im Rückblick erscheinen mögen – sie sind vergangen, und wir sehen uns heute konfrontiert mit einer ungeheuren Krisenspannung. Einerseits erleben wir die reale Bedrohung der gesamten Menschheit durch einen globalen, ökologischen Holocaust. Im Gegenzug zeichnen hochentwickelte Biotechnologien das Bild eines paradiesischen Lebens, in dem wir die Chance haben, uns mit der Erde und damit mit unserer eigenen irdischen Natur zu versöhnen. Technisch gesehen, so scheint es, wissen wir schon, wie es geht. Wir tun es aber nicht. Wir handeln nicht in Übereinstimmung mit unserer rationalen Erkenntnis. Wir sägen weiter an dem vielzitierten Ast, auf dem wir sitzen.

Zwar geben die aufrechten Veteranen der New-Age-Bewegung die Hoffnung auf Revolutionierung des menschlichen Bewußtseins durch globale Erleuchtungswellen nicht auf. Eine konkretere Chance aber liegt in der Bewußtseinsentwicklung auf der Ich-Ebene. Wenn wir uns beispielsweise nur mit dem einsichtigen, ökologisch vorbildlichen Wohltäter in uns identifizieren, geraten wir unvermeidlich in Schlagseite. Denn nun müssen andere die Rollen der bösen Unholde spielen, zu denen wir uns zu fein sind. Mit denen gibt es dann zwar spektakuläre und sehr medienwirksame Showdowns – aber keine wirkliche Verständigung. Finden wir aber die rücksichtslos egoistische »Umweltsau« auch in uns selbst, können wir gegensteuern. Ein bewußteres Ich kann lernen, beide Seiten zu umfassen und verantwortliche Schritte zu gehen.

Ebenso haben wir die Chance, den jahrtausendealten Kampf zwischen Männern und Frauen um die richtige Weltsicht und Lebensweise zu beenden. Wenn Frauen und Männer die patriarchalischen und matriarchalischen Strukturen in sich selbst erforschten, könnten wir Schuldzuweisungen und Rettungsphantasien einpacken. Ein stabileres Gleichgewicht käme auch in zwischenmenschlichen Beziehungen, Lebens- und Familienformen in Sicht.

VORWORT ZUR TASCHENBUCHAUSGABE

Als dieses Buch 1997 zuerst erschien, löste es in der spirituellen Szene starke Reaktionen aus. Es erntete begeisterte Zustimmung und stieß auf heftige Ablehnung – ein untrügliches Zeichen für einen Treffer. Was wurde getroffen?

Wer fühlte sich betroffen?

Empört und aggressiv reagierten Leser, die sich mit einem spirituellem Lehrer, einer Lehrerin bzw. einer bestimmten Richtung identifizierten und diese nun auf den Prüfstand gestellt sahen. Auch wer bis dahin Erleuchtung als großes Lebensziel vor sich hergetragen hatte oder sich gar selbst für erleuchtet hielt, sah sich mit aufstörenden Fragen konfrontiert.

Verständlich also und nur allzu menschlich ist der Wunsch, diese Störung durch Ablehnung aus der Welt zu schaffen.

Es gab aber auch viele, denen gerade die kritischen Fragen nach dem Verbleib »gestorbener« Egos und nach der Integration von Erleuchtung und praktischem Alltagsleben, die dieses Buch stellt, wie gerufen kamen. Sie sprachen davon, daß sie selbst schon gefühlt, erahnt, gedacht hatten, worum es hier geht, ohne es so auf den Punkt zu bringen. Nach der Lektüre erlebten sich diese Leser gelöster, milder, verständnisvoller und freundlicher sich selbst und anderen gegenüber.

Nun ist, seit ich dieses Buch schrieb, ein Jahrzehnt vergangen, in dem viel Wasser die Flüsse hinunter ins Meer geflossen ist.

Gerade weil das vorliegende Buch schon historisch genannt werden kann, hat es an Aussagekraft gewonnen. Es war das erste einer Reihe von Büchern, die für eine Generation von Suchern das Ende des Traumes von der Erleuchtung als Endlösung einläuteten, die Gurus und Meister entmystifizierten und die Integration von Persönlichen und Überpersönlichem fordern.

Auch im Stil folgen manche Neuerscheinungen dem vorliegenden Trendsetter und lassen ihre Leser am persönlichem Weg der Autoren oder den menschlichen Lernerfahrungen spiritueller Lehrer nach ihrer Erleuchtungserfahrung teilhaben.

So erfährt der Grundtenor dieses Buches acht Jahre nach seinem ersten Erscheinen Bestätigung durch manche der spirituellen Institutionen, die es herausforderte. Einmal mehr ertönt der Schopenhauersche Dreiklang der Erkenntnis, nachdem jede neue Sichtweise zuerst verspottet, dann bekämpft und schließlich akzeptiert wird.

Weitaus wichtiger und erfreulicher ist für mich das veränderte Bewußtsein vieler Suchender, die heute die persönliche, menschliche Seite ihres Wesens in ihre Praxis einbeziehen, statt sie ausmerzen zu wollen.

Sie verstehen, daß erleuchtetes Sein nichts ausgrenzt,

und besonders ihr Menschsein, ihre Unvollkommenheit und Verletzlichkeit, einschließt.

Als Einstimmung auf die vor Ihnen liegende Lektüre ein modernes Koan – das ist in der Zen-Tradition ein logisch unlösbares Rätsel.

Was ist der Verzicht auf vollkommene Erleuchtung?

Klaus P. Horn
im Sommer 2005

1. DAS- SCHMUNZELN DES IGELS

1.1 Der Weg des Hasen

Eine Geschichte des indischen Dichters Rabindranath Tagore beschreibt einen Sucher, der lange Zeit und mit großem Eifer und Ernst Gott sucht. Manchmal hat er Ahnungen von Ihm, innere Erfahrungen, aber sein Ziel, Gott wirklich zu begegnen, erreicht er nicht. Schließlich kommt er auf seinen entbehrungsreichen Wanderungen zu einem Berg, steigt hinauf und entdeckt dort, auf dem Gipfel des Berges, ein Haus. Auf dem Türschild steht: »Hier wohnt Gott«. Er ist außer sich vor Freude und will schon anklopfen, als ihm jäh klar wird, was das bedeuten würde. Wenn Gott die Tür öffnete, wäre alles aus! Seine Pilgerreisen, seine großen Abenteuer, sein Weg, seine ganze hohe Suche wären zu Ende. Wer wäre er dann? Seine Identität als Sucher wäre dahin. Es wäre wie Selbstmord! Der Schock dieser Erkenntnis durchfährt ihn wie ein Blitz, und er zieht leise seine Schuhe aus und geht vorsichtig und lautlos, um von Gott nicht bemerkt zu werden, den Weg wieder zurück.

Als er unten ankommt, rennt er, ohne sich umzudrehen, so schnell er kann fort. Kaum wähnt er sich in Sicherheit, setzt er seine fromme Gottsuche in allen Winkeln der Welt fort. Er weiß, er muß nur diesen Berg und dieses Haus vermeiden, dann kann er ewig weitersuchen. Und das ist es, was er fortan tut, denn er ist ein Sucher.

Ich bin selbst so ein Sucher gewesen und kann noch heute, nach vielen Jahren, den Schock dieser ersten Erkenntnis spüren, den die Geschichte beschreibt. Meine sorgfältig kultivierte Identität als Sucher und glückliches Mitglied einer sich ständig lautlos selbst gratulierenden spirituellen Gemeinschaft klappte in sich zusammen wie ein patentierter Wäscheständer.

Die Welt dieser Gemeinschaft war wie ein symbolisches Universum, das sich um sich selbst drehte: die eigene Beziehung zum Meister, zu Freunden in der Gemeinschaft, der innere Prozeß, die jüngsten Offenbarungen des Meisters, der interne Klatsch, die Hierarchie. Es gab »Alte« und »Neue«, es gab Aufgaben, Regeln und Bosse und mit ihnen die sozialen Statusspiele und Rangordnungskämpfe, die, wie überall in menschlichen Organisationen, an unsere biologischen Vorfahren, die Affen, erinnern. Unsere Welt wurde genauso gebildet, wie es heute immer noch zwischen Nationen weltweit üblich ist: durch eine eigene, für Außenstehende unverständliche Sprache, durch bestimmte soziale Rituale und Regeln und durch die klare Unterscheidung in »wir« und »ihr«, also Mitglieder und Nicht-Mitglieder.

Meine erste tiefe Einsicht in die Absurdität aller Suche fiel zusammen mit dem Ausstieg aus dieser Suchergemeinschaft. Ich war nun nicht mehr einer von ihnen und bekam das deutlich zu spüren. Alte Freunde wandten sich ab, eine unsichtbare Mauer des Schweigens und der Ablehnung entstand.

Zeitgleich mit dieser schmerzhaften Erfahrung, die ich mit vielen Menschen in verschiedenen eingezäunten Welten teilte, spürte ich immer stärker und sah immer deutlicher: Es gibt nichts zu suchen. Alles ist bereits da. Ich drehe mich im Kreis. Je schneller ich laufe, je mehr ich mich anstrenge, um so weiter entferne ich mich von dem Ort, den ich suche. Denn der ist nicht in der Ferne und irgendwann durch harte Arbeit erreichbar. Genau hier ist er, wo ich jetzt stehe, unter meinen Füßen.

Mir wurde klar, daß es zwei Wege gab – den des Hasen und den des Igels. Genauer gesagt ist nur einer von beiden ein Weg mit einem Ziel: der Hasenweg. Der Igel hat keinen Weg. Er will nirgendwohin. Er schmunzelt zufrieden in sich hinein. Er ist.

Warum schmunzelt der Igel?

In der norddeutschen Fabel vom Wettrennen des Hasen mit dem Igel in Buxtehude geht es um zwei unterschiedliche Weltbilder. Ein etwas hochmütiger Hase und der bescheidene Igel wollen auf einem Acker um die Wette laufen. Der Verlierer muß dem Gewinner ein Preisgeld zahlen, kein sehr hohes, aber die Wette wird abgeschlossen und ein Startzeitpunkt vereinbart. Während der Hase allein auf seine Schnelligkeit vertraut, weiht der Igel seine Frau in eine ganz andere Taktik ein: Nach dem Start bleibt der Igel stehen und läßt den Hasen davonlaufen. Am anderen Ende des Ackers aber hat sich seine Frau versteckt. Kommt der Hase angeflitzt, springt sie auf und ruft »Bin schon da!«

In der absurden Annahme, vom Igel überholt worden zu sein, macht der Hase panikartig kehrt und rennt so schnell er kann, um den Igel im zweiten Durchgang zu besiegen. Wenn er aber völlig außer Atem endlich ankommt, rufen entweder der Igelmann oder die Igelfrau »Bin schon da!«

Die schmunzelnde Weisheit des Igels ist die Erkenntnis, daß wir schon längst da sind, wo wir hinwollen. Zwar können beliebige Wege mit beeindruckendem Elan zurückgelegt werden. Ankommen aber ist eine andere Angelegenheit. Erst die Vollständigkeit macht's möglich – Igelmann und Igelfrau sind eine Einheit, konkurrenzlos, entspannt, selbstbewußt, freundlich. Ein hohes Ideal? Schwer zu erreichen?

Sicher haben wir alle den Weg des Hasen gelernt – sich schwitzend für die eigenen Ziele abzurackern, sich dabei immer weiter von sich selbst zu entfernen, sich in der Mühle zu drehen, unbedingt durchzuhalten! Aber das verstehende Schmunzeln über die Haltung des Igels zeigt, daß wir auch die andere Seite bereits kennen. In dem Augenblick sind wir auch schon da! Diese flüchtige Erkenntnis muß allerdings erst einmal in Fleisch und Blut übergehen, muß in allen Lebensbereichen erlebt, gefühlt, erfahren werden, bis wir ehrlich und ohne Kloß im Hals sagen können: »Bin auch schon da!«

Denn es geht in diesem fabelhaften Bild vom Hasen und Igel um ein zentrales menschliches Thema: Verletzlichkeit und Sicherheit. Der Hase ist ein sehr verletzliches Tier. Er ist, wie ein menschliches Kind, zu schwach, um sich gegen Angreifer verteidigen zu können. Um sich in Sicherheit zu bringen, bleibt ihm nur die Flucht. Deshalb lernt jeder Hase, schnell und geschickt zu fliehen, ebenso wie jedes Menschenkind sehr früh lernen muß, den Gefahren der Welt durch entsprechendes Verhalten zu entkommen. Dieser Weg der Anpassung oder Flucht bleibt aber immer riskant. Es gibt für den Hasen keinen wirklich sicheren Ort. Stets muß er auf der Hut sein, seine Löffel spitzen, Gefahr wittern. Er kann es sich nicht erlauben, zu entspannen und zu vertrauen. Deshalb ist er immer der Angsthase, auch wenn er, wie in der populären Fabel, arrogant und selbstsicher auftritt. Arroganz mit ihrer »Komm mir nicht zu nah«-Botschaft verbirgt oft mehr oder weniger geschickt die Angst und Verletzlichkeit eines »Angebers«. Die Sehnsucht des Angsthasen richtet sich auf einen Zustand der Sicherheit und Unverletzlichkeit, wie ihn der Igel repräsentiert. Auch der Igel ist klein und schwach und könnte gegen seine Jäger nichts ausrichten. Aber er ist geschützt und unangreifbar. Der Igel muß nicht fliehen. Er rollt sich einfach ein und streckt jedem Angreifer seine Stacheln entgegen.

Er muß sich keine Sorgen machen und kann deshalb in unseren Fabeln schmunzeln, entspannt lächeln und gemütlich in sich selbst ruhen. Für ihn gibt es nichts zu gewinnen. Er ist schon da. Der Hase dagegen kommt nie an. All seine Anstrengung ist zum Scheitern verurteilt. Er besitzt einfach nicht das sichere Stachelkleid, das innere Ruhe und Gelassenheit schenkt.

Unsere Suche nach Sicherheit, Erfolg, Macht, Liebe oder Gott richtet sich ebenfalls auf ein Ziel, das auf diesem Wege unerreichbar bleibt. Deshalb sind Igelmenschen für die unzähligen, sich ständig vermehrenden Angsthasen so attraktiv. Igelmenschen strahlen Ruhe, Gelassenheit und Selbstsicherheit aus, sie scheinen unangreifbar in sich selbst und der Welt zu ruhen. Über die Hasen und ihre angeberische Prahlerei schmunzeln sie: Sie lächeln nicht ironisch, sondern schmunzeln freundlich und entwaffnend. Denn sie wissen genau, wie hohl das Hasen-Image ist und erkennen deutlich die zitternde Ängstlichkeit im Supersportler, im Karrierestar, im Machtpolitiker, im Covergirl.

Wenn der Hase nur hinter das Igel-Geheimnis käme! Er bräuchte nicht mehr zu prahlen und nicht mehr zu leisten, er könnte aufhören zu rennen, könnte entspannen, vertrauen und endlich ankommen.

1.2 Um-zu: Das Grundgesetz des Hasenweges

Alle Hasenwege sind Umwege, oder, genauer gesagt: Um-zu-Wege. Wir strengen uns an, um damit in der Zukunft ein Ziel zu erreichen. »Um-zu« ist das Grundgesetz jeder Suche. Ihr Ausgangspunkt ist Mangel, Leiden, oder die Vorstellung, es fehle etwas Entscheidendes zum Glück. Ohne zu fragen, was genau tatsächlich fehlt, nehmen viele dann eine bestimmte Route, einen nahe liegenden Weg zur nächsten Befriedigung. Diese Bewegung führt in einer endlosen Schleife fort aus der Gegenwart, weg von uns selbst, hin zu einem Traumziel in der Zukunft: dem ersehnten Urlaub oder dem neuen Auto, dem beruflichen Aufstieg oder der neuen Partnerschaft, der Volljährigkeit oder dem Rentenalter, vielleicht auch dem endgültigen Durchbruch ins Licht.

In den wenigen kurzen Zwischenräumen zwischen Sog und Befriedigung entsteht die Chance von Stille: Nichts-Tun, einfach Dasein. Ein Stück blauer Himmel tut sich auf im Wolkenmeer zielgerichteter Gedanken oder Handlungen. Eine solche Lücke ist so überraschend wie eine Sternschnuppe und so selten wie ein vierblättriges Kleeblatt. In so einer Lücke sind wir frei, suchen nichts, wollen nichts anderes, als was schon ist. Wir sind nicht im Sog und nicht in der Befriedigung, sondern genau in der Mitte der Pendelbewegung. Nichts muß getan werden, nichts fehlt, alles ist einfach so, wie es ist. Was ist, ist genug, mehr als genug.

So selten sind diese Zwischenräume, in denen wir uns selbst eins fühlen mit dem ganzen Leben, daß es kein Wunder ist, warum so wenige Menschen auch nur an die Möglichkeit glauben, entspannt und erfüllt zu leben. Ihre tägliche Erfahrung auf dem Weg des Hasen beweist ihnen immer wieder, wie hart das Leben ist, voller Enttäuschungen, Leiden und Schmerzen, immer auf Trab, auf Maloche oder unter Terminzwang, in Geldnöten oder unter Erfolgsdruck; zwischendrin einige wenige Glücksmomente, kurze, sonnige Hoch-Zeiten in langen, grauen Tiefs. Mit zunehmender Erfahrung werden wir gewiefter, abgebrühter, abgeklärter. Enttäuschungen werden milder, Glücksgefühle flacher. Doch weiterhin suchen wir Lust und vermeiden Schmerz. Was aber bringt dauerhafte Sicherheit, ewige Erfüllung? Wo gibt es das märchenhafte Faß, das nie leer wird?

»Alle Lust sucht Ewigkeit«, erkannte der geniale deutsche Philosoph Friedrich Nietzsche, dessen eigene Suche schließlich im Wahnsinn endete.

Der Innenforscher und Mystiker Gurdjieff meinte, die Kräfte, die uns gefangenhielten, seien so stark, daß es an ein Wunder grenze, wenn überhaupt irgend jemand ihnen jemals entkomme.

Was sind diese Kräfte, die uns gefangen halten? Worin

besteht der ewige Magnetismus zwischen Sog und Erfüllung?

1.3 Im Jammertal der Wünsche

»SEI VORSICHTIG MIT DEM, WAS DU DIR WÜNSCHST – DU KÖNNTEST ES EINES TAGES BEKOMMEN!« (west-östliche Weisheit)

Wie Hans im Glück möchten die meisten Menschen gern haben, was ihnen gerade zu fehlen scheint. Vielleicht ist es eine Beziehung, in der sie angenommen sind, vielleicht Sicherheit oder Anerkennung. Einigen sind Macht und Wissen wichtig, wieder anderen Ruhm, Ansehen oder Reichtum. Manche verneinen ihre Wünsche und leben in selbstgewählter Armut und Bescheidenheit. Das ist in den reicheren Ländern eine relativ sichere Variante. Sie schützt allerdings wenig gegen die immer wieder durchkommenden Wünsche nach Erfüllung, Freiheit oder Einheit mit dem Göttlichen, die vor allem die mehr spirituell geprägten Sucher plagen.

Allen gemeinsam ist ein Zustand von Mangel, ein Armutsbewußtsein, das sie denken läßt: mir fehlt dies, ich habe nicht genug von jenem. In solch einem Klima von Mangel und Armut wachsen ihre Wünsche: »Wenn ich reich wäre, wenn ich dieses hätte, so schön aussähe, jenes könnte ... dann wäre ich wunschlos glücklich und zufrieden ...« So träumt man seit Jahrtausenden von märchenhaften wunscherfüllenden goldenen Ringen, mit denen Feen oder andere dienstbare Geister den geplagten Menschen von seinen Nöten erlösen. Obwohl heute auf Kinderliteratur zurechtgestutzt, sind unsere Märchen allerdings keineswegs so naiv wie manch zeitgenössische Mentaltechnik des »positiven Denkens«. Aladins Wunderlampe weist ebenso wie manch verwunschener Zauberring auf die Kehrseite paradiesischer Verhältnisse hin: Die Geister, die wir riefen, jene wunscherfüllenden Mächte, wenden sich nach der ersten Erfolgseuphorie sehr schnell gegen uns. Sie konfrontieren uns nämlich mit den todbringenden Schattenseiten des Schlaraffenlandes – eine Erfahrung, die mittlerweile den meisten Mitgliedern unserer wunscherfüllenden und alles fressenden Konsumgesellschaften unter die Haut gehen dürfte.

Der historische Gautama Buddha, unfreiwilliger Begründer einer großen Weltreligion, nannte diese Art des Wünschens »unbewußtes Verlangen«. Er sah darin die Wurzel menschlichen Leidens. Wir leiden, sagte er, weil wir glauben, uns fehle etwas. Diesen Glauben nährten wir, weil wir entweder akut litten oder ein inneres Vakuum fühlten. Dieses Loch wollten wir gern stopfen und träumten von der Erfüllung, die uns dann zuteil würde.

So beginnt der Kreislauf des Leidens

1. Ich bekomme nicht, was ich mir ersehne. Ich bin frustriert, leide und verzweifele vielleicht.
2. Ich erreiche mein Ziel, mein Traumhaus, meinen Traumjob, Traumpartner, Traumzustand. Es gibt ein kurzes Hoch. Wenn der Rausch nachläßt, bin ich wieder genau dort, wo ich war, bevor ich mein Ziel erreicht hatte. Ich bin genau der gleiche Mensch – plus Traumergebnis. Mein erfüllter Wunsch ist nun Teil des grauen Alltags, und ich fühle wieder die gleiche Leere, den gleichen Sog. Nun bin ich gründlich frustriert und leide immer mehr.

3. Ich will das größere Ziel, die höhere Dosis. Ich brauche nun noch mehr Geld, noch mehr Anerkennung, den wirklich richtigen Partner, größeren Erfolg, die wahre Erleuchtung – dann werde ich glücklich sein.

Das Rad der Suche beginnt sich zu drehen. In jeder Umdrehung entferne ich mich weiter von mir selbst.

Wie geschieht das?

Suche ist Bewegung weg vom Ziel

Es wäre nicht besser, wenn wir stets bekämen, was wir uns wünschen. Der Kreislauf von

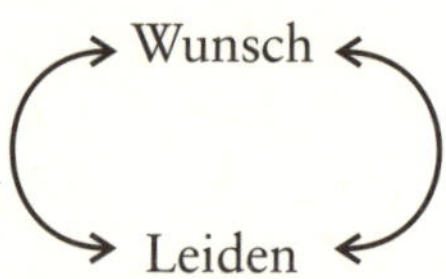

ist durch die Erfüllung unserer Wünsche leider nicht zu durchbrechen. Selbst die trickreichen Lebenskünstler, die sich wünschen, nichts mehr zu wünschen, erreichen ihr Ziel nicht. Ganz zu schweigen von unseren populären Positivdenkern, Mental-Affirmanten und Wunschrealitäts-Erzeugern. Sie scheitern nach anfangs erfreulichen Erfolgen stets am Problem, das Pendel des Lebens nun auf der von ihnen bevorzugten Seite zum Stillstand zu bringen.

Manche Mönche, Nonnen und andere Sucher haben zur Selbstgeißelung und anderen Formen der Selbstkasteiung gegriffen, um das Tief nach dem Hoch auszuschalten. So wollten sie sich den Teufel (die menschliche Natur mit ihrer Verletzlichkeit und Abhängigkeit von körperlich-sinnlichen Bedürfnissen) austreiben, auf daß nur noch Licht und Klarheit einkehrten. Die kamen auch, sicherlich. Aber sie gingen auch wieder.

Das Grundproblem ist das Gefühl: mir fehlt etwas. Ich sehe nicht, was mir fehlt, und jage deshalb, wie der Hase im Wettlauf mit den Igeln, in endlosen Wiederholungsschleifen vergeblich meinen Zielen nach. Ob ich sie erreiche oder nicht ist unerheblich. Denn in beiden Fällen komme ich zum Ausgangspunkt zurück: Mangel, Leiden und damit neue Wünsche.

Getrieben durch sein eigenes Tempo, rennt der ehrgeizige Hase immer wieder genau an dem Lebensgefühl vorbei, nachdem er so sehr sucht. Denn es ist nicht dort hinten, am fernen Horizont. Es ist nicht käuflich, kann nicht verdient werden, kommt nicht als Belohnung für Mühen und Anstrengungen.

Es ist weder an einem anderen Ort als hier noch in einer anderen Zeit als jetzt.

Jener erträumte Zustand von Übereinstimmung, Harmonie und Zufriedenheit mit sich selbst und der Welt liegt an unserem Ursprung. Dort haben wir gelebt und erinnern uns dunkel an diese verlorene Heimat, sehnen uns zurück dorthin. Doch was wir auch unternehmen, um im Gelobten Land anzukommen – es funktioniert nicht. Je mehr wir uns anstrengen, um so weiter entfernen wir uns vom Ziel, jener sagenhaften Quelle des Glücks.

Als kleiner Junge empfand ich das alltägliche Leben als eine Art Vorhang, der uns alle vom wirklichen Leben trennt. Es war wie ein Geheimnis, das mir keine Ruhe ließ. Unbedingt wollte ich herausfinden, was nicht stimmte. Ich vermutete, daß es mit der geheimnisvollen Fähigkeit der Älteren zusammenhing, Geschichten aus

Schriftzeichen lesen zu können, die für mich nur schwarzweiße Muster waren.

An unserer Straße stand meine Lieblingsbirke, der ich mein Leid klagte:

»Ich will endlich auch lesen können«, sagte ich zu ihr, »Ich glaube, die lesen mir nicht alles vor, was in den Büchern steht. Die sagen mir nicht die Wahrheit. Wenn ich selbst lesen kann, dann finde ich schon heraus, was hier wirklich los ist.« Ich fieberte der Einschulung entgegen, nur aus diesem einen Grund: endlich selbst lesen zu können, endlich Zugang zur Quelle des Wissens zu finden. Als es soweit war, lernte ich diese Kunst zwar schnell und verschlang dann alle Bücher, die ich kriegen konnte. Aber von den meisten Kinderbüchern war ich enttäuscht. Da stand es auch nicht drin, was ich wissen wollte. Nirgendwo war das, was ich suchte, zu finden, im Schulunterricht schon gar nicht. Ich konnte auch nicht benennen, was es war.

Aber ich spürte instinktiv, daß der Alltag mit Aufstehen, Zähneputzen, Schule, Kinderspielen und Schlafengehen nur ein kleiner Teil des Lebens war. Es gab doch viel mehr als das! Warum sah es denn niemand? Immer wieder stellte ich mir einen Vorhang vor, einen unsichtbaren Vorhang, der das langweilige Alltagsleben von der wirklichen Welt trennte, die so schön und aufregend war. Fast alle lebten nur auf dieser Seite des Vorhangs, und niemand schaute dahinter. Kaum jemand bemerkte überhaupt diesen Vorhang. Mein Vater erzählte mir, daß mein alter Onkel, als er starb, zuletzt gesagt hatte: »Was, das war alles?!« »Genau«, dachte ich, der alte Onkel Karsten, der konnte mich verstehen. Er war ein vergnügter Onkel, und ich durfte manchmal vorn in seinem alten Mercedes mitfahren, bei dem man die Windschutzscheibe nach oben klappen konnte. Aber was hinter dem Vorhang war, das wußte er auch nicht.

Also begann ich nach einem Weg durch den Vorhang des Lebens zu suchen und mich immer weiter zu entfernen vom intuitiven Wissen des Kindes um die Geheimnisse des Lebens ohne Vorhang.

Alle Wege sind Hasenwege

Glück im Außen zu suchen, ist so frustrierend wie in der Wüste nach Wasser zu graben. Die Wege der Welt führen erfolgreich in diese Wüste. Alle Wege sind Hasenwege. Da hilft es auch wenig, tapfer zu behaupten, der Weg sei das Ziel. Entscheidend ist es vielmehr zu erkennen, daß zielorientierte Wege aus unserem gegenwärtigen Hasendenken stammen. Dessen Repertoire ist sinnvoll und nützlich, denn es schützt uns vor Gefahr und gibt Orientierung in der Welt. Leiden schaffen wir, wenn wir von diesem Programm dauerhaftes Glück erwarten. Denn das ist nicht im Rahmen seiner Möglichkeiten. Es ist ein Um-zu-Programm – nicht mehr und nicht weniger. Um-zu-Programme helfen uns, oft gegen unsere eigenen Bedürfnisse, ganz bestimmte Dinge zu tun oder zu lassen, um in der Zukunft etwas Wunderbares zu erreichen.

Einige solcher Um-zu-Programme sind:
- Materieller Besitz (so weit das Auge reicht – alles meins!)
- Ruhm (ich betrete die Bühne und 20000 Fans geraten in Ekstase …)
- Wissen (o.k., ich bin getrennt vom wirklichen Leben, aber ich weiß, warum!)

- Macht (ich betrete den Raum und ein Ruck geht durch meine Untergebenen)
- Nähe (wenigstens eine/r, wo ich ein wenig entspannen und loslassen kann)
- Soziale Veränderungen (nach der großen Wende wird alles besser.)
- Drogen (high und losgelöst von dieser Welt – solange der Vorrat reicht)
- Kriege (ich bin stärker, größer, besser, richtiger als du, und das beweisen dir meine Kanonen)
- Religionen (Genial. Re-ligio = Rückbindung zur Quelle. Kleingedruckt:

Verkäufer verkauft hier gegen Vorauskasse eine Ware, deren Lieferung vertragsgemäß erst erfolgen kann, wenn der Kunde nicht mehr im Zustellbereich des Verkäufers belieferbar ist.)

Das Rad der Suche

Unser Suchen und Bemühen um Ziele, Erfolge und Sinn kommt aus dem Grundgefühl des Hasen: Mir fehlt etwas Entscheidendes. Ich bin nicht vollständig. Nur durch eigene Anstrengung und ständige Verbesserung kann ich hoffen, die eine große Veränderung zu erreichen, die mich endlich zufriedenstellt.

Diese Hoffnung richtet sich auf eine Lösung oder einen idealen Zustand, der stabil bleibt und mich ständig mit dem Gut versorgt, das ich mir am meisten wünsche. Dann könnte ich endlich, wie der schmunzelnde Igel, aufhören zu suchen und mich abzurackern und einfach entspannen, ankommen.

Abraham Maslov hat uns eine Vorstellung vom Zusammenhang innerer und äußerer Ziele gegeben. In seiner Hierarchie der Bedürfnisse beginnen wir beim Überleben, suchen nach Nahrung und Schutz (Kleidung, Behausung), wollen, wenn das gewährleistet ist, als nächstes Sicherheit durch Struktur und Ordnung, dann Zugehörigkeit zur Gruppe und Angenommensein, gehen weiter zum Wunsch nach Anerkennung und Achtung und gelangen an der Spitze dieser Pyramide zum Wunsch nach Selbstverwirklichung, Selbsterkenntnis, Gott.

Also suchen und versuchen wir vieles, um an einen äußeren oder inneren Ort zu gelangen, der mehr verheißt, als was ist. Kaum jemand aber scheint diesen Ort zu erreichen. Vielmehr sieht es so aus, als würden fast alle Menschen ständig weiterreisen, irgendwo anders hinwollen, meist eilig, oft gestreßt, vielfach ärgerlich und frustriert – und zwar unabhängig davon, was sie im Leben erreicht haben und von wie vielen Mitmenschen sie darum beneidet werden. So gesehen ist das menschliche Leben für die überwältigende Mehrheit auf diesem Planeten gekennzeichnet von einer ständigen, irrationalen, fast zwanghaften Wiederholung der immer gleichen Suchbewegung.

Wie Süchtige nach ihrer Droge, so verlangen wir nach emotionalen, materiellen oder geistigen Stoffen, die in immer höheren Dosen immer mehr Leid, Schmerz und Frustration hinterlassen.

Vom Überleben zur Sinnsuche

Zuerst suchen wir die Befriedigung unserer elementaren Bedürfnisse nach Nahrung, Schutz, Nähe, Wärme, Sex. Diese Grundbedürfnisse entstehen in uns wie ein Vakuum-

Seltsame Reihenfolge!

* Kunst + Kultur = Ausdruck unseres Selbst !

Sog, weil etwas fehlt im Blutzuckerspiegel, in der Körpertemperatur, im hormonellen Gleichgewicht oder in einem Denkprogramm. Dieser Sog zieht uns oder treibt uns als Trieb in Richtung Erfüllung. Erreichen wir eine Befriedigung, suchen wir in der kurzen Zeitspanne der Ruhe, bevor eines der Grundbedürfnisse sich wieder meldet, Zerstreuung, Ablenkung, Unterhaltung. Brot und Spiele heißt das bewährte Motto, heute weitgehend über Konsumgüter und TV-Shows vermittelt. Fühlen wir uns ziemlich wohl und sicher und glauben uns geschützt vor den Gefahren der Welt, vor Hunger, Durst, Krankheit, Verletzung und Tod, beginnen wir in der kurzen Zeitspanne, bevor die Ebbe einsetzt und der Sog uns wieder packt, vielleicht auch zu denken, zu träumen, zu singen, zu malen, zu phantasieren. Kunst und Kultur entstehen als reiner Luxus.*

Der Buddha sah das »Rad der Welt« als ein Zusammenspiel sich gegenseitig bedingender Faktoren. Wünsche führen zu Leiden, dieses Leiden bewirkt neue Wünsche, und so dreht sich das Rad immer tiefer in den Schlamm, versinkt tief in Leiden und Unwissenheit.

Hier hilft Enttäuschung. Eine Ent-Täuschung bedeutet das Ende der Täuschung. Enttäuschungen stoppen die automatische Vorwärtsbewegung des Suchenden.

In diesen Pausen kann sich Bewußtheit entwickeln, können wir beginnen, uns zu erinnern. Der Weg aus dem Teufelskreis der Suche führt nach Buddha einzig über die bewußte Umsetzung der Ent-Täuschung, über die befreiende Erkenntnis der illusionären Natur des ewig sich drehenden Rades der Suche.

Der Buddha soll »Halt!« gerufen haben. Also halten wir an, um so den Kreislauf der Suche zu stoppen. Ob dieses »Um-Zu« wenigstens funktioniert?

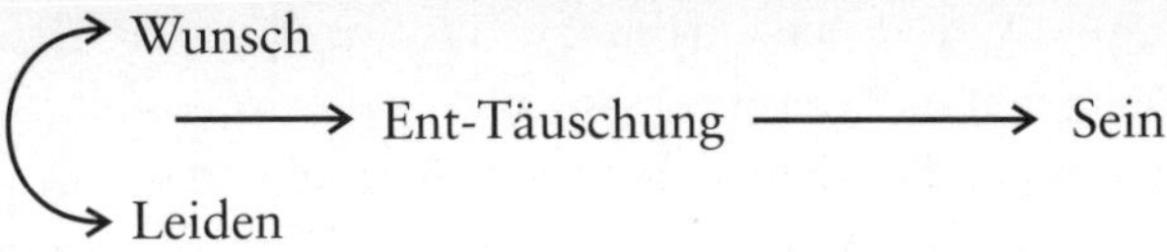

Vielleicht. Über Selbstbeobachtung (Meditation), »rechtes Verstehen« und »rechtes Tun« erreicht der enttäuschte Buddhist womöglich jene Kraft von Bewußtheit, die es ihm erlaubt, dem Sog unbewußten Verlangens und unbewußter Gedanken/Handlungen zu widerstehen. Er hält sich in der Mitte – zwischen Tun und Nicht-Tun, in Balance – bis die Erkenntnis des Igels dämmert: »Bin schon da!«

1.4 Die Suche nach dem Fehlenden

Die Bewußtheit, die Buddha meinte, ist reines Gewahrsein. Im täglichen Leben ist diese Qualität meist kaum präsent – es sei denn dieses tägliche Leben spielte sich im Kloster oder Ashram ab. Dort kann die gesamte Atmosphäre mit Übungen, Stille, Vorträgen, Ritualen und Meditationen helfen, diese bewußte Wahrnehmung zu kultivieren. Manche fortgeschrittenen Meditierer transportieren ihre Bewußtheit sogar in ihr alltägliches, weltliches Leben als Programmierer, Verkäufer, Werkzeugmacher, Mutter, Vater, Kollege oder Sportler.

Doch selbst wenn diese schwierige Übung gelingt, bleibt meditative Bewußheit reines Gewahrsein, also ein passives Beobachten und damit getrennt vom Handeln. Der Handelnde selbst bleibt unbewußt. Er wird lediglich bewußt wahrgenommen. Veränderung von Verhalten ist so kaum zu erwarten, denn Bewußtheit allein schafft keine neuen Handlungsalternativen.

So kann beispielsweise ein Soldat, der sich an der Front im Granatenhagel oder im Nahkampf befindet, eine hohe Bewußtheit entwickeln. Manche Biographien legen nahe, daß extreme Kriegserfahrungen die Betroffenen in eine gesteigerte Bewußtheit katapultieren können, in der sie glasklar sich selbst, die Situation und deren Gefahr erleben, ohne innerlich ins Geschehen involviert zu sein. Eine beobachtende Distanz zu sich selbst, die friedlichere Naturen sich allmählich herbeimeditieren müssen, ist plötzlich einfach da. Seine Bewußtheit aber gibt dem Kämpfer keinerlei innere Wahlmöglichkeit. Selbst wenn die äußere Situation eine gewaltlose Handlungsalternative erlaubte, würde auch der bewußtere Kämpfer sie kaum nutzen. Denn er ist in der Kampfsituation ganz von einer Energie erfüllt, die man den »inneren Kämpfer« nennen könnte. Die entgegengesetzte Energiequalität, etwa eine mitfühlende Sensibilität, die er vielleicht in seinem friedlichen Zuhause lebt, ist ihm momentan einfach nicht verfügbar. Sein handelndes Ich ist und bleibt eben auch bei hoher Bewußtheit diejenige Teilpersönlichkeit, die sich in dieser Situation in ihm zur Macht aufgeschwungen hat. Sie bestimmt deshalb sein Handeln unabhängig vom Grad seiner beobachtenden Bewußtheit.

Entsprechend geht es uns auch im ganz normalen Alltag. Unsere Teilpersönlichkeiten bestimmen die Szene und sorgen abwechselnd dafür, daß wir uns im Beruf, im Urlaub, gegenüber Kindern oder Vorgesetzten sehr unterschiedlich verhalten. Kein Wunder also, daß sie es auch sind, die unsere individuelle Suche nach Glück, Weisheit oder Erfolg gestalten. Meist suchen sie sich ihr Gegenteil, um zu finden, was fehlt.

Wie läuft das ab und was ist eine Teilpersönlichkeit?

Psychologie der Selbste

Die Psychologie der Selbste nach Hal und Sidra Stone bietet ein nützliches Modell für das Verständnis dieses Prozesses. Kurz gesagt ist eine Persönlichkeit in dieser Sicht des Menschen keine Einheit, sondern setzt sich aus einer Vielzahl teils konträrer Teilpersönlichkeiten zusammen, die sich im Laufe der Lebensgeschichte eines jeden Menschen sinnvoll gebildet haben. Funktion der ersten Teilpersönlichkeiten oder Selbste ist es, die Verletzlichkeit des Kindes zu schützen und für seine Sicherheit zu sorgen. Durch die Interaktion mit der Umwelt bildet sich dann diejenige Teilpersönlichkeit, die am besten für die Interessen des Kindes sorgen kann, als Hauptselbst aus. Dieses Hauptselbst wird zum handelnden »Ich« des Menschen. So fühlt sich der einzelne, und so wird er oder sie von außen gesehen. Für ein Kind kann es in einem unterdrückerischen Familienklima sinnvoll sein, eine angepaßte Verliererpersönlichkeit als Hauptselbst zu entwickeln. Sie erlaubt ihm für den Preis kleiner Niederlagen, sich in Selbstmitleid zurückzuziehen und so ein relativ sicheres, entspanntes Leben zu führen.

Ein Nesthäkchen dagegen baut vielleicht eher eine Starpersönlichkeit zum Hauptselbst aus. Zustimmung, Bewunderung und Anerkennung von außen sind für es am besten geeignet, sich in der Welt zu behaupten. Das Kind bekommt Zuwendung und Aufmerksamkeit, wenn es sich in den Mittelpunkt stellt und seine »Show« durchzieht. Diese erfolgreiche Showstar-Seite wird es folglich ausbauen, denn sie bringt ihm, was es sucht – Aufmerksamkeit und Anerkennung.

Es mag aber auch mit schmeichlerischer Anpassung erfolgreich sein. Möglicherweise erlebt es die angenehmsten Reaktionen von seiner Umgebung, wenn es den übrigen Familienmitgliedern nach dem Munde redet, treuherzig zu ihnen aufschaut und ihnen brav alles recht macht. Also spezialisiert sich das Kind auf diese Facette seiner Möglichkeiten, die schmeichlerische Anpassung.

Die andere Seite, seine Fähigkeit zur egoistischen Selbstbehauptung, bleibt ungelebt. Denn wenn dieses Kind laut schreit, aufstampft und den Kuchen alleine ißt, wird es von seiner Familie verurteilt und bestraft. Das kann wortlos und fast unsichtbar geschehen. Ein mißbilligender Blick, ein Naserümpfen, eine Abwendung oder auch nur eine leichte Veränderung in der Stimmung der Erwachsenen genügen, um dem Kind mitzuteilen, daß sein Verhalten unerwünscht ist. Vielleicht hört es auch Sätze wie: »Du bist ja jetzt wie der Paul aus dem Kindergarten!« Paul ist laut, durchsetzungsstark und egoistisch. Solche Eigenschaften werden von der Familie abgelehnt und sind für das Kind nun schlecht und böse. Es muß deshalb egoistisches Verhalten vermeiden und in sich selbst ebenso wie in anderen Menschen verurteilen. Dieser Prozeß wird häufig von Alpträumen begleitet, in denen sich das Kind von (egoistischen) Bösewichtern verfolgt fühlt. Die Eltern trösten das Kind, wenn es nachts schreiend aufwacht und sagen vielleicht: »Da ist doch gar kein böser Mann. Du hast nur geträumt.« Damit wird die Existenz dieser psychischen Energien völlig verneint. Wenn sie so ganz ins Dunkel verdrängt wurden, sind sie dem Kind nicht mehr zugänglich. Es ist nun nur noch das »liebe« Kind. Später, möglicherweise in der Schule, wird es vermutlich zur Zielscheibe von aggressiveren Kindern oder von egoistischeren Mitschülern ausgenutzt.

Es kann sich gegen diese Kinder nicht durchsetzen, da ihm nun genau das fehlt, was die anderen haben. Seine Fähigkeit, sich selbst zu behaupten, ist zusammen mit den Alpträumen von den bösen Männern verschwunden.

Früher oder später werden wir alle mit den verneinten oder verdrängten Gegenseiten unseres Hauptselbstes konfrontiert. Sie kommen mit unbeirrbarer Zielstrebigkeit genau auf uns zu und fordern Anerkennung.

Diese polar entgegengesetzte Lebensweise kann durch Partner, Kind, Kollegen, Widersacher oder Vorbild repräsentiert werden. Häufig lebt zum Beispiel das eigene Kind eines sehr sozialen und hilfsbereiten Menschen schnöden Egoismus. Schon generationstypisch ist die konservative Lebenseinstellung der Hippie- und Revoluzzerkinder, die der Freizügigkeit ihrer »68er« -Eltern den Rücken kehren und heute als junge Erwachsene auf Treue, Familie und Karriere schwören. In der Auseinandersetzung mit diesen anderen Hälften im Außen haben wir die Chance, sie als verneinte Energien in uns selbst zu erkennen und anzunehmen. Die äußere Auseinandersetzung wird daraufhin milder. Weigern wir uns aber beharrlich, eine verneinte Teilpersönlichkeit auch nur anzuschauen, konfrontiert sie uns härter und lauter, bis wir sie nicht mehr ignorieren können. So geht es vielen Menschen, die sich stark mit einer Seite ihres Lebens identifizieren.

Ein rationaler, strukturiert denkender und lebender Intellektueller lehnt es ab, sich mit Gefühlen und anderen inneren Geschehnissen auseinanderzusetzen. Natürlich hat er eine sehr emotionale Frau geheiratet, die ihn so lange mit ihren Gefühlsausbrüchen provoziert, bis es kracht. Wenn er schon gelernt hat, sich selbst kritisch zu betrachten, nimmt er diese Ehekräche als Gelegenheit wahr, seine ungelebte emotionale Seite zu erkennen und zu fördern. Andernfalls wird er sich wohl scheiden lassen, um dann wahrscheinlich eine offensichtlich kühlere, vernünftige und selbstgenügsame Frau zu heiraten. Sie wird nach einiger Zeit ihre Selbstgenügsamkeit zu einer sehr zurückgezogenen egozentrischen Haltung steigern und unseren guten Gelehrten damit zur Verzweiflung treiben. Er muß nun selbst durch jene emotionalen Ausbrüche gehen, die er bei seiner ersten Frau so entschieden verurteilte. Er muß erleben, wie es ist, wenn der Partner die eigenen Gefühle ignoriert.

Hal und Sidra Stone benutzen eine Analogie aus der griechischen Mythologie, um diesen Prozeß zu veranschaulichen. Im antiken Griechenland war jeder aufgefordert, alle Götter zu ehren. Zwar durften die Menschen sich an ihren Lieblingsgott wenden, hatten aber auch diejenigen Götter zu berücksichtigen, die ihnen weniger lagen. Wer also Anhänger des rationalen, disziplinierten Apollo war, hatte auch dem ekstatischen, weinseligen Dionysos und seinen Bacchantinnen zu opfern – wenn er sich nicht die Rache des beleidigten Dionysos zuziehen wollte. Er mußte wenigstens ab und an einmal den »kleinen Tanz« des Dionysos tanzen, wenn er sein Leben als Apollo-Jünger unbehelligt fortsetzen wollte.

Hätte der Intellektuelle in obigem Beispiel den »kleinen Tanz« der Emotionen mit seiner ersten Frau getanzt, hätte er sich den »großen Tanz« völliger emotionaler Verzweiflung mit seiner zweiten Frau ersparen können.

Ebenso wird es eingefleischten Pragmatikern mit ihrer verneinten spirituellen Seite gehen und umgekehrt den freischwebenden Geistern mit der lästigen irdischen Schwere. Entsprechend müssen auch ökologisch vorbildlich lebende Alternative sich zu ihrem Leidwesen immer wieder mit denjenigen Einstellungen und Haltungen industrieller Macht auseinandersetzen, die sie zumeist in offener Feindseligkeit oder in spektakulären Aktionen bekämpfen.

Denn nicht »die anderen« sind es, die einer Lösung im Wege stehen, sondern wir selbst. Kein Zufall also, daß manch prominente »Grüne« über ebendie Fallstricke von Macht und Korruption stolpern, die sie so vehement ihren politischen Widersachern vorwarfen. Ganz folgerichtig auch, daß ehemalige Helden der Arbeit aus der glorreichen sozialistischen Internationale sich nun in frühkapitalistischen Ausbeutungspraktiken engagieren. Sie alle folgen notgedrungen der Einladung zum »Großen Tanz«.

In vielen Lebensbereichen werden wir so aufgefordert, uns mit verneinten und verdrängten Sichtweisen oder Energien zu beschäftigen.

Bekannt geworden ist Dethlefsens bahnbrechende Betrachtung von »Krankheit als Weg« zu einer umfassenderen Beschäftigung mit den eigenen Lebensthemen. Wenn wir auf einen Fingerzeig nicht reagieren, klopft das Leben etwas lauter an. Ignorieren wir das ebenfalls, wird es immer deutlicher und härter, bis uns schließlich im »Großen Tanz« der Schlag trifft. In Dethlefsens Bild von der Krankheit als Lehrmeister erzeugt eine gestaltende Intelligenz in uns diejenige Situation, die sie zum Lehren benötigt. Sie baut gewissermaßen ein Haus – die

Krankheit – als Lehrsituation. Nimmt die Schulmedizin mit ihrer symptomatischen Behandlung dem Krankheits-»Architekten« (z.B. Krebs) das Baumaterial Holz (erkrankte Organe) weg, steigt er kurzerhand um auf Glas oder Stein (andere Organe). Wenn die symptomatische Vorgehensweise dann nacheinander die Baumaterialien streichen will, führt sie letztlich zu der absurden Lösung, den menschlichen Körper insgesamt wegzuschneiden, um Krankheiten auszuschließen.

2. HASENWEGE UND IHRE WANDERER – PRAXISBEISPIELE

Seit vielen Jahren arbeite ich in Seminaren und Trainings mit Menschen aus wirtschaftlichen und privaten Lebensbereichen an ihren Fragen und Themen.

In meiner privaten Praxis berate ich einzelne, die weitergehen und sich selbst erforschen möchten. Als Sozialarbeiter war ich zuvor mit den Problemen von Drogensüchtigen, Obdachlosen und Straffälligen befaßt.

So habe ich die verschiedenen Formen der Suche nach haltbarem Glück mit sehr unterschiedlichen Menschen, Gruppen, Unternehmen und Institutionen erlebt.

Neben vielen anderen Methoden der Bewußtseinsentwicklung spielt für mich in der Einzelarbeit *Voice Dialogue* nach Hal und Sidra Stone eine wichtige Rolle. In dieser faszinierend einfachen und wirkungsvollen Methode geht es darum, den verschiedenen Energien im Menschen eine Stimme zu geben und sich mit ihnen wie mit realen Personen zu unterhalten. Dabei kann man die verblüffende Entdeckung machen, daß diese Energien oder Teilselbste tatsächlich ebenso real wie Personen sind.

Wenn im Dialog eine solche Teilpersönlichkeit angesprochen wird, kann sich in Beziehung zu ihr ein bewußteres Ich des Klienten entwickeln, das allmählich in der Lage ist, sich von dieser inneren Stimme zu lösen. Der Klient erfährt unmittelbar, daß er nicht der Vernunftsmensch ist, für den er sich hielt. Er erkennt, daß vielmehr der Vernünftige ein Teil seiner selbst ist.

In Beziehung zu dieser Teilpersönlichkeit ist nun sein Ich bewußter geworden und kann die Vor- und Nachteile der Sichtweise seiner Vernunftsstimme betrachten. Vielleicht entdeckt er mit Hilfe seines Begleiters auch die Gegenseite in sich, etwa eine spontane, freiheitsliebende Stimme, die frustriert in der Ecke sitzt, weil der Vernünftige alles beherrscht. Vielleicht bleibt ihr nur, dessen Projekte geschickt zu behindern. Das bewußtere Ich kann nun zwischen diesen Gegensätzen von Vernunft und Spontaneität stehen, ohne automatisch einer Stimme zu folgen. Es kann abwägen. Damit entstehen neue Wahlmöglichkeiten für einen Menschen, der zuvor im Griff einer alles beherrschenden Teilpersönlichkeit glaubte: »Ich bin eben so, ich kann nicht anders.« Da hatte er durchaus recht – nur daß »er« eben nicht »ich« war. Natürlich liegt es nicht nur an der Qualität einer psychotherapeutischen Methode, ob ein Klient seine inneren Wahlmöglichkeiten erweitert. Auch eine kreative, tiefenpsychologische Methode kann mechanisch praktiziert werden. Als bloße Technik führt sie dann allerdings nicht über die flachen Gewässer symptomatischer Behandlung hinaus. Erst die innere Kompetenz und Erfahrung eines psychologischen oder spirituellen Begleiters verwandelt die Technik in einen inneren Weg. Kompetent sind Begleiter nur für diejenigen seelischen Wege, die sie selbst gegangen sind.

Es folgen einige Beispiele, die ich wegen ihrer typischen, geradezu archetypischen Struktur ausgewählt habe. Es handelt sich bei diesen Beispielen um authentische Fallgeschichten von Klienten, die ich in meiner Praxis über längere Zeiträume beraten habe. Die Namen der beteiligten Menschen und Institutionen sowie bestimmte äußere Umstände sind so verändert worden, daß sie nicht mehr identifizierbar sind.

Ähnlichkeiten mit lebenden oder toten Personen, die sich auf Namen, Orte oder Umstände der einzelnen Fälle beziehen, sind unbeabsichtigt und wären rein zufällig.

2.1 Wanderungen zwischen Polarität und Schatten

Bevor ich die einzelnen Fallgeschichten darstelle, möchte ich den Hintergrund der Einzelarbeit in meiner Praxis beleuchten. Es geht mir darum herauszufinden, was dem einzelnen fehlt. Früher fragten Ärzte bekanntlich ihre Patienten: »Was fehlt Ihnen?« Heute heißt es meist: »Was haben Sie denn?«

Innerlich und vor allem tiefenpsychologisch geht es um den fehlenden, also ungelebten psychischen Anteil, der den Menschen »ein Dorn im Auge ist« – manchmal sogar zum sprichwörtlichen Balken werden kann, den wir bei uns selbst nicht sehen. So betrifft eine wichtige Integrationsarbeit auf dem Weg zum bewußteren Ich den Schatten, den im Dunkeln liegenden psychischen Anteil. Dieser ist zu unterscheiden von der Polarität, also derjenigen psychischen Energie, die verneint und offen abgelehnt wird. Von einer Polarität zu unserem Hauptselbst nehmen wir zunächst nur den Schatten war. Sie enthält aber in ihrer Lichtseite, was uns fehlt, was wir uns ersehnen. Unser eigener Schatten dagegen enthält den unbewußten, dunklen Aspekt des bereits gelebten Hauptselbstes.

Hauptselbste oder Hauptstimmen finden wir im Voice-Dialogue-Prozeß auch dadurch, daß wir fragen: Was kann ich an einer anderen Person nicht ausstehen, welches Verhalten, welche Eigenschaften finde ich unmöglich, unerträglich oder abstoßend. Die eigene Hauptstimme umfaßt das Gegenteil, die Polarität zu diesen Eigenschaften. Meist wird die abgelehnte Polarität als verneintes oder verdrängtes Teilselbst bezeichnet, das wir integrieren müssen, um mit seiner Energie nicht ständig im Außen schmerzhaft konfrontiert zu sein.

Schatten und Polarität müssen also deutlich differenziert werden. Die bekannte therapeutische Forderung, das Verhaßte in einer anderen Person als eigenen Schatten zu erkennen, läßt viele Menschen hilflos. Denn tatsächlich handelt es sich nicht um den Schatten der momentan gelebten Hauptstimme, die wir gemeinhin »Ich« nennen, sondern um den Schatten der Polarität zu dieser Hauptstimme. Erst wenn wir die Lichtseite dieser Polarität erkennen können und damit die Energiequalität, die uns fehlt, wird auch der eigene Hauptstimmen-Schatten sichtbar. Es folgen einige Beispiele, um diesen wichtigen Prozeß zu veranschaulichen.

Die hier gewählte Darstellungsform findet sich ähnlich in den »Wertequadraten« oder »Entwicklungsquadraten«, die F. Schulz von Thun in seiner »Differentiellen Psychologie der Kommunikation« eingeführt hat. Ihr Ursprung liegt im dialektischen Denken der griechischen Antike, ihre psychologische Konstruktion verdankt sie P. Helwig.

Susanne und ihre verschwenderische Freundin

Susanne lehnt in ihrer Freundin Naomi deren Verschwendungssucht ab. Sie leidet sehr unter deren Verhalten. Sie selbst sieht sich dagegen als sparsam an. Verschwenderisches Verhalten ist die Schattenseite ihrer Polarität. Sie kann in Naomi nur diesen Schatten sehen – nicht den lichten Teil dieser Energie und auch nicht den eigenen Schatten.

Hauptstimme (Susanne)		***Polarität (Naomi)***	
Lichtseite	sparsam	verschwenderisch	*Schattenseite*
Schattenseite	geizig	großzügig	*Lichtseite*

Susannes Hauptstimme ist sparsam. Sie kann verschwenderische Leute nicht ausstehen und lehnt sie ab. Diejenige äußere Person (oder als verdrängtes Selbst in ihr lebende Polarität) aber, die als verschwenderisch verurteilt wurde, sieht sich selbst als großzügig an.

Das ist hier Naomi. Sie ist blind für ihren eigenen Schatten: Verschwendung.

Zwar ärgert Naomi sich immer wieder über die chronische Ebbe in ihrer Geldbörse. Aber so ein Geizkragen wie Susanne will sie nicht werden!

Naomis Lichtseite ist ihre Großzügigkeit. Die fehlt der sparsamen, vernünftigen Susanne scheinbar völlig. Naomi sieht in Susannes Hauptstimme »sparsam« ihrerseits nur den Schatten – den Geiz. Solange Susanne die Verschwendungssucht in Naomi ablehnt, bleibt ihr die Lichtseite dieser Energie – die Großzügigkeit – verschlossen, und sie wird folglich ständig auf unangenehme Weise mit Naomis Sorglosigkeit konfrontiert. Der Weg zu Susannes Fähigkeit, frei und großzügig mit Geld umzugehen, führt über die Annahme der Polarität »verschwenderisch«.

Wenn Susanne lernt, sich von ihrer Hauptstimme so weit zu lösen, daß sie Naomis Sichtweise nachvollziehen kann, kippt ihr Schwarzweißbild. Sie kann nun auch die Vorteile in Naomis Einstellung sehen. Sie entspannt sich ein wenig, lockert ihren strengen Haushaltsplan und ist in der Lage, auch einmal für etwas »Nutzloses« Geld auszugeben. Naomi ist in ihren Augen jetzt nicht mehr so verschwendungssüchtig, zumal sie ihrerseits beginnt, sich für Susannes Budgetierungssystem zu interessieren. Denn sie spürt, daß Susanne sie nicht mehr verurteilt. Dieser Prozeß kann nicht nur in einem einzelnen Menschen, sondern auch in Gruppen, Unternehmen und Institutionen – ja sogar zwischen Ländern und Kulturen stattfinden.

Werbeagentur Soto

In der Werbeagentur Soto herrscht ein offenes, freundliches Klima. Die Mitarbeiter fühlen sich wohl, die Kunden sind begeistert und kommen gern in die Büros der Agentur. Schwierigkeiten hat man nur mit einer Kollegin, die nicht recht zum Team zu passen scheint. Sie ist unbeweglich und stur, pocht auf die Verträge und freut sich, wenn ein anderer mal einen Termin vergißt. Ihr selbst passiert das nicht, und sie versäumt keine Gelegenheit, das deutlich zu machen. Andererseits ist sie bei Kunden und Mitarbeitern wenig beliebt und verursacht Verstimmungen. Ist ein Kunde verärgert, folgt im Zuge seines Gefühlsausbruchs dann meist auch seine völlig unerwartete Beschwerde über nachlässig geführte Kampagnen, unauffindbare Unterlagen und versäumte Termine. Alle sind aufgeschreckt und nehmen sich vor, effektiver zu arbeiten.

Das Hauptselbst des Teams ist freundlich, offen und herzlich. Man gibt sich locker und unverkrampft. Die gute Beziehung zum Kunden steht im Vordergrund. Man mag keine starren, rigiden Bürokraten, die sich stur an Vorschriften halten. Durch die Ablehnung dieser Polarität versagt sich das Team den Zugang zu seinen organisatorischen Ressourcen und damit zu mehr Effektivität. Der Lernprozeß führt diese offenen und herzlichen Menschen über die Auseinandersetzung mit der als stur und rigide erlebten Kollegin zu mehr Disziplin, Organisation und Klarheit. Die eigene chaotische, unklare Schattenseite wird ausbalanciert. Das Team lernt freundlich, herzlich und locker zu bleiben und gleichzeitig diszipliniert auf Fakten, Termine und Vereinbarungen zu achten. Der Erfolg wächst – und siehe da, die sture, rigide Kollegin wird weicher, netter und zugänglicher.

	Hauptstimme (Team Soto)	*Polarität (Kollegin)*	
Licht	freundlich	distanziert	*Schatten*
	nett	starr	
	offen	bürokratisch	
	locker	rigide	
	herzlich	kalt, hart	
	Wischiwaschi	effektiv organisiert	
	unklar	entschlossen	
Schatten	soft	straight, korrekt	*Licht*
	chaotisch	faktenbezogen	
	unentschlossen	diszipliniert	

Softwarehaus Pretty

Die Softwareberater der Firma Pretty sind kompetente, schnelle und disziplinierte Leute. Bei ihren Kunden treten sie mit der Sicherheit von selbständigen Fachleuten auf. Es gibt für sie keine Probleme – nur Aufgaben. Die Kundenmitarbeiter sind beeindruckt von den durchgestylten, redegewandten und engagierten jungen Beratern, die in teuren Hotels leben, in exquisiten Restaurants speisen und sich selbstverständlich per Flugzeug und Mietwagen durch die Welt bewegen.

Nur eines kann unsere Hi-Tech-Profis zur Weißglut treiben – faule und desinteressierte Kundenmitarbeiter, die sich auf ihr Arbeitnehmerrecht berufen und pünktlich zur Pause und in den Feierabend gehen, ohne erst die Projektarbeit zu Ende zu führen. Die schlechten Ergebnisse fallen dann auf sie zurück.

So ist es doch dem Spitzenberater Flott tatsächlich passiert, daß der Kundenmitarbeiter, den er für sein Projekt in einem mittelständischen Unternehmen schulte, immer im entscheidenden Moment auf seiner Pause bestand und abends pünktlich ging, um zu Hause seine Vögel zu versorgen. Solch eine Spießermentalität, so ein Beamtenbewußtsein! Dieser Hinterwäldler hätte doch um ein Haar das ganze Projekt gefährdet!

Herr Flott war dem physischen Zusammenbruch nahe und fühlte sich hilflos, weil er nicht wußte, wie er den Unwilligen überzeugen konnte. Denn der ließ ihn spüren, daß er ihn für einen arroganten Überflieger hielt.

Im Coaching erkannte Herr Flott, wie sein innerer Antreiber ihn an die Grenze seiner Belastbarkeit preßte, Schlaflosigkeit und Herzbeschwerden verursachte. Er erlaubte sich ein wenig mehr Raum zum Entspannen und erkannte bald, daß ein Teil von ihm den bodenständigen Vogelfreund beneidete. Statt entnervt auf die Uhr zu schauen, ging er nun mit ihm in die Frühstückspause und zum Mittagessen und empfand ihn bald als hilfsbereiten Kollegen, der nun, siehe da, auch einmal länger blieb, wenn es sein mußte.

	Hauptstimme (Berater Flott)	***Polarität (Vogelfreund)***	
Licht	individualistisch	vereinsmeierisch	*Schatten*
	frei und stilvoll	kollektivabhängig, normenverhaftet	
	engagiert	faul	
	schnell	träge	
	kompetent	beschränkt	
	weltoffen	provinziell	
Schatten	rigide	locker	*Licht*
	karrierebesessen	bodenständig	
	hart gegen sich selbst	eigene Bedürfnisse achten	
	arrogant	bescheiden	

2.2 Sucher/Arche/Typen

Archetypen – Urbilder der Seele – beschreiben psychische Zustände, die jeder Mensch unabhängig von Geschlecht, Alter, Rasse oder Nationalität versteht. Sie sind Teil der kollektiven Psyche und somit in uns allen lebendig.

Manche Menschen identifizieren sich so vollständig mit einem archetypischen Selbst, daß sie es mit Ausschließlichkeit leben. Damit kreieren sie vor allem einen Schutz ihrer verletzlichen, empfindsamen Energien, die vom »Inneren Kind« getragen wird. Dessen Schicksal ist das Thema des dritten Kapitels.

Wer sich ausschließlich als Krieger, Heiliger oder Helfer erlebt, braucht seine Verletzlichkeit kaum zu fühlen. Von außen kann er oder sie allerdings später in beängstigender Genauigkeit und Treffsicherheit mit genau derjenigen psychischen Energie konfrontiert werden, die mit der Wahl eines Archetyps vermieden werden sollte.

Die folgenden sieben Fallbeispiele sind im Anschluß an ihre ausführliche Beschreibung in einer tabellarischen Übersicht dargestellt.

2.2.1 *Hans, der Krieger: Der Weg der Macht*

Hans ist zu Beginn des zweites Weltkrieges in Süddeutschland zur Welt gekommen. Seine frühe Kindheit ist von Bombenangriffen, Feuer, Flucht und Angst geprägt. Es gibt wenig zu essen, denn seine Mutter muß vier Kinder ernähren. Hans ist das zweitjüngste, der Vater fällt in Rußland. Mit drei Geschwistern teilt Hans das Zimmer und mit seinem älteren Bruder sein Bett.

Er lernt sich durchzusetzen, um die größere Schnitte Brot zu kämpfen, sich seinen Raum zu schaffen. Wenn er verliert und weint, gibt es keine Sympathie, nur Spott und weniger zu essen. Als primäres Selbst entwickelt Hans einen starken Krieger. Er entdeckt seine Wut als Kraft. Befeuert von dieser Wut, lernt Hans zu kämpfen. Bald ist er schon in der Lage, seinen großen Bruder so zu verprügeln, daß der Angst vor ihm hat.

Hans versteht es, diese Angst in Respekt zu übersetzen

und den Respekt in konkrete Vorteile. Obwohl er kleiner ist als die Gleichaltrigen genießt er unter den Nachbarskindern bald den Ruf eines Starken. Andere, schwächere Kinder nähern sich ihm und ordnen sich ihm unter, um Schutz zu suchen. Hans genießt seine Überlegenheit und findet sich bald in seine Führerrolle. Als Kopf einer kleinen Kinderbande hat er Untergebene, Boten, Diener, Mitläufer und viele Neider und Konkurrenten. In der Schule wird er mit den Demutsforderungen der mächtigen Lehrer konfrontiert. Hans' Weg ist heroisch. Er ist der Frechste in der Klasse, gibt nie nach und nie auf. Er bezieht fast täglich Prügel vom Klassenlehrer. Dazu muß er nach vorn vor die Klasse treten und sich vor aller Augen über das Lehrerpult legen. Der Lehrer nimmt die »gelbe Medizin«, seinen langen Rohrstock. Er holt weit aus, läßt den Stock durch die Luft pfeifen und auf Hans' Hinterteil knallen. 15-, 20mal schlägt der Lehrer zu, immer heftiger, um Wirkung bei Hans zu erzielen. Hans aber beißt die Zähne zusammen und gibt keinen Laut von sich, auch wenn ihm die Tränen das Gesicht herunterrollen. Wenn der Lehrer aufgibt, steht Hans auf, wischt beim Aufstehen geschickt unauffällig seine Tränen ab, schaut ihm direkt ins Gesicht und sagt: »War das alles?« Der Lehrer, außer sich vor Wut und Scham, brüllt »Raaauusss!« und Hans, ganz der Sieger, genießt seinen triumphalen Abgang mit den Worten: »Sowieso langweilig hier.«

In der Pause dann, auf dem Schulhof, läßt Hans sich feiern wie ein Feldherr, nimmt gelassen die Huldigungen seiner Untergebenen entgegen und trifft Tagesentscheidungen über Aufgaben und Struktur seiner Kinderbande: »Horst fliegt raus, der hat gelacht, Peter wird mein Stellvertreter, wenn ich krank bin, Thomas geht jetzt rüber zum Laden und klaut zehn Kaugummis. Wir treffen uns direkt nach der Schule im Wald. Uli bringt Zigaretten von zu Hause mit. Dann gehen wir zu den Blöden von der Leutnerstraße und schlitzen ihre Fahrradreifen auf. Wenn sie uns angreifen, bleibt ihr fünf hinter der Mauer. Wir lassen sie kommen, und wenn sie angreifen, rufe ich euch. Dann machen wir sie fertig!«

Hans verläßt die Schule mit dem Hauptschulabschluß und beginnt eine Maurerlehre. Er erntet bald den Respekt seiner älteren Kollegen. Dazu hilft ihm auch folgende Begebenheit:

Hans hat den Zement falsch angemischt und so einen größeren Schaden verursacht. Der Polier, ein riesiger, für seinen Jähzorn gefürchteter Mann, baut sich vor dem nur 1,60 Meter großen Hans auf, um ihn nach allen Regeln der Kunst »zusammenzufalten«: Er brüllt ihn mit hochrotem Kopf und in einer Lautstärke an, daß die gesamte Belegschaft die Kellen fallen läßt und zuhört. Passanten bleiben an der Straße stehen und feixen. Alle hören im Laufe seiner dreiminütigen Schimpfkanonade, was für ein strohdummer Nichtsnutz Hans sei und wie sehr der Polier es bedaure, daß seine Mutter nicht rechtzeitig beim Engelmacher vorbeigeschaut habe. Als er schließlich aufhört, um seine Wirkung zu überprüfen, hält Hans die Hand ans Ohr, wie um besser zu hören, schaut dem Polier direkt in die Augen und tönt mit schneidender Stimme: »Entschuldigen Sie, Chef, ich glaube, ich habe sie nicht richtig verstanden. Können Sie das alles gerade noch mal sagen?!« Der Polier schnappt nach Luft, wird abwechselnd rot und blaß, dreht sich auf dem Absatz um und verschwindet entgeistert. Hans, der Sieger, mauert unter den anerkennenden Blicken der Älteren seelenruhig weiter.

Von da an muß Hans nicht mehr Bier holen. Hans läßt holen.

Der Unternehmer wird bald auf ihn aufmerksam und überträgt ihm Verantwortung. Hans weiß, wo es Material billiger gibt, und hört, wo ein Auftrag in der Schwebe ist. Er hat einen Riecher für Vorteile und wenig Skrupel, andere zu übervorteilen. Am Wochenende ist er mit seinem amerikanischen Motorrad der Star der Disco. Seine Mädchen sind die Gymnasiastinnen aus den Villenvierteln der Stadt, vorzugsweise blonde, blasse Akademikertöchter vom Typ »bürgerliche Unschuld«. Sie himmeln ihn an, und er bedient sich cool, wie es ihm gefällt. Genau das ist es auch, was ihnen gefällt. Er ist der King. Schlägereien hat er nicht mehr nötig. Das erledigt seine Gang für ihn.

Hans holt seinen ersten Auftrag, indem er seinen Chef unterbietet. Mit seiner Jugendgang zieht er ein ganzes Haus hoch und macht so seinen ersten Profit. Von da an weiß Hans, wie der Hase läuft im Baugeschäft. Bald hat er seine eigene Baufirma. Ihm macht keiner mehr etwas vor. Er weiß, wie er mit den Reichen und Mächtigen umgehen muß. Er gewinnt, indem er sie seine Stärke spüren läßt, wie schon den Grundschullehrer und den Polier. Seine Auftraggeber unterschätzen ihn nicht mehr, sie schätzen ihn. Hans hat Erfolg, Hans wird reich und einflußreich. Er hat seine Leute im Stadtrat und in der Verwaltung. Er tritt in die richtige Partei ein. Sein Wort hat Gewicht. Hans heiratet eine Tochter aus bestem Hause – verarmter Adel. Er lernt, sich mit dem Verhaltenskodex der Upperclass zu umgeben und Macht mit gespielter vornehmer Zurückhaltung auszuüben.

Seine Ehe bedeutet ihm nicht viel. Er blickt auf seine schwächliche Frau herab und vergnügt sich mit anderen, verteilt Geld und Zuneigung nach dem Gießkannenprinzip. Nur in seine Kinder ist er vernarrt. Besonders Lydia, die dreijährige Tochter, ist sein ein und alles. Torsten, der fünfjährige Sohn, ist ihm zu schwach. Hans will keinen Jammerlappen als Sohn.

Torsten ist immer nachgiebig, kann sich nicht durchsetzen, weint schnell und blickt zu anderen Kindern auf. Er ist hypersensibel und wird schon bei Wetterumschwüngen krank. Hans könnte schier aus der Haut fahren. Wie kann sein Sohn so ein Junge sein! Unmöglich! Hans gibt Gas, fordert den Sohn, kämpft gegen die Widerstände seiner Frau, zwingt das Kind in Pfadfinderlager, geht mit ihm auf Gewaltmärsche, drillt ihn erbarmungslos bis zum Zusammenbrechen. Doch es gelingt ihm nicht, Torsten stark zu machen.

Als Hans in die Beratung kommt, ist er nicht mehr der Baulöwe, sondern ein gebrochener Mann. Seine Frau, seit Jahren von ihm unbemerkt Alkoholikerin und tablettenabhängig, hat sich umgebracht. Sein Sohn ist in einen katatonen Zustand gefallen, reagiert nicht mehr auf Ansprache von Ärzten oder Angehörigen. Seine Freunde wenden sich von Hans ab, meiden ihn, strafen ihn schweigend. Hans bricht zum ersten Mal in seinem Leben zusammen. Seine ganze verdrängte, niedergekämpfte Verletzlichkeit quillt durch, dringt in sein Wesen, überschwemmt ihn. Hans sitzt da und weint – wie er meint, zum ersten Mal in seinem Leben.

In der weiteren Arbeit mit seinen Teilpersönlichkeiten spricht der Berater mit Hans' innerem Kind und trifft einen völlig traumatisierten, zu Tode erschrockenen und paralysierten Jungen. Erst nach geraumer Zeit kommt er aus seinem Schock und beginnt von seinen Leiden und seinen Bedürfnissen zu sprechen. Seit Hans' früher Kindheit war dieses verletzliche Kind abgeschoben, eingesperrt, verleugnet. Er lebte nur die Machtseite, den Krieger. Hans leiblicher Sohn verkörpert heute Hans' verneintes und verdrängtes Selbst: Verletzlichkeit.

Die innere Arbeit mit seinen Teilpersönlichkeiten bringt Hans allmählich dahin, seine eigene Verletzlichkeit, sein inneres Kind anzunehmen und dessen Bedürfnisse zu respektieren. Hans ändert nun vieles in seinem Leben. So beginnt er, sich um seinen Sohn zu kümmern, der allmählich aus seinem katatonen, eingefrorenen Zustand auftaut. Torsten kann bald aus der Klinik entlassen werden. Hans verbringt nun viel Zeit zu Hause und kümmert sich um seine Kinder. Schließlich verkauft er seine Baufirma und beschäftigt sich mit Körpertherapie, durchläuft entsprechende Ausbildungen und beginnt, verspannten Menschen mit Massagen zu helfen.

Bei einer Fortbildung lernt Hans eine Frau kennen, die als starke, selbstbewußte Persönlichkeit das Seminar leitet. Sie ist Ärztin und beschäftigt sich mit Akupunktur und Naturheilverfahren. Sie verlieben sich, und in der Beziehung mit ihr lernt Hans, ihre Stärke und seine eigene Schwäche anzunehmen. Nach einigen Jahren, in denen er sich von seinem Berater begleiten ließ, kann Hans auch seine geschäftliche Machtseite wieder integrieren. Er organisiert nun auf professionelle und profitable Weise die Praxis seiner neuen Frau und seine eigene Massagepraxis. Hans kann nun seinem innerer Krieger und seiner Verletzlichkeit Raum geben. Er erlaubt ersterem nicht mehr, über Leichen zu gehen, und versteht es, seine Verletzlichkeit zu leben, wo er sich sicher fühlt: in der Beziehung zu seiner Frau und seinen Kindern

Lydia, Hans' Tochter, wird in ihrer Pubertät extrem rebellisch und drogenabhängig. Hans leidet sehr unter ihren Angriffen. Schließlich stimmt Lydia gemeinsamen Sitzungen zu und wird sich ihrer Wut auf den Vater bewußt. Sie lernt ihren Ärger auszudrücken und erlaubt sich, den Schmerz über den Tod ihrer Mutter zu spüren. Wenig später hört sie auf, ihren Körper mit Drogen zu zerstören.

Torsten, der Sohn, dagegen, beginnt seine Machtseite zu entdecken. Er trainiert Karate mit solchem Eifer und solcher Energie, daß er viele Wettkämpfe gewinnt und nun muskulös und selbstbewußt durch die Welt schreitet. Hans ist nicht stolz auf ihn. Er hätte ihn gern stiller und bescheidener, lernt aber, Torstens Weg zu akzeptieren, wie er ist.

2.2.2 Charlotte Superstar. Der Weg des Ruhms

Charlotte kommt in den späten vierziger Jahren in einer deutschen Großstadt zur Welt. Ihr Vater ist Industrieller, ihre Mutter stammt aus einer alten, angesehenen Familie. Charlotte wächst als älteste Tochter in einem großen, kühlen und vornehmen Haus aus der Jahrhundertwende auf. Sie hat zwei Brüder: den schmalen, schüchternen, fast verklemmten Karl und den etwas plumpen, oft aggressiven Philipp.

Von klein auf ist Charlotte etwas ganz Besonderes. Die Erwachsenen bewundern ihre schönen Augen und ihre klassische Nase, die sich bereits aus ihrem dreijährigen Kindergesicht herausbildet. Charlotte »hat etwas«. Auch wenn sie mit vollen Windeln dahockt und spielt, glauben die Erwachsenen einen Hauch von Vornehmheit wahrzunehmen – etwas, was ihrem Vater völlig abgeht. Denn der ist ein untersetzter, vierschrötiger Machtmensch, der sich fast nur für sich selbst und seinen Erfolg interessiert. Die feine, blasse Mutter leidet sehr unter ihrem unkultivierten, derben Mann, den sie nur auf Wunsch ihrer Familie, aus politischen Gründen geheiratet hat.

Als Charlotte sechs ist, lassen sich ihre Eltern scheiden. Sie geht mit ihrer Mutter und dem schwächlichen Bruder Karl in eine andere Stadt. Die Restfamilie ist dank stattlicher Unterhaltszahlungen des Vaters finanziell gut abgesichert.

Charlotte weint anfangs viel, weil ihr Papa nicht mehr da ist. Dann ändert sich ihr Verhalten, als würde sie sich einen Ruck geben.

Sie steht jetzt im Mittelpunkt des Geschehens. Die Schule gibt ihr die erste große Bühne. Sie ist klug und weiß sich zu inszenieren. Die Lehrer bevorzugen sie, Jungen schwärmen für sie, die Mädchen eifern ihr eifersüchtig nach. Charlotte gibt den Ton an. Wenn sie mit einem roten Pullover in die Schule kommt, trägt am folgenden Tag die halbe Klasse Rot. Charlotte hat Erfolg. Alles fliegt ihr zu.

Charlottes Mutter heiratet wieder. Ihr Stiefvater, ein Hochschulprofessor, hat, so scheint es, auch auf sie ein Auge geworfen. Als Charlotte zwölf ist, versucht er, sich ihr sexuell zu nähern. Die Mutter erfährt davon und schreitet auf charakteristische Weise ein: Um ihre Ehe zu retten, wird Charlotte in ein Internat weit weg von der Großstadt geschickt.

Charlotte ist wie am Boden zerstört. Allerdings erholt sie sich recht schnell, als sie die Chancen ihrer neuen Situation erkennt. Sie ist frei, die ganze kleine Welt des Internats zu erobern. Das gelingt ihr wie von selbst. Mitschüler und Lehrer bewundern und hofieren die hübsche, attraktive Charlotte, die das als ganz selbstverständlich hinnimmt. Sie wählt sich ihre Freunde mit Bedacht. Rockmusik ist »in«, und Charlotte ist mit dem besten Gitarristen der Gegend befreundet. Er entdeckt Charlottes Stimme und ihr Charisma. Sie üben zusammen, treten gemeinsam auf, und es dauert nicht lange, bis Charlottes dunkle Stimme ebenso bekannt wird wie ihr langes blondes Haar und ihre Ausstrahlung. Lokale Hitparaden feiern ihren ersten Song, Provinzblätter bringen ihr Bild und ihr Interview.

Die Schule verblaßt in ihrem Leben. Sie verläßt das Internat und lebt gegen die halbherzigen Proteste ihrer Mutter mit dem Bandleader ihrer Gruppe. Charlotte ist mit siebzehn eine der begehrtesten Frauen in der Stadt, und sie wählt sich selbstbewußt ihre Liebhaber. Wer ihr gefällt, hat für ein paar Tage Teil am Glanz ihres Ruhms. Ihren Freund, den Gitarristen, beherrscht sie souverän mit einer gekonnten Mischung aus kindlicher Unschuld und Femme fatale.

Von der nächsthöheren Ebene des Ruhms läßt ein amerikanischer Musikmanager seinen brillantringbesetzten Finger herab, und Charlotte weiß, wie sie ihn nehmen kann, ohne sich selbst damit zu verringern. Ein Wind trägt sie hinauf in die Höhen des Ruhms, auf die Weltbühne jener Tage. Sie geht nach Los Angeles und wird Sängerin in einer relativ bekannten Band. Charlotte genießt ihr Leben voll, meint sie, und läßt keine Gelegenheit für Steigerungen ungenutzt verstreichen. Sie gelangt so sicher wie eine zielsuchende Rakete in die Welt der Drogen. Der Rausch des Ruhms verlangt zunächst die Power ständigen Wachseins. Da helfen die kleinen, legalen Wachmacher. Intensität, das ist ihr Credo. Es muß immer etwas los sein. Wenn die Wogen hoch schlagen, ist Charlotte in ihrem Element. Die Bewunderung der Fans gibt ihr den »Kick«, den sie braucht. Allerdings klafft die Schere zwischen ihren Höhenflügen und den Durchhängern danach immer weiter auseinander. Sie beginnt es mit stärkeren Drogen zu probieren.

Kokain wird jetzt ihr bester Freund. Die Abstände zwischen ihren Drogeneuphorien und den darauffolgenden Drogenkatern verringern sich.

Wenn Charlotte morgens in den Spiegel schaut, bekommt sie jedesmal einen Schreck. Ein gepeinigtes, verlebtes Gesicht sieht sie aus traurigen, tief geränderten Augen an. Doch von diesem Anblick reißt sie sich schnell los und peppt ihre Gefühle mit der ersten Dosis des Tages auf. Wenn die Kokain-Euphorie einsetzt, sieht die Welt gleich wieder ganz anders aus. Charlotte mischt ihre Drogen wild durcheinander – genauso wild und frei, wie sie sich fühlt. Sie trägt immer die verrückteste Garderobe und umgibt sich mit den schrillsten Typen, die sie finden kann. Wenn sie in ihrem Szenecafé vorbeischaut, hat das etwas von einem Staatsbesuch. Alle schauen auf sie, zeigen auf sie, reden über sie. Charlotte gibt lässig Autogramme und plaudert mit dem Barkeeper.

Eines Abends steht sie auf der Bühne so unter Drogen, daß sie nur ins Mikrophon lallen kann. Sie schwankt und bricht auf der Bühne zusammen. Ein peinlicher Auftritt, zumal die Polizei mit ins Spiel kommt und bei ihr eine größere Menge illegaler Drogen findet. Im unvermeidlichen Prozeß gelingt es ihren Anwälten immerhin, ihr eine Gefängnisstrafe zu ersparen, wenn sie sich einer Entziehungskur unterzieht und eine hohe Geldstrafe zahlt. Charlotte stimmt zu – und verschwindet von der Bildfläche.

Als sie nach zwei Jahren wieder auftaucht, will niemand mehr etwas von ihr wissen. Der Musiktrend hat sich geändert, ihre Stimme und ihr Stil sind nicht mehr in. Außerdem gibt man ihr deutlich zu verstehen, daß mit ihrem Äußeren auch nicht mehr viel los sei. Falten und Augenringe – so etwas käme beim jungen Publikum nicht an.

Charlotte fällt in eine tiefe Depression. Sie zieht sich ganz zurück und schließt sich verbittert in ihrem Haus ein. Die wenigen Freunde, die sich noch melden, weist sie schroff zurück. Nach einigen Wochen des Rückzugs entwickelt Charlotte massive Angstzustände. Sie träumt von Monstern, die sie verfolgen, von Wirbelstürmen, die sich bedrohlich nähern, und riesigen Lastwagen, die hinter ihr herfahren. Sie nimmt Kontakt zu einer Freundin auf, von der sie weiß, daß sie selbst eine Psychotherapie hinter sich hat. Durch ihre Vermittlung entscheidet sich Charlotte, auch eine Therapie zu beginnen.

Mit Beginn der Therapie öffnet sich eine völlig neue Seite in Charlotte. Sie beginnt sich klein, schwach und hilflos zu fühlen. Oft liegt sie in den Sitzungen einfach da wie ein kleines Kind, ohne zu sprechen. Wenn dieses Kind in Charlotte an die Oberfläche kommt, vermittelt es den Eindruck von Schock und Panik. Körperlich ist es angespannt und steif wie ein Kind, das ständig auf der

Hut vor Schlägen ist. Es dauert einige Zeit, bevor sich das kleine Mädchen in ihr, das sich »Lotti« nennt, äußert. Die kleine Lotti hat nur Angst gehabt, seit Charlotte sechs Jahre alt ist und mit der Mutter und ihrem Bruder Karl das Elternhaus verließ. All die Abenteuer und Gefahren, die Charlottes Hauptenergie, ihr Antreiber, losgetreten hat, waren der reine Horror für dieses verletzliche Kind. Es konnte die laute Musik nicht ausstehen, haßte die dauernde Hektik, das schlechte Essen, die Zigaretten. Es vermißte ein Zuhause. In den Hotels und Apartments, in denen Charlotte wohnte, war es unwohnlich und unpersönlich. Ganz schlimm wurde es für »Lotti«, als Charlotte begann, harte Drogen zu nehmen. Sie glaubte, sie müsse nun sterben.

Nach Charlottes Entlassung aus der Entziehungsklinik, als sie zum ersten Mal in ihrem Leben für einige Wochen nichts tat, begann sie die Gefühle ihres inneren Kindes zu spüren: Traurigkeit, Verlorensein und Angst.

Charlotte bekam genau zum richtigen Zeitpunkt die Hilfe von ihrem Unbewußten, die sie brauchte, um gegenzusteuern und die ungeheure Kraft ihrer Antreiberenergie auszugleichen. Charlotte lernt nun, die kleine Lotti zu lieben und auf ihre Bedürfnisse Rücksicht zu nehmen. Ihr Leben bekommt einen anderen, langsameren Rhythmus. Sie kümmert sich um ihren Garten und freut sich über neue Blüten, das Wachstum der Pflanzen und die Vögel, die sie vorher nie bemerkt hatte. Auch eine Katze schafft sie sich an, die lange auf ihrem Schoß liegt und schnurrt. Sie genießt lange Spaziergänge und Abende mit Freunden.

Zwei Jahre lang ist Charlotte ganz mit ihrer neuen Entwicklung beschäftigt. Glücklicherweise braucht sie sich keine finanziellen Sorgen zu machen. In ihrer Erfolgszeit hat ihr Manager einige Reserven für sie angelegt.

Nach diesen zwei Jahren wird Charlottes Liebe zur Musik wieder wach. In langsamen, balladenhaften Songs, die ihr wie von selbst zufließen, äußert sich diese Liebe. Charlotte produziert auch Aufnahmen von ihren Liedern, die bei einem kleineren Publikum sehr beliebt werden. So gelingt es ihr schließlich, auch ihren beruflichen Selbstausdruck wiederzugewinnen – auf entspanntere und harmonischere Weise als zuvor.

2.2.3 *Paul im Glück. Der Weg zur Sicherheit durch Besitz*

Paul ist mit dem berühmten »goldenen Löffel« im Mund geboren worden. Seine Familie ist eine seit Generationen etablierte Unternehmerdynastie, deren Name auch zum Markennamen für die Produkte geworden ist, die in ihren Fabriken hergestellt werden. Der Vater ist unerreichbar, kühl und fern. Seine Anerkennung bekommt nur der ältere Bruder. Die Mutter ist ständig im Überschwang ihrer Gefühle – voller Begeisterung für eine gute Neuigkeit oder völlig niedergeschlagen über eine schlechte Nachricht.

Zwischen Mutter und Vater erlebte Paul eine entfremdete, schwierige Beziehung, die mit Pflichtbewußtsein aufrechterhalten wird. Pauls älterer Bruder war von vornherein der designierte Nachfolger des Vaters, während sich seine jüngere Schwester schon früh von der Familie abwandte, um ihre eigenen, recht exzentrischen Wege zu gehen. Beide Geschwister empfand Paul immer wie Säulen, zwischen denen er eingerahmt war. Sie waren

Persönlichkeiten, die wußten, was sie wollten. Paul dagegen wußte das gar nicht und verspürte wenig Antrieb, sich für etwas einzusetzen.

Bei den Gleichaltrigen in der Schule war er wenig beliebt. Willig ließ er sich benutzen, wenn es um Geld ging, von dem er immer genug von zu Hause mitbekam. Aber Paul konnte weder wirkliche Freunde finden noch sich wie andere Kinder für ein Spiel oder ein Wagnis richtig begeistern. Also suchte er stets Anschluß bei Gleichaltrigen, die wußten, was sie wollten, die ein Ziel hatten oder ein Feindbild, das ihnen half, sich selbst zu definieren. Paul wurde erst zum Mitläufer, dann zur rechten Hand seiner Spielkameraden. Dieses Muster bewährte und bewahrte sich durch die Pubertät hindurch in Sportclubs und Jugendcliquen. So erwarb sich Paul erstmals die Fähigkeiten, auf die er stolz war. Er konnte für andere die Fahne schwingen, ihren Glanz verbreiten und vermehren helfen und so auch einen Abglanz ihres Lichts auf sich scheinen lassen. Es wurde immer deutlicher für Paul, daß er seinen Weg gefunden hatte.

Als er in einem jugendlichen Fußballstar seinen Helden fand, gerieten seine Selbstzweifel ganz in den Hintergrund und schließlich in Vergessenheit, und Paul fühlte sich wohl, wenn er mit wehenden Fahnen und großzügigen Spenden Propaganda für seinen Helden machen konnte. Aktivität bestimmte nun sein Leben. Er ließ keine Gelegenheit aus, um Stimmung und Werbung zu machen.

Nebenher wuchs auch Pauls eigenes Ansehen, denn sein Name und der des Stars wurden oft zusammen genannt. Zu Pauls ererbtem Reichtum kam nun die gesellschaftliche Anerkennung, die Paul immer gefehlt hatte.

Diesen Weg führte Paul konsequent fort und ging in die Werbebranche. Obwohl er aufs Geldverdienen nicht angewiesen war, setzte er alles daran, Karriere zu machen. Stets fand er dabei Helden, die er unterstützte und die ihn dafür mit Anerkennung belohnten. Einer seiner Helden ermutigte Paul, sein Vermögen in ein Projekt zu investieren, das sie beide weltberühmt machen sollte. Natürlich konnte Paul dieser Versuchung nicht widerstehen, und es kam, wie es kommen mußt. Das Projekt scheiterte, und Paul verlor sein Geld. Er brach vollkommen zusammen, verbrachte Monate in einem Sanatorium, vegetierte vor sich hin.

Eines Tages steht er auf wie ein Stehaufmännchen und bewirbt sich um einen Public-Relations-Job in einem internationalen Konzern. Er bekommt den Job und macht ihn perfekt.

Von diesem Zeitpunkt an leistet sich Paul keine Schwächen mehr, begeistert sich nicht für andere, sondern funktioniert reibungslos und effektiv. Der Perfektionist in ihm hat die Herrschaft angetreten, und als rationaler Macher duldet er keinerlei Mitbestimmung von Pauls emotionalen Seiten.

Als Paul in die Beratung kommt, ist er wieder ein wohlhabender Mann und Public Relations Manager bei einem renommierten Konzern. Er ist stolz auf seine ausgefeilten und exzellent durchgeführten Präsentationen. Alles stimmt, wenn er seine Folien auflegt, und stets ist er bestens vorbereitet. Kunden und Chefs äußern sich hochzufrieden über Paul. Seine Arbeit ist ihm alles, und von »sinnlosem Rumgehopse« in der Freizeit hält er gar nichts. Wozu soll ich im Regen durch den Wald rennen, wenn ich trocken und sicher Auto fahren kann? Warum in der Freizeit abschlaffen, Musik hören und die Füße hochlegen, wenn man doch neue Projekte an Land ziehen kann? Wer rastet, der rostet, ist sein Motto.

Neulich passierte ihm etwas Erschreckendes. Er hatte seinen Aktenkoffer mit dem Vortragsskript schon am Vorabend gepackt und macht sich morgens, selbstsicher wie immer, auf den Weg zum Veranstaltungsort. Als er im Flugzeug den Koffer öffnet, ist das falsche Manuskript drin! Wie kann das sein? Er hatte es doch selbst hineingelegt! Unmöglich! Ihm fährt es siedendheiß durch den Körper, er sackt in sich zusammen, schlägt sich an den Kopf, fühlt sich vollkommen verloren und bittet telefonisch beim Kunden um Verzeihung und Terminverschiebung. Die wurde einem beliebten Redner wie ihm gern gewährt.

Beim nächsten Termin steht er am Rednerpult, das richtige Manuskript vor sich und eröffnet gutgelaunt seinen Routinevortrag mit einer lustigen Anekdote. Plötzlich reißt ihm der Faden ab. Blackout! Ihm fällt mitten im Satz nicht mehr ein, was er sagen wollte. Die Pointe ist weg. Stotternd geht er zum sachlichen Teil über und legt schnell eine Folie nach der anderen auf. Die Zuhörer sind irritiert, reagieren kühl und zurückhaltend. Paul kritisiert sich unnachgiebig, seine Selbstzweifel wachsen, und er überlegt sich schon, den Job aufgeben.

Im Coaching erlebt er seine verletzliche Stimme, die Angst vor Blamage und Lächerlichkeit hat. Diese empfindsame Seite hat in Pauls Leben nie Anerkennung und Schutz erfahren. Über seinen rationalen Macher mußte Paul deshalb einen Schutz aufbauen. Mit seiner neuen Karriere begab er sich allerdings auch auf dünnes Eis, weil Pauls Leistung von der Anerkennung mächtiger

Menschen abhängt. Zwar hat er gelernt, diesen Leuten zu gefallen. Völlig verneint hat er dabei aber seine spielerische und freiheitsliebende Seite. Seit vielen Jahren ist diese Energie eingesperrt und von seinem rationalen Macher in Schach gehalten worden.

	Hauptstimme	*Polarität*	
	disziplininiert	chaotisch	
Licht	rational	empfindsam	*Schatten*
	perfekt	schwankend	
	rigid	spielerisch	
Schatten	verplant	spontan	
	eng	expansiv	*Licht*
	abgestorben	freiheitsliebend	

Indem Paul sich von seiner Hauptstimme, dem rationalen Macher, löst, kann er seine andere Seite sehen. So verliert er die Identifikation mit den rigiden, rationalen psychischen Anteilen und steht nun bewußter zwischen den Polaritäten. Das ist nicht immer angenehm, manchmal sogar so anstrengend, daß er sich den alten Macher wieder zurückwünscht. Besonders unangenehm sind ihm seine Gefühlsschwankungen zwischen Niedergeschlagenheit und Euphorie, denen er, genau wie seine Mutter, ausgesetzt ist. Allmählich aber lernt Paul, den Macher bewußt einzusetzen, wenn er ihn braucht.

2.2.4 *Bruder Joachim. Der Weg der Gemeinschaft und Nähe*

Joachim ist als zweiter von vier Söhnen in einer Bauernfamilie in Norddeutschland zur Welt gekommen. Von klein auf war neben der Beziehung zur Mutter die Nähe zu seinen Brüdern für ihn das Wichtigste. Der Vater führte als traditioneller Patriarch ein strenges Regiment über die ganze Familie. Er war das gefürchtete Vorbild der vier Kinder, wenn er mit seiner schier unglaublichen körperlichen Kraft auf dem Hof arbeitete. Jeder wollte so werden wie er, und alle hatten Angst vor seinen gewalttätigen Zornesausbrüchen, vor denen sich die Söhne nur durch Flucht retten konnten. Zwar tröstete die Mutter ihre verängstigen Kinder – für Joachim aber bot die Nähe zu den Brüdern mehr Sicherheit als die Mutter. Sie war schließlich erwachsen und als Frau des allmächtigen Vaters ihm näher als den Kindern.

Joachim fühlte sich mit seinen Brüdern vollkommen verbunden. Wenn einer ein Geschenk bekam, freute er sich mit ihm, wurde ein anderer bestraft, weinte er, als hätte es ihn selbst getroffen. Die Nähe der Brüder war wie eine symbiotische Gemeinschaft, in der Joachim sich bedingungslos angenommen und geliebt fühlte. Er hatte keine Geheimnisse vor ihnen und teilte auch als Heranwachsender all seine Erlebnisse und Erfahrungen mit seinen Brüdern.

Fühlte einer der Brüder sich stark und wollte Macht über die anderen beanspruchen, brachten ihn die drei übrigen schnell wieder auf den Boden der Tatsachen – daß nämlich die Gemeinschaft stärker war als der einzelne und daß Nähe und Zusammengehörigkeit wichtiger und erfolgreicher waren als persönliche Macht oder Ansehen.

Da der älteste Bruder den väterlichen Hof übernehmen würde, lernte Joachim Werkzeugmacher beim einzigen größeren Arbeitgeber der Region, einem Hersteller von Holzbearbeitungsmaschinen. Joachim fügte sich rasch in die neue Gemeinschaft ein und war bei den Lehrlingen als guter, hilfsbereiter Kumpel beliebt. Ebenso ging es ihm in der Bundeswehrzeit, die er als Panzergrenadier ganz in der Nähe seines Heimatortes absolvierte. Joachim rebellierte nie, benahm sich kaum jemals daneben und überstand selbst den obligatorischen Initiationsritus des ersten Alkoholrauschs, ohne aufzufallen.

Mit 22 heiratete Joachim seine erste und einzige Freundin, eine sehr zurückhaltende, schüchterne junge Frau, und wurde bald darauf Vater einer Tochter. Heute haben seine Frau und er drei Töchter und sind bemüht, den Kindern ein Zuhause zu schaffen, in dem sie sich wohl, sicher und geborgen fühlen.

Das funktionierte auch gut, solange die Kinder klein waren. Mit dem Eintritt in die Pubertät der beiden älteren Mädchen begannen Joachims Schwierigkeiten. Die Töchter zogen sich aus der Familiengemeinschaft zurück und begannen, ihn offen abzulehnen. Sie provozierten ihn durch Mißachtung von Verboten bis hin zu tagelanger Abwesenheit und ließen keine Gelegenheit aus, ihn vor den Nachbarn und Verwandten zu demütigen. Joachim versuchte stets ihr Vertrauen und Verständnis durch Gespräche wiederzugewinnen – ohne jeden Erfolg. Weil er keinerlei Durchsetzungskraft zur Verfügung hatte, beschimpften ihn seine Töchter als Schwächling und Versager und lachten offen über ihn.

Joachim war an seinem empfindlichsten Punkt getroffen, als die Töchter begannen, ihn massiv mit persönlicher Macht und egoistischer Selbstbezogenheit, seinen eigenen verneinten Seiten, zu konfrontieren.

Zu allem Übel braute sich zeitgleich mit den familiären Sorgen noch eine berufliche Krise zusammen. Denn Joachim wurde nun zum Produktionsleiter in seinem Unternehmen befördert. Seit seiner Lehrzeit hatte er in diesem mittelständischen, heimatverbundenen Unternehmen gearbeitet. Als Fachmann ist er hochqualifiziert. Auch deshalb wurde er aus dem Kreis der Kollegen ausgewählt, um die neue Teamleiterfunktion zu übernehmen. Der andere Grund war seine freundliche, umgängliche Art und seine Beliebtheit bei den Kollegen. Anfangs lief alles zufriedenstellend – doch nun stellen sich Qualitätsprobleme ein und Joachims Ansehen im Unternehmen sinkt. Er kann sich bei den Mitarbeitern nicht so durchsetzen, daß die ihr Verhalten ändern würden. Wenn er etwas moniert, argumentieren sie hin und her und akzeptieren seine Autorität nicht. Im Gegenteil, sie nutzen seine Gutmütigkeit aus, melden sich krank oder lassen Arbeiten unbeendet liegen, so daß Joachim die Sache selbst zu Ende bringen muß. Er appelliert an ihre Kameradschaft – ohne Erfolg. Er wird nicht mehr als Kollege betrachtet, sondern als der Vorgesetzte. Seine kumpelhafte Nettigkeit erleben die Mitarbeiter nun als Schwäche und nutzen seine Gutmütigkeit rücksichtslos aus. Aber was tun?

Joachim ist einfach zu nett. Joachims Vorgesetzter kritisiert ihn und fordert mehr Härte. Aber das kann Joachim auf keinen Fall annehmen. Denn so wie dieser Chef will er niemals sein. So ein egoistischer, selbstherrlicher Machtmensch, der arrogant auf andere herabschaut und sie eiskalt benutzt und hinterlistig manipuliert. Nein, niemals würde Joachim so handeln. Lieber bügelt er alle Schlampereien seiner Mitarbeiter nach Arbeitschluß selbst aus und buhlt weiterhin um seine Wiederaufnahme in den alten Kreis als der nette Kollege.

Joachim wird immer frustrierter, denn natürlich gelingt ihm das nicht. Die ständigen Nörgeleien seiner Untergebenen und die schroffe Kritik seines Chefs zerren an seinen Nerven. Wenn er spätabends nach Hause kommt, hat er neuerdings oft Streit mit seiner Frau. Sie kritisiert seine lange äußere Abwesenheit von der Familie und seine beginnende innere Abwesenheit, wenn er zu Hause ist. Die 15 und 17 Jahre alten Töchter wenden sich nun vollends von ihm ab. Die Zeiten, in denen er ihr heißgeliebter Papa war, sind endgültig passé. Er ist jetzt »der Alte«, den sie wie einen senilen Greis belächeln.

Joachim ist mitten in der Krise, als er in die Beratung kommt. Sein Herz macht nicht mehr mit. Sein Arzt hat ihm gegen die beginnenden Herzprobleme starke Mittel verschrieben und ihn gewarnt. Er müsse kürzertreten, sagt er. Er stehe unter Dauerstreß, das könne nicht lange gutgehen. Es gelingt Joachim im Coaching relativ schnell, sein Hauptselbst zu erkennen und sich zeitweise als separat von ihm zu erfahren. So lernt er schätzen, was sein partnerschaftliches, freundlich-bescheidenes Hauptselbst ihm an Nähe, Zugehörigkeit und Vertrauen gebracht hat.

Damit ist für Joachim der Weg frei, sich mit der verneinten Polarität zu seinem Hauptselbst auseinanderzusetzen. Er erfährt diese Polarität in ihrer Schattenseite in seinem Chef und in seinen beiden älteren Töchtern.

	Hauptstimme	*Polarität*	
Licht	partnerschaftlich	egoistisch	*Schatten*
	freundlich	hart	
	bescheiden	selbstherrlich	
	einfühlsam	hinterlistig	
	zugehörig	manipulativ	
	vertrauensvoll	arrogant	
	nah	kalt, distanziert	
Schatten	schwach	selbstbewußt	*Licht*
	schutzlos	geradlinig	
	klein	kämpferisch	
	abhängig	zielstrebig	
	wankelmütig	durchsetzungsstark	
	anpasserisch	eindeutig klar	
	schmeichelnd	fair	
	grenzenlos offen	berechenbar	

Joachim lernt, die Beziehungen in seinem privaten und beruflichen Leben in die Hand zu nehmen. Er löst sich allmählich aus der Identifikation mit seinem symbiosesüchtigen Hauptselbst und grenzt sich ab, äußert sich klarer und erntet bald mehr Respekt. So ermutigt kann er auch mal »nein« sagen und »mit der Faust auf den Tisch schlagen«. Er integriert die Lichtseite seiner Polarität, indem er kämpferischer und selbstbewußter wird, ohne dabei seine inneren Wurzeln in der Nähe und im Vertrauen zu vergessen. Statt Orientierung bei anderen zu suchen, bietet Joachim nun Orientierung. Seine Töchter sind wieder öfter zu Hause und fragen ihn sogar um Rat. Seine Mitarbeiter beginnen, ihn mit »Chef« anzureden und freuen sich über seine Anerkennung für ihre Leistung.

Ratlos ist nur Joachims Arzt. Er kann sich die plötzliche Besserung seines Zustandes nicht erklären und überweist ihn in eine Spezialklinik. Aber auch dort bleiben die Herzuntersuchungen ohne Befund. Joachim ist geheilt, denn er ist vollständiger geworden.

2.2.5 *Ich, die Isabel. Der harte Weg der Schönheit*

Eine karriereorientierte junge Frau namens Isabel arbeitet 12–14 Stunden täglich in ihrer Firma, um »es zu schaffen«, nach oben zu kommen und irgendwann ganz oben zu sein. Warum sie »ganz nach oben will«, weiß sie nicht genau. Sie findet, daß es sich lohnt, dafür zu arbeiten. In der Schule war Isabel schon eine Streberin und Einzelgängerin, deren Leistungen zwar von den Lehrern, aber selten von den Mitschülern anerkannt wurden. Das lag auch daran, daß Isabel ein besonders hübsches Mädchen war und von Lehrern oft bevorzugt wurde. Die Mädchen in ihrer Klasse reagierten eifersüchtig und schnitten Isabel. Die Jungen schauten ihr zwar oft nach, konnten aber keinen Kontakt zu ihr aufnehmen.

Meist suchten ihre Klassenkameraden Gelegenheiten, um Isabel zu demütigen und ihr zu zeigen, daß sie nichts Besonderes war. Das gelang ihnen im Sportunterricht. Isabel war körperlich eher schwächlich und haßte Sport – ihr einziges schlechtes Fach. Sie hatte einfach kein Gefühl für diese unsinnigen Bewegungen, die da von ihr verlangt wurden, und dieses Gebrüll und Gerempel beim Ballspiel! Nichts für Isabel! Die Ärzte rieten ihr ständig zu mehr Sport, denn Isabels Haltung war schlecht. Sie hatte schwache Muskeln und konnte ihre Bewegungen nicht richtig koordinieren. Unbemerkt von den Mitschülern, begann sie deshalb im Fitness-Studio an Body-Building-Geräten zu trainieren und brachte es bei enormem Durchhaltevermögen zu erstaunlicher Haltungsverbesserung und sichtbaren Muskeln.

Die Anerkennung in der Schule wuchs, aber sie fühlte sich trotzdem meist unwohl in Jugendgruppen. Es war, als hätte Isabel nun ihren Schulkameraden alle Gründe genommen, sie nicht zu mögen, und genau das wurde zum neuen Angriffspunkt. Isabel war ihnen einfach zu perfekt und zu makellos. Ihr fehlte die Fähigkeit, mit den anderen herumzualbern und eine von ihnen zu sein. Gekränkt wandte sich Isabel von ihren Mitschülern völlig ab und konzentrierte sich von nun an ganz auf ihre Leistungen und die Pflege ihrer makellosen äußeren Erscheinung.

Auch als Erwachsene kann Isabel mit Parties und anderen Geselligkeiten nicht viel anfangen – es sei denn, daß sie dort »wichtige Leute« träfe, die ihr in ihrer Karriere behilflich sein können. Diese meist älteren Männer sind ihr wohlgesinnt und sehen es gern, daß eine junge Frau so ehrgeizig und strebsam arbeitet, um dorthin zu gelangen, wo sie schon zu sein glauben. Doch könnten sie da irren, denn Isabel sucht »oben« nicht den Ruhm und die Anerkennung, die vielleicht ihre Motivation waren, sondern einfach das Gefühl von Spitze, Gipfel, Losgelöstheit von der Erde und Sicherheit vor Bedrohung. In ihrer aktiven und äußerst engagierten Suche zeigt sich ihre innere Verbindung zu einem größeren Ganzen. Das ist ihr zu der Zeit nicht bewußt, und wenn sie auf »Gott« oder spirituelle Themen angesprochen wird, kann es sein, daß sie ihre Gesprächspartner mit intellektueller Überheblichkeit abblitzen läßt.

Isabel ist süchtig nach Zigaretten und Schlafmitteln.

Sie ist im unklaren und nebelt sich ständig ein mit dem Rauch ihrer Zigaretten, die sie natürlich nur »braucht«, um wach zu bleiben und sich auf ihre Arbeit, ihren Weg nach oben zu konzentrieren. Überdrehtes Wachsein ist andererseits ihr Problem, denn wenn sie spätabends aus dem Büro in ihr Single-Appartement fährt, ist sie unruhig, nervös und kann sich nicht entspannen. Sie weiß auch nicht, was sie machen soll. Freunde hat sie keine, und in Cafés, Kneipen oder Discos geht sie nicht. Darin sieht sie keinen Sinn. Isabel lebt nämlich nach sehr logischen und rationalen Grundsätzen. Alkohol und weinselige Gesprächigkeit verabscheut sie. Das ist etwas für die »Prolos« und für »Jammerlappen«, die sich bei einem ausweinen wollen. Sie braucht aber ihren Schlaf, logisch, denn sie will fit sein für den morgigen Arbeitstag, deshalb greift sie zu einem vernünftigen, nicht zu starken Schlafmittel. Das ist nun schon seit zwei Jahren zu ihrer Gewohnheit geworden. Ohne es sich einzugestehen, genießt und braucht sie den schweren, betäubten Zustand, den die Tranquilizer in ihr hervorrufen. Sie geben ihr ein Gefühl von Geborgenheit, von Aufgehobensein. Sie fühlt sich getragen, muß nichts mehr tun, kann einfach abschalten und im süßen Schlaf versinken. Ein Teil von ihr ist im Moment des Drogengenusses schon da, wo er hinwill.

Am nächsten Morgen ist es sehr hart für sie, wach zu werden. Sie braucht ihre ganze Willenskraft und die ständige Erinnerung an ihr Ziel, damit sie es schafft, pünktlich aufzustehen. Stets helfen ihr dabei drei Tassen starker, schwarzer Kaffee und die erste Morgenzigarette. In letzter Zeit wirken aber auch diese Aufputscher nicht mehr richtig, und Isabel hat sich schon bei ihrem Apotheker nach »Wachmachern« erkundigt. Bald wird sie wohl welche nehmen, denn nach ihrer persönlichen Checkliste hat Wachsein bei der Arbeit absolute Priorität. Erst mal nur eine morgens …

Das steigert sich, und nach einigen Monaten hat Isabel einen Zusammenbruch und wird in die Klink gebracht. Die Ärzte erfahren von ihrem Drogenkonsum und raten zu einer Entziehungskur. Isabel folgt diesem Vorschlag und kommt nach der Entziehung in die Einzelberatung. Sie lernt ihre Hauptstimmen kennen und erlebt, wie diese sie immer wieder zu Höchstleistungen antreiben. Die rationale und perfektionistische Ausrichtung dieser tatkräftigen Energien ließ ihr keinerlei Raum für mehr seinsorientierte und sinnlich-genießerische Aspekte. Sie durfte kein gewöhnliches Mädchen sein und an den Spielen und Erfahrungen ihrer Altersgenossen teilnehmen. Sie durfte sich nicht gehenlassen, nicht entspannen und schon gar nicht »sinnlos herumalbern«.

Ihre rigiden Hauptstimmen nahmen nicht die geringste Rücksicht auf Isabels emotionale Bedürfnisse und ihren Körper und trieben sie gnadenlos weiter die Karriereleiter hinauf – damit sie es dort oben einmal besser haben sollte. Wenn sie ganz oben angekommen wäre, so äußerten sich diese Teilpersönlichkeiten, dann hätte sie entspannen dürfen, weil sie dann in ihrer Position sicher vor den Gefahren des Lebens gewesen wäre.

Die Schwierigkeit in Isabels Bewußtseinsreise besteht darin, daß ihre streng perfektionistischen Hauptstimmen fast ihr ganzes Leben lang »Isabel« waren. Wenn Isabel »ich« sagte, sprachen sie, wenn jemand nach Isabel rief, antworteten sie.

Isabel löst sich von ihren Hauptstimmen und nimmt mit der bis dahin verurteilten Gegenseite Kontakt auf.

Sie erlebt, daß sie dort keineswegs nur »lasch, träge und blöd« sein muß.

Von den neuen Ideen und Gefühlen, die ihre verdrängten Stimmen ihr nun eröffnen, ist Isabel ganz fasziniert. Sie kann jetzt emotional sein, kann sich Zeit für sich selbst nehmen, einfache schöne Dinge genießen und gelassener mit ihren Alltagspflichten umgehen. Sie läßt sich nun Zeit, ein gutes Essen zu genießen, gönnt sich Massagen, warme Bäder und beginnt sogar, in der Sauna oder im Schwimmbad, »sinnloses« Geplauder mit fremden Menschen.

Isabel lernt, ihre extremen Gegensätze zu balancieren, und benutzt diesen Prozeß gegenwärtig, um herauszufinden, ob sie eigentlich noch ein Kind haben möchte oder den Schwerpunkt in ihrem beruflichen Leben beläßt.

Hier die Übersicht über Isabels Hauptstimmen und deren Gegenseiten.

	Hauptstimme	*Polarität*	
Licht	rational	gefühlsduselig	*Schatten*
	aktiv	lasch	
	initiativ	träge	
	erfolgsorientiert	wurstig	
	kritisch	opportunistisch	
	zielstrebig	wankelmütig	
Schatten	stur	gelassen	*Licht*
	ernst	emotional	
	perfektionistisch	entspannt	
	dominant	erreichbar	
	arrogant	seinsorientiert	
	aggressiv	liebevoll	
	engstirnig	genießerisch	

Isabels Geschichte zeigt, wie ihre Sensibilität von den Hauptstimmen geschützt wurde. Zunächst werden Bedürfnisse und Empfindsamkeit schlichtweg verleugnet und die Augen geradeaus aufs hohe Ziel gerichtet. Als das nicht mehr funktioniert, scheinen diesen Teilpersönlichkeiten Drogen immer noch sicherer als Menschen. Es ist ein enormes Stück Arbeit für Isabel, sich von diesen mächtigen inneren Energien zu lösen und die Gegenseite kennen zu lernen. Als es ihr gelingt, beginnen ihre Handlungsperspektiven sich buchstäblich vom Scheuklappenblickwinkel auf 360 Grad zu erweitern.

2.2.6 *Colin, der Einsiedler. Der Weg des Wissens*

Colin wächst in den 50er Jahren in einer Kleinstadt in Mittelengland auf. Er hat eine ältere Schwester und einen jüngeren Bruder. Wegen seiner leichten körperlichen Behinderung wird er von anderen Kindern oft verspottet oder körperlich gequält. Dabei ist Colin durchaus kräftig und sportlich und lernt auch, sich zu wehren. Aber die Verletzungen sitzen tief und erzeugen in ihm ein Gefühl des Andersseins, ein Fremdsein in der Welt. Er fragt sich auch, ob seine Eltern wohl seine richtigen Eltern sind, und meint, er sei hier gar nicht wirklich zu Hause. Colin zieht sich in sich selbst zurück und spielt viel allein an dem schönen Fluß, der durch seine Heimatstadt fließt. Am Fluß träumt er immer, daß er unter Wasser auf dem Flußbett liegt und von dort die Welt sehen kann, ohne selbst gesehen zu werden.

In der Schule ist Colin ein Einzelgänger und interessiert sich hauptsächlich für Bücher, in denen das »Wissen« ist, nach dem er sich sehnt. Dieses Wissen ist für ihn eine Art Schlüssel zu seiner wahren Herkunft und seinen wirklichen Eltern. Er spricht mit niemandem darüber und sucht in Erzählungen, Sagen und Märchen nach diesem Wissen. Dabei hat er nicht das Gefühl, es tatsächlich zu finden, fühlt sich aber wohl in der Welt der Phantasie und der Ideen. Mit Beginn der Pubertät verstärkt sich sein Fremdsein, und Colin leidet sehr unter seiner Kontaktarmut. Er traut sich nicht, auf Mädchen zuzugehen, weil er fürchtet, sie würden ihn wegen seiner leichten Behinderung abweisen und auslachen.

So verstärkt er seine einsame Suche nach dem Wissen noch mehr und stößt als 18jähriger auf eine Gruppe von Leuten, die sich mit Selbsterfahrung durch gruppendynamische Prozesse und psychedelische Drogen beschäftigen. Die Gruppenmitglieder akzeptieren Colin sofort, und seine Behinderung ist für niemanden ein Problem. Colin ist begeistert und fühlt sich zum ersten Mal wirklich geborgen und aufgehoben in einer Gruppe. Bald erlebt er seinen ersten LSD-Trip – eine Offenbarung. Da ist sie plötzlich, diese innere Welt des Wissens, nach der er immer gesucht hat! Colin ist glücklich und fühlt sich wie verwandelt.

In den Gruppensitzungen erfährt er durch das Feedback der anderen etwas für ihn völlig Neues, Unvorstellbares: Bewunderung. Colin, der verspottete Außenseiter, wird bewundert für seine reiche innere Welt!

Mit einer jungen Frau aus der Gruppe hat Colin seine erste Beziehung, und mit Anfang 20 unternehmen beide gemeinsam eine große Reise nach Asien. Sie reisen durch Bhurma, Thailand, Malaysia und landen Monate später in Hongkong. Hier fühlt sich Colin auf Anhieb zu Hause. Er liebt das Leben in dieser quirligen asiatischen Metropole. Er liebt die Kultur, die Menschen, das Klima, die Sprache – einfach alles. Colin beschäftigt sich mit chinesischer Philosophie und erlebt seine zweite Offenbarung. Hier ist das wirkliche Wissen! Die taostische Weltsicht erfüllt ihn mit einer Ruhe und einem Frieden, den er nie zuvor gekannt hat. Auch beginnt er Tai Chi zu lernen und geht so die erste spirituelle Lehrer-Schüler-Beziehung seines Lebens ein. Der Tai-Chi-Lehrer ist für ihn ein Meister, dem er absolut vertraut. Das ist um so verständlicher, als es Colin gelingt, durch bestimmte Körperübungen und Akupunkturbehandlungen, die sein Meister ihm gibt, seine Behinderung fast völlig auszugleichen.

Nach einigen Jahren in Hongkong kehrt er nach England zurück und beginnt in London Tai Chi zu lehren. Seine Kurse kommen gut an, und Colin besitzt bald seine eigene Schule, in der neben Tai Chi auch chinesische Medizin und alternative Heilweisen gelehrt werden. Colin ist ein geschätzter und beliebter Lehrer geworden. Sein Wissen und seine freundliche, unaufdringliche Art bringen ihm nun all die Anerkennung, die er als Kind so schmerzlich vermißte. Nach einigen Jahren des Erfolgs fühlt Colin sich allerdings zunehmend unbehaglich. Es kommt ihm vor, als würde er mit dem Kopf ständig an eine Decke stoßen. Es dämmert ihm, daß er das wirkliche Wissen nicht besitzt; daß er zwar viel weiß, aber nichts verstanden hat.

Getrieben von seiner Unzufriedenheit, löst Colin alles auf, was er geschaffen hat, verkauft seine Schule, kündigt seine Wohnung und begibt sich mit kleinem Gepäck wieder auf große Reise. Sein Ziel ist kein bestimmter Ort – oder genauer gesagt – kein geographischer, sondern ein innerer Ort. Der Platz des Wissens ist es, den Colin sucht.

Ein Wissen um das Leben, um das Woher und Wohin, das allen Fragen und Prüfungen standhält. Eine Gewißheit sucht er, eine Sicherheit, wie er sie manchmal in Asien für Augenblicke in Menschen gesehen hat.

Also reist er um die Welt und verbringt Monate auf den Spuren Castanedas in Südamerika, bei Eingeborenen in Afrika und Australien und macht viele beeindruckende Erfahrungen.

Seine Suche aber, da ist er sich ganz sicher, geht weiter. In Indien wird er schließlich fündig. Er trifft dort einen relativ unbekannten spirituellen Lehrer, einen alten Mann, der ein ganz gewöhnliches Leben führt, aber eine so heitere Gelassenheit ausstrahlt, daß Colin sich sofort bei ihm zu Hause fühlt.

Er akzeptiert Colin nicht als Schüler, sondern als gleichrangigen Freund. Für Colin stellt sich die Welt auf den Kopf. Er war es gewohnt, seine Lehrer hoch über sich zu sehen. Und dieser offensichtlich tief erleuchtete Mensch stellt sich auf die gleiche Stufe mit ihm! Mehr noch – er behandelt Colin wie seinen besten Freund, plaudert und lacht mit ihm, legt den Arm um seine Schulter und lädt ihn zum Essen ein! Colin ist überwältigt – auch von seiner Lehre. »Du kannst jetzt sofort aufwachen!« sagt er, und »Du bist schon ein Buddha, du mußt es dir nur eingestehen.« Colin spürt bei aller Faszination auch seine tiefe Angst vor dem Ende der Suche. Was, wenn sein Lehrer recht hätte?! Was, wenn seine Suche hier schon zu Ende wäre? Was, wenn er bereits erleuchtet wäre, schon jetzt?! Er ist völlig durcheinander, fühlt sich aber getragen von seinem Lehrer, der ihn auf gütige, väterliche Weise durch seine Zweifel und Ängste begleitet.

Nach einigen Wochen fällt Colin in einen tiefen Seinszustand und realisiert, daß seine Suche zu Ende ist. Er teilt seine Erfahrung seinem Lehrer mit, etwas unsicher noch. Aber der lacht nur: »Natürlich, ich hab's dir doch gleich gesagt!« Colin verbringt noch einige Zeit mit seinem Lehrer und bereitet sich nun auf seine Mission vor, die er im Westen sieht. Er möchte den Menschen dort das Licht dieser neuen Erkenntnisweise bringen.

Sein Lehrer meint, Colin könne das ruhig tun, wenn er meine, er müsse es tun.

Er sei aber auch eingeladen, noch so lange zu bleiben, wie er möchte.

Doch für Colin ist der Fall klar. Er geht zurück nach Europa und beginnt dort als neuer erleuchteter Lehrer aufzutreten. Er hält Vorträge und Workshops und hat einigen Zulauf. Viele hoffnungsvolle Menschen sehen in ihm ihre Chance. Colin ist erstaunt, wie schnell die Leute bereit sind, ihm zu vertrauen. Keiner prüft ihn, kaum jemand ist skeptisch oder kritisch. Colin, den verspotteten kleinen Jungen, gibt es nicht mehr. Er wurde abgelöst durch Colin, den strahlenden Wissenden, der nun seinen eigenen Weg zur Befreiung lehrt. Colin reist auch in die USA und nach Australien und hat bald in der Szene einen gewissen Bekanntheitsgrad. Um Colin bildet sich eine Gruppe von Fortgeschrittenen, mit denen er zusammenlebt, reist und seine Workshops hält.

Nach Jahren des Erfolgs gibt es einen Bruch. Drei seiner engagierten Mitarbeiter stellen sich gegen ihn und verbreiten in der Öffentlichkeit Schauergeschichten über Colin. Sie behaupten, Colin sei ein Tyrann und führe seine Leute in Abhängigkeit, um sie dann finanziell und sexuell auszubeuten. Im übrigen sei er nicht erleuchtet, sondern täusche nur vor, ein tieferes Wissen zu besitzen.

Ein Scharlatan sei er, bestenfalls ein drittklassiger Schauspieler, auf den die Leute hereinfielen.

Colin ist wie vom Schlag getroffen. Er ist verzweifelt und wütend, schreit und weint wie ein Kind. Seine emotionalen Ausbrüche sind nun auch für die noch loyale Mehrheit seiner Anhänger der Beweis für die Richtigkeit der Anschuldigungen gegen ihn. Alle verlassen die Bewegung und ächten ihn. Die bis dahin zutiefst dankbaren Schüler sind nun voller Haß gegen den »Teufel« Colin, der ihre Seele stehlen wollte und ihnen Jahre ihres Lebens geraubt habe.

Colin ist nach den ersten Schocks nun wie versteinert und läßt alles geschehen. Er zieht sich völlig zurück und lebt allein im Wald in einer Hütte. Er besitzt genug Ersparnisse, um seine täglichen Bedürfnisse für den Rest seines Lebens zu befriedigen. Er schwört sich, nie wieder auf die Menschen hereinzufallen. Er ist auch zornig auf seinen indischen Lehrer, der ihm bestätig hatte, ein Buddha zu sein. Denn Colin weiß nun, daß er kein Wissender ist. Jemand, der sich so gehenläßt, der solche Gefühle hat und so zu verunsichern ist wie er, ist kein Buddha – ein Verrückter vielleicht, ein Neurotiker. Verbittert sitzt er tagein, tagaus in seinem Wald, getröstet nur von der Schönheit der Natur und den Rehen, die bis zu seiner Hütte kommen. Sie sind seine einzigen Freunde.

Es dauert lange, bis Colin sich wieder spärlichen Kontakt zu Menschen erlaubt. In Begegnungen mit einfachen Menschen spürt er allmählich seine schüchterne, unsichere Seite. Er beginnt, sich mit dem Förster der Gegend anzufreunden, und genießt es, mit ihm einfache Arbeiten in der Natur zu verrichten und über Tiere und Bäume zu sprechen.

Colins inneres Kind ist durch die Demütigungen, die er aufgrund seiner Behinderung in der Kindheit erfuhr, sehr verletzt worden. Um solche Mißhandlungen in Zukunft auszuschließen, hat sein spirituelles Selbst die Macht in und über Colin übernommen. Wenn Colin sich kosmisch verbunden fühlt und weiß, worum es wirklich im Leben geht, so die Logik in diesem Schutzprojekt, ist er sicher vor Verletzungen. Deshalb hat Colin vieles auf sich genommen, um ein Wissender zu werden. Die Bestätigung, die ihm sein indischer Lehrer gab, hat diesen Wissenden auf die Höhe seiner Macht katapultiert. Er war nicht nur Hauptselbst – er war Colin und niemand sonst. Colin war der wissende Hirte, der seine Herde ins gelobte Land führen würde.

Wie so oft im Leben, wenn wir uns mit einer einzigen Energie vollständig identifizieren, ist die Gegenseite, die Polarität nicht weit. Sie taucht hier auf in Gestalt der drei Dissidenten, die Colin öffentlich anprangern. Ihre Behauptungen beziehen sich auf genau diejenigen Energien, die in Colins Gruppe tabu waren. In einer Gruppe von reinen spirituellen Menschen sind Macht, Sex und Geld die Teufelsmächte, von denen man sich befreit glaubt. Der Angriff zielt auf Colins Anspruch, ein Wissender zu sein. Und er ist, wie immer bei psychodynamischen Prozessen, gut gezielt. Er trifft Colins verletztes inneres Kind, das scheinbar durch spirituelle Transformation aus Colins Leben verschwunden war. Dieses innere Kind schreit auf und bricht zusammen, denn es spürt jetzt, daß der »Wissende«, Colins Hauptselbst, es doch gar nicht vor Demütigungen schützen kann.

Für Dissidenten und Getreue ist Colins Reaktion der klare Beweis dafür, daß Colin kein Wissender ist, sondern ein Betrüger sein muß. Denn sie haben ja das von Colin selbstgelebte Beispiel eines Wissenden als Vorbild. Und so einer ist stets klar, gefaßt und gesammelt – und niemals verletzlich, unsicher und emotional.

Colins Aufgabe besteht nun darin, für sein inneres Kind bewußt zu sorgen und sein Gleichgewicht nicht von der Identifikation mit einer einzigen psychischen Energie abhängig zu machen. Wenn er sich von seinem Hauptselbst, dem Wissenden, löst, kann er beginnen, dessen Gegenseiten einzubeziehen.

Eine ist schon unterwegs – der einfache Mann, der mit dem Förster im Wald arbeitet. Die stärkeren Energien, mit denen er von den Dissidenten in seiner Gruppe konfrontiert wurde, können sich später melden, wenn Colin eine gewisse Sicherheit und Balance geschaffen hat. Dann kann auch die Bitterkeit seiner Enttäuschung gehen und Raum schaffen für die Machtenergien, unter denen Colin schon als Kind so litt. Wenn es ihm gelingt, sie auch in sich zu finden und auf angemessene Weise auszudrücken, hat Colin einen großen Schritt zu seiner Vollständigkeit getan.

2.2.7 *Tina in Gottes Liebe. Der religiöse Weg*

Tina wird als zweite Tochter eines europäischen Elternpaars geboren, das in einer spirituellen Gemeinschaft in Indien lebt. Tina ist ein außergewöhnliches Kind. Das bestätigen den Eltern mehrere angesehene spirituelle Führer ihrer Gemeinschaft. Auch einige Astrologen und Parapsychologen kommen zu diesem Schluß. Entsprechend wächst Tina auf. Als Kleinkind ist sie schon umgeben von spirituellen Symbolen, Bildern weiser Menschen, Kristallen und meditativer Musik. Tina entwickelt sich ganz entsprechend den hohen Erwartungen, die an sie gestellt werden. Ein stilles Kind ist sie, spielt viel allein, sie malt und singt gern und sagt immer »ja«, wenn man sie um etwas bittet. Deshalb nimmt sie auch schon als Vierjährige regelmäßig an den Meditationen der Gemeinschaft teil, zu denen eigentlich nur Erwachsene zugelassen sind, die bestimmte Prüfungen und Erfahrungen hinter sich haben.

Tina ist ein sensitiv begabtes Kind und spricht manchmal überraschend genau von Ereignissen, die sie nicht kennen kann. Sie spürt auch, wenn es anderen nicht gutgeht, und will dann helfen. Tina wird von Privatlehrern unterrichtet und zeigt auch hier ihre außergewöhnlichen Begabungen. So schnell lernt sie, daß sie im Alter von neun Jahren bereits viele der esoterischen Schriften versteht, mit denen ihre Lehrer arbeiten. Besuchern wird Tina als Beispiel für eine gelungene spirituelle Erziehung vorgestellt. Sie nimmt bald einen festen Platz im Leben und in der Hierarchie der Gemeinschaft ein. Mit den anderen Kindern spielt Tina wenig. Aber zu Tieren hat sie eine besondere Beziehung. Oft hält sie sich bei den Ziegen auf und liebt es, mit ihrem kleinen Hund spazierenzugehen. Mit zwölf Jahren ist die Aura des Besonderen, die Tina umgibt, schon so stark herausgebildet, daß Tina sich gar kein anderes Leben mehr vorstellen kann, als mit den Erwachsenen zu meditieren, zu malen und zu musizieren und in einer feinen, stillen Zurückgezogenheit zu leben.

Die wenigen Reisen, die Tina unternimmt, führen zu spirituell bedeutsamen Orten. Sie ist auf diesen Reisen von Erwachsenen umgeben und geschützt. Tina liebt die

Landschaften Indiens, die Menschen in den Dörfern und ihre Gesänge, die Gerüche und die Tempel. Doch kennt sie das alles nur aus der Beobachterperspektive und träumt manchmal davon, in einem Dorf zu leben und wie die Bauersfrauen einen Wasserkrug auf dem Kopf zu tragen.

Als sie 14 wird, gibt es eine feierliche Zeremonie, bei der alle führenden Mitglieder der Gemeinschaft im Kreis sitzen. Den ganzen Tag lang lösen sich Musik, Meditationen und Tänze ab. Am Abend beginnt das eigentliche Ritual. Tina muß sich in die Mitte des Kreises setzen. Feierlich wird ihr nun ihre Bestimmung eröffnet. Sie erfährt von den Oberhäuptern der Gemeinschaft, daß sie die Reinkarnation eines bedeutenden indischen Heiligen sei. Sie sei dazu bestimmt, dessen Werk fortzuführen und seine Lehre in den Westen zu bringen.

Kernpunkt dieser Lehre sei die Hingabe an Gott und der Ausdruck der Liebe zu Gott durch Gesang und Gebet. Es wird betont, welche Ehre und Verantwortung darin liege, eine solche Bestimmung leben zu dürfen. Tina würde von nun an den Namen jenes Heiligen in weiblicher Form führen und nur noch weiße Kleider tragen. Tina ist tief berührt und empfindet zugleich große Angst. Wie soll sie so einer Aufgabe gerecht werden? Aber mit keiner Regung zeigt sie, was in ihr vorgeht, sondern verneigt sich ehrfurchtsvoll und bedankt sich bei der Runde. Jeder einzelne der anwesenden Erwachsenen versichert Tina seiner Unterstützung und Liebe.

Als Tina allein in ihrem Zimmer ist, hat sie zum ersten Mal in ihrem Leben das Gefühl, keine Luft mehr zu bekommen. Sie bekommt eine solche Atemnot, daß sie weinend zu ihrer Mutter läuft und um Hilfe bittet. So etwas hat Tina seit ihrer Kindheit nicht mehr getan, und die Mutter reagiert etwas konsterniert. Als sie bemerkt, daß Tina zu röcheln beginnt, holt sie doch den Arzt, der ihr mit einer Inhalation Erleichterung verschafft.

Am nächsten Tag ruft einer der Führer der Gemeinschaft Tina zu sich, um über den Vorfall zu sprechen. Er erklärt ihr, daß mit der Verkündung ihrer Bestimmung nun besonders starke, göttliche Energien in sie einströmten, um sie zu einem reinen Kanal für das Göttliche zu machen. Das könne sich manchmal in Atemnot äußern. Sie solle dem aber keine Aufmerksamkeit schenken, sondern sich Gott ergeben und dankbar sein, daß sie von solch hohen Energien durchflutet werde. Tina ist gehorsam, aber keineswegs beruhigt. Die Atemnot kommt nun jeden Abend und wird auch von einem schier unerträglichen Druck im Brustkorb begleitet. Tina weint und schreit vor Todesangst.

Die spirituelle Erklärung wird wiederholt. Alle erwachsenen Führer der Gemeinschaft wissen, daß Tina nun durch die göttlichen Energien gereinigt wird, um sie zum perfekten Instrument Gottes zu stimmen. Der Arzt gibt ihr ein Inhalationsgerät, das sie selbst zu bedienen lernt, um sich auf den Gipfeln der Atemnot Erleichterung zu verschaffen. Manchmal sitzt auch einer der Erwachsenen an ihrem Bett, hält ihre Hand und spricht von der Hingabe an Gott, der ihr so große Liebe zeige, und der hohen Aufgabe, zu der sie berufen sei.

Als sich Tinas Zustand weiter verschlechtert, beschließt der Rat der Gemeinschaft, Tina schon jetzt nach Europa zu bringen. Das Klima in den Alpen sei für ihr Leiden zuträglicher, und schließlich könne sie auch dort weiter vorbereitet werden. Tina verläßt Indien mit drei erwachsenen Helfern. Ihre Eltern bleiben in Indien. Angekommen in Europa, lebt sie in einem luxuriösen, sanatoriumsähnlichen Haus in der Schweiz, das dort als Niederlassung der spirituellen Gemeinschaft dient. Tina wird regelmäßig von medizinischen Spezialisten untersucht und versorgt. Tagsüber beschäftigt sie sich mit ihren spirituellen Übungen und der Lektüre, die ihr aufgetragen wurde. Nachts kämpft sie mit ihrer Atemnot und ihrer Erstickungsangst. Von Zeit zu Zeit wird sie in der Spezialklinik des Professors, der sie behandelt, unter ein Sauerstoffzelt gelegt. Es gibt keine nennenswerte Besserung, und dieser Prozeß zieht sich hin bis zu ihrem 18. Lebensjahr.

Die Veränderung kommt, als ihr Privatlehrer empfiehlt, Tina doch als externe Schülerin ein angesehenes Internat in der Nachbarschaft besuchen zu lassen. Er allein könne ihr nicht mehr genug bieten. Nach vielen Konsultationen zwischen der Gemeinschaft in Indien und der kleinen Niederlassung in der Schweiz ist es soweit. Tina darf in die Schule.

In dem Augenblick, erzählt sie später, als sie zum ersten Mal den Klassenraum betrat, begann ihr Leben. Sie fühlte sich sofort wohl, als alle sie neugierig anschauten, ohne diese Ehrfurcht im Gesichtsausdruck.

Tina findet überraschend schnell Kontakt zu den Mädchen und Jungen ihrer Klasse. Es fällt ihr wie Schuppen von den Augen, als ihre Mitschüler sie wie ein ganz normales Mädchen behandeln, ihr Fragen stellen und sie ein wenig wegen ihrer weißen Kleider aufziehen. Tina wird bald akzeptiert, und sie genießt es, die Welt ihrer neuen Freunde zu erleben. Sie saugt diese Welt förmlich in sich auf, interessiert sich für Pop-Musik und Teenie-

Kleidung. In Tinas spirituellem Zuhause ist man alarmiert. Die große Mission ist in Gefahr, und Tina bekommt Druck und Drohungen zu spüren. Sie habe sich zurückzuhalten, nur das Nötigste mit den anderen Schülern zu sprechen und nach der Schule sofort nach Hause zu kommen.

Zum ersten Mal erwacht in Tina eine neue Kraft. Das stille, feine Kind scheint vergessen, und Tina protestiert. Sie wird sogar laut und benutzt einige der neuen Schimpfworte, die sie in der Schule gelernt hat. Ihre Erzieher sind geschockt.

Tina triumphiert. Jeden Tag gibt es jetzt Aufruhr. Tinas Gesichtsausdruck ändert sich. Ihre blasse Haut wird rot durchblutet, und ihre Augen beginnen zu strahlen. Tina entdeckt ihre Macht und ihre Bedürfnisse!

Sie verliebt sich in einen Jungen aus ihrer Klasse. Gemeinsam schwänzen sie den Unterricht und brausen auf seinem Motorrad durch die Berge. Es kommt Tina so vor, als würde ihr Herz den ganzen Tag lang laut klopfen. Als sie nach Hause kommt, versuchen es ihre Erzieher mit Vorhaltungen, Schuldgefühl und Drohungen. Aber Tina ist jetzt in Kampfstimmung. Sie schreit sie an, wirft Geschirr auf den Boden, knallt die Türen zu.

An diesem Abend hat Tina keine Atemnot. Sie braucht nicht zu inhalieren. Sie nimmt keine Tabletten ein, und der Druck von ihrem Brustkorb ist auch verschwunden. Tina kann die ganze Nacht nicht schlafen. Sie fühlt sich so frei und glüht vor unbändiger Freude. Von nun an läßt sie sich nichts mehr vorschreiben. Sie macht, was sie will. Als der Druck auf sie stärker wird, flieht sie mit ihrem Freund auf dessen Motorrad. Die beiden verbringen einige Tage zusammen auf einer Berghütte. Tina hat ihre ersten sexuellen Erfahrungen und entdeckt ihre sinnliche Energie und ihr Feuer, ihre Kraft.

Als beide zurückkommen, gibt es Aufruhr im Internat, Aufruhr in Tinas Zuhause.

Aber Tina ist glücklich. Noch nie hat sie sich so lebendig gefühlt.

Aus der Zentrale der spirituellen Gemeinschaft in Indien kommt die Botschaft, die göttlichen Energien hätten sich von Tina zurückgezogen und nun einen anderen menschlichen Kanal für ihre Aufgabe gefunden. Tina habe sich als unfähig zur Hingabe erwiesen. Zunächst ist Tina getroffen, fühlt sich schuldig und falsch.

Doch die neue kraftvolle Seite in ihr behält die Oberhand. Auch die intuitive Stimme ihrer Kinderzeit meldet sich wieder. Die kleine Tina, die immer spürte, was mit den Menschen los war, lebt wieder in ihr auf. Sie gibt ihr das sichere Gefühl, auf ihrem eigenen Weg zu sein. Denn sie weiß, daß alles gut so ist, wie es gekommen ist. Sie spürt auch den Strom ihrer kindlichen Liebe und Verbindung zu Gott, die seit jenem 14. Geburtstag versiegt war.

Tina liebt die Natur, die Berge, die Tiere, ihren Freund und das Leben.

Sie lebt nun die Hingabe, von der man ihr ständig predigte – die Hingabe an ihre eigene Energie.

Tinas Kraft brach zu einem kritischen Zeitpunkt ihres Lebens durch: gerade rechtzeitig, um ihm eine neue, natürlichere und lebendigere Richtung zu geben.

An ihrem Beispiel wird deutlich, mit welcher Autorität sich machtvolle Teilpersönlichkeiten zu Wort melden, wenn ihre Stunde gekommen ist. Sie können, wie hier deutlich wird, völlig unvermittelt die Tür aufreißen, auf den Tisch schlagen und brüllen: »Schluß jetzt! Jetzt komme ich!«

Manche Energien schlafen in uns, wie die Kraft in Tina schlief. Ohne Vorwarnung tauchen sie aus der Tiefe auf wie ein Wal, der plötzlich hochschießt und seine Wasserfontäne in die Luft prustet.

Tinas rebellische Power-Teenie hat ihr sehr wahrscheinlich buchstäblich das Leben gerettet. Zu ihrem Glück funktionierte die Schule als Auslöser, der ihre Energie explodieren ließ. Die angepaßte, stille Tina war hilflos, und ihr Körper mußte den ungeheuren Druck, der auf ihr lastete, allein ausbaden. Dagegen gab die neue Power-Tina diesem Druck ein Ventil, und ihre zugleich aufblühenden sinnlich-erotischen Energien sorgten für Ausgleich. Auch in ihrem Fall waren die Ärzte ratlos, manche sogar verärgert angesichts ihrer »unerklärlichen« Heilung.

Welche Ironie liegt in Tinas Schicksal! Göttlicher Kanal sollte sie in den Köpfen ihrer spirituellen Führer werden. Doch die Kraft, die sich einmischt und Tinas Leben rettet, ist sie nicht in viel stärkerem Sinne göttliche Energie?

Sie könne sich nicht hingeben, wurde ihr von den enttäuschten Mentoren vorgeworfen, die Tinas Leben gestalten wollten, wie Bildhauer einen Granitstein.

Doch mit welcher Inbrunst ergibt sie sich der neuen Lebensenergie, die sie nun so kraftvoll durchströmt!

ARCHETYP	SUCHE	DROGE	WIRKUNG
Macht Herrscher, Krieger	Status, Ansehen, Anerkennung, Arbeit, Erfolg	Alkohol, Kokain, Amphetamine, Coffein, Nikotin	Siegerenergie, Größenwahn
Ruhm Ritter, Star	Ansehen, Beachtung, Selbstrespekt, Selbstausdruck	Kokain, Amphetamine, Ecstasy, Euphorie	Bewunderung, Aufmerk-samkeit, Glanz
Besitz Reicher	Sicherheit, Schutz, Überleben	Rauchen, Essen, Tranquilizer, Alkohol, Opium	Erleichtung, Entspannung, Beruhigung, Betäubung
Schönheit Narziss, Künstler, Tänzer	Empfind-samkeit Selbstliebe	Haschisch/ Marihuana, Ecstasy, LSD	Traum, Glanz, Farbe, Glitzerwelt
Nähe Liebende	Dazugehören, geliebt und angenommen sein, Intensität	Heroin, Alkohol, Haschisch, Nikotin	temporäre, Heimat, sinnliches Verschmelzen
Wissen Gelehrter Weiser	Freiheit, Einheit, Verstehen	LSD, Mescalin, Teacher-Drugs	Selbst-erhöhung, Satoris
Religion Gottsuche Heiliger Meister	Auflösung, Frieden, Einssein, Jenseits	LSD, Teacher-Drungs, Goldener Schuß	zweckge-bundene Selbstauslö-sung, Körper-losigkeit

KÖRPERTYP	CHAKRA	GEWINN	VERDRÄNGTE ENERGIE
Psychopath, Rigider	Solarplexus, Hara	Sich beweisen	Vergänglichkeit, Verletzlichkeit
Oraler, Psychopath	Solarplexus	Bewunderung, Applaus	Selbstwert, Eigenheit
Masochist, Oraler	Basis, Sex	Faulheit, Belohnung	Lebendigkeit
Oraler, Rigider	Sex, Kehle	Besonderssein	Sich einlassen auf emotionale Nähe
Oraler, Schizoider	Herz, Basis	Ruhiger Schlaf	Macht, Kraft, Offenheit
Schizoider	3. Auge, Kehle	Überlegenheit	Sinnlichkeit, Körper, Macht
Schizoider, Oraler, Masochist	3. Auge, Krone	Joker	Grundbedürfnisse, Körper, Nähe

2.3 Vom Sinn der Suche

Jede menschliche Suche hat ihren Sinn, und niemand sucht nach einem inneren oder äußeren Ziel ohne guten Grund. Es ist die Erfahrung der Unvollständigkeit, die in allen eben geschilderten Beispielen den einzelnen in seiner Lebensreise auf ein neues Abenteuer schickt. Was uns zur Ganzheit fehlt, kommt auf uns zu.

Dabei scheint dieses Fehlende wie ein Fabelwesen eine doppelte Gestalt anzunehmen: Es kann sich als glückliche Fügung oder als Schicksalsschlag zeigen. Mancher sucht ersteres bewußt und gezielt einzufädeln, während andere unsanft und urplötzlich in die gleiche Erfahrung geworfen werden.

Niedergebeugt durch den Wind und die Stürme des Lebens, stolpern sie in ihr vermißtes, verlorenes Glück, wo sie es eben gerade nicht suchten.

Ihre Talente und Fähigkeiten sind es, die eine Frau wie Charlotte magnetisch in die Welt ziehen, die sie braucht, um gründlich zu scheitern. Erst im Schmerz ihrer Niederlage erschließt sich ihr die andere, fehlende Seite wie ein Geschenk. Was sie in ihrem Drang nach Berühmtheit, Anerkennung und Beachtung wirklich suchte, fand sie nicht auf der Bühne und nicht im großem Geld. Erst als sie durch die dunkle Nacht ihrer Seele gewandert war, öffnete sich langsam und leise wie eine versteckte Blüte ihre Verletzlichkeit und Sensibilität. Ihr Leben wird reicher, vielfältiger und erfüllender. Der Gewinn, den ihr die Bewunderung als Bühnenstar brachte, war stets abhängig von äußerem Applaus. Charlotte ist weiter nach innen gegangen, oder besser: gezogen worden, um zu finden, was ihr fehlte.

Ähnlich erging es Hans. Obwohl sehr verschieden von Charlotte, ist auch er einem kraftvoll nach außen strömenden Fluß gefolgt. Der Krieger in ihm brach allen Widerstand, nahm jeden Kampf auf und steckte Niederlagen ein, ohne mit der Wimper zu zucken. Fokussiert auf Sieg und Macht, war ihm jedes Mittel recht, solange es seinem Anliegen diente.

Auf der Höhe seines Erfolges erlebt er dessen ausgeblendete Schattenseite, wo er sie am wenigstens erwartet hätte: in seiner Familie. Zerstörung, Leid und Schmerz kommen nun zu ihm zurück, und Hans, der es gewohnt war, auszuteilen, muß nun einstecken. Als er erstmals schwach wird, hilflos ist und weint, keimt auch in seinem Leben eine neue Knospe. Weil er bereit ist, zu hören, muß er dann nicht noch mehr Schmerzhaftes fühlen. In seiner neuen Offenheit droht ihm nun kein finsteres Schicksal, sondern sein Bewußtsein weitet sich. Weicher geworden, muß er nun nicht mehr der Krieger sein – er kann es.

In archetypischen Wegen der Suche, wie dem Weg der Macht und dem des Ruhms, gibt es eine vergleichbare Struktur des Lernens.

In beiden Beispielen nämlich mausern sich die Sucher; sie verlieren ihre alten Gewohnheiten und Routinen. Wie Vögel ihr Federkleid mausern, wenn es der Jahreszeit nicht mehr entspricht, so sind auch wir Menschen immer wieder aufgefordert, uns zu überprüfen, zu hinterfragen, in uns hineinzuhorchen, was nicht mehr paßt. Schlangen häuten sich und lassen ihre alte Schale zurück, Raupen spinnen sich ein, um eines Tages als verwandelte Wesen davonzufliegen. Vor diesen glanzvollen Abflug hat die Natur allerdings einen kleinen Tod gesetzt, eines ihrer vielen »Stirb und Werde«.

Uns Menschen führt die Suche zu so einer Mauserung. Wir erweitern unseren Horizont, indem wir in Meditation oder Initiation symbolisch sterben, durch Leid, Schmerz oder Krankheit hindurchgehen und verwandelt am Ende des Tunnels ein neues Licht erblicken.

Vom Sinn solcher Such- und Verwandlungsprozesse wissen die magisch geprägten Kulturen mehr als unsere gegenwärtigen Konsumgesellschaften. Sie ermutigen und unterstützen die Menschen, Altes hinter sich zu lassen, wenn sie einen neuen Lebensabschnitt betreten. Riten der Initiation helfen ihnen, den schweren Schritt zu tun von der Kindheit ins Mann- oder Frausein, in die eigene Familiengründung und Elternschaft, in den Kreis der Mächtigen und schließlich in den Rat der Alten.

Von einem Übergang zum nächsten werden die Mitglieder mancher angeblich »unterentwickelter« Gesellschaften weise geführt. Auch der große Gang in die andere Welt ist miteinbezogen. Ein lebendiges Wissen um den Sterbeprozeß, wie es in den Totenbüchern der Tibeter und Ägypter sichtbar wird, läßt die Menschen leichter und entspannter auch diese geheimnisvolle Reise antreten.

Was auch immer jemand sucht, entspricht seinem Weg so lange, bis er es findet. Ist er aber bereits wie Joachim zum liebevollen Bruder oder wie Isabel zur besonderen Erscheinung geworden, wird dieses Federkleid bald unpassend. Wir werden aufgefordert weiterzugehen, zu sehen, zu spüren, was uns noch fehlt, was wir noch ablehnen, noch nicht annehmen können.

Wie im Restaurant scheinen wir dabei wählen zu dürfen. Dies ist das Angebot: Wir können uns freiwillig auf die Suche begeben oder dazu gezwungen werden. Das ist, zugegeben, keine besonders reichhaltige Auswahl, aber es sieht so aus als ob letztlich doch alle dabei zu ihrem Recht kämen.

In der spätabendländischen Industriegesellschaft sind das Wissen und die Initiationsriten, die uns helfen könnten, verkümmert. Wer sich in einer Mauserung befindet, unterzieht sich aus beiderseitiger Unkenntnis oftmals überflüssigerweise den vergeblichen Bemühungen der Medizin, den Patienten wiederherzustellen. Alte Kulturen wußten, wann es um ein »Stirb und Werde« ging und versuchten deshalb nicht, diesen Prozeß durch Gegenmittel zu stören.

Heute haben wir meist nur zwei Helfer, sehr fähige allerdings: Träume und Märchen. Im Traum verfolgt uns oftmals diejenige psychische Energie, die wir zu einseitig leben, in überzeichneter Form. So träumte Charlotte von Monstern, die sie verfolgten, und riesigen Lastwagen, die sie in ihrem Auto bedrängten. Ihr rastloser Antreiber ließ ihr keine Ruhe. Als später ihr inneres Kind auftauchte und seine Verlorenheit spürbar werden ließ, hörten diese Träume auf.

Alte Mythen und Märchen sprechen in ihren Bildern und Symbolen immer wieder den Prozeß der Verwandlung an, den suchende Menschen durchlaufen.

Stets sind es Offenheit und Liebe, die den Prinzen im Frosch zum Vorschein bringen, während der begehrte Schuh durch keine Selbstverstümmelung passend gemacht werden kann. Er paßt nur der Richtigen, derjenigen, die bereit ist, auch die unangenehmen Arbeiten in den Hinterstuben ihrer Seele zu verrichten und so die Asche des Lebens zu berühren.

Instinktkräfte in Gestalt von sprechenden Tieren weisen dem Suchenden den Weg oder tragen ihn heim. Intuitives Wissen, von Feen und Zwergen verkörpert, verleiht ihm Flügel oder läßt die Zeit stehen, bis das Fehlende ihn findet und er aus tiefem Schlaf erwacht.

Dieses Erwachen geschah für Tina, als sie ihre Kraft spürte. Als sie ihren eigenen Weg zu gehen begann, fiel es ihr wie Schuppen von den Augen, und sie verwandelte sich in ein neues Wesen. Ihre intuitive Sensitivität verband sich mit ihren Instinktkräften und ließ sie vor Energie und Lebensfreude explodieren.

Mir selbst hat es immer geholfen, wenn etwas nicht mehr stimmte, in mich hineinzuspüren, zu hören, zu warten und die Augen offenzuhalten.

Lernen können wir durch Leiden oder durch Einsicht, heißt es. Ich kenne allerdings niemanden, dem der harte Weg völlig erspart blieb. Bewußteres Leiden erhöht aber die Chance auf Einsicht in das Notwendige, das bekanntlich auch ein Aspekt der Freiheit ist.

So habe ich gelernt, bereit zur Weiterreise zu sein, den Finger anzufeuchten und ihn in die Luft zu halten, um zu fühlen, woher der Wind weht. Die nächsten Schritte ergaben sich dann wie von selbst, so als wüßte ich bereits, in welche Richtung mein Weg führt.

Darin liegt für mich die einzigartige Schönheit jeder Suche: Ganz wie Kinder im Spiel sehen wir genau, wo sich der Gesuchte versteckt. Um aber das schöne Spiel nicht schon zu beenden, geben wir vor, nicht zu sehen und nicht zu finden. Diese Suche deklarieren wir als Weg. Genial kreieren wir verschiedene konkurrierende Wege und Formen des Suchens. In dramatischer Pose fragen wir dann: Wie soll ich nur finden? Wie soll ich nur ankommen? Indem wir uns mehr und mehr in die Inszenierung dieser Tragikomödie hineinversetzen, beginnen wir ihre Handlung real zu spüren. Mit ihr kommt die Sehnsucht, jene psychische Energie, die uns die Suche ermöglicht. Sie brennt, sie ist das Benzin, das den Motor befeuert und Bewegung, Hitze und Abgas erzeugt. Sie zieht uns, dreht uns immer im Kreis und damit zwangsläufig zurück nach Haus, manchmal auf absurden Umwegen, aber immer Ziel gerichtet.

Denn in jedem Menschen ist die Sehnsucht nach Frieden, Freiheit und Heimat lebendig. Wie dicht auch der Schleier der Illusion jemanden umhüllen mag – wie blind und dumpf er auch immer wieder seinen Kopf gegen die gleiche Wand rammen mag –, die Buddhanatur kann nicht verschwinden, sie verhüllt sich nur im Schleier der *Maya*, der Täuschung. Ständige, zwanghafte Wiederholung eines Verhaltens, das einerseits befriedigt, andererseits aber immer tiefer ins Leiden verstrickt, kennen wir als Suche. Suche nach Orten, Menschen, Zuständen oder Zugehörigkeiten, die besser sind, als was ist.

In der Suche liegt aber auch jene magische Kraft, die in uns Bilder einer anderen Welt wachruft. Die großen Utopien eines besseren menschlichen Lebens verdanken wir ebenso wie manche praktische Erfindung für Küche oder Werkstatt den Suchenden. Sie besitzen die Kraft, sich vom althergebrachten Vertrauten zu lösen und ihre Phantasie ins Weite, Unbekannte schweben zu lassen.

Dabei geht es den tüftelnden Erfindern nicht anders als den revolutionären oder spirituellen Geistern der Erneuerung. Sie alle müssen Schopenhauers berühmte drei Schritte gehen, die wie saturnische Ringe allem Neuen prüfend den Weg versperren:

1. Schritt. Das Neue wird ausgelacht, verspottet und als absurd abgetan.
2. Schritt. Das Neue wird als Bedrohung erlebt und massiv bekämpft.
3. Schritt. Das Neue wird allgemein akzeptiert und anerkannt.

Die junge Geschichte der Ökologie-Bewegung verdeutlicht diesen Prozeß recht anschaulich. In Phase 1, zu Beginn der 70er Jahre, wurden »Ökos« bestenfalls als harmlose, Jute tragende und Müsli kauende Spinner belächelt.

Phase 2 beginnt, als die grüne Bewegung sich mit einer lauteren politischen Stimme zu Wort meldet und radikal gegen Atomkraft, Autoverkehr u. ä. Stellung nimmt. Konservative Wirtschaftssprecher fürchten bereits um den Bestand der abendländischen Zivilisation. In der dritten Phase erleben wir die Übernahme der ökologischen Themen durch alle großen Parteien, die nun bemüht sind, sich als wahre Väter des Umweltgedankens darzustellen – und aus der grünen Partei ist eine etablierte Teilhaberin der politischen Macht geworden, die sich nicht mehr wesentlich von den mit ihr konkurrierenden älteren Parteien unterscheidet.

In unseren Tagen ist die Geschwindigkeit des Wandels enorm hoch.

Von einer Erneuerung eilen wir atemlos zur nächsten. Zum Loslassen bleibt so wenig Zeit, daß viele sich bereits gar nicht erst einlassen mögen und lieber die Vorhänge zuziehen, um sich in der symbolischen Sicherheit des Privaten einzuspinnen.

Aber auch dort erreichen uns die »Winds of Change«.

Also lassen wir, freiwillig oder widerstrebend, das Alte los und beginnen, uns zu häuten und einem neuen Leben zu öffnen. Haben wir uns nach vielen kleinen Toden endlich wie die Raupe zu einem Flügelwesen gemausert, erheben wir uns hoch in den blauen Himmel und schweben befreit von Enge und Schwere dahin.

Bald vermissen wir dann den festen Boden unter den Füßen und möchten zurück auf die sichere Erde. Denn weder Höhenflug noch Bodenständigkeit können uns geben, was uns fehlt. Wir sehnen uns nach Ganzheit, nach einer Vollständigkeit, in der alle Aspekte unserer menschlichen Natur lebendig sind.

3. DIE URSPRÜNGLICHE GANZHEIT

Ursprünglich sind wir ganz. Die Schöpfungsmythen der Menschheit beschreiben diese Vollständigkeit in Bildern eines Garten Eden, in dem glückliche, entspannte Wesen in einem paradiesischen Gleichgewicht und Einklang mit der Schöpfung leben. Mit gewissen Abwandlungen liegen in den Mythen der patriarchalischen Weltreligionen die Seligen in den Blumenwiesen des Schlaraffenlandes unter wunscherfüllenden Bäumen, während Scharen engelhafter junger Mädchen um ihr Wohlergehen bemüht sind.

Doch nach Äonen dieses friedvollen Geplätschers taucht die geheimnisvoll verführerische Schlange auf und mit ihr die Frucht vom sagenhaften Baum des Wissens. Als Adam und Eva die verbotene Frucht essen, verwandelt sie sich im Innern in das erste »Ich«. Sobald die Droge des Apfels wirkt, erkennen sie nämlich schlagartig inmitten der ursprünglichen Einheit ihre Getrenntheit und ernten damit die Vertreibung aus dem Paradies.

So fallen wir seit Adam und Eva aus der ursprünglichen, kindlichen Unschuld heraus und beginnen, uns mit einem Teil des Spektrums unserer Möglichkeiten zu identifizieren. Ein primäres Selbst entsteht, ein erstes, unbewußtes Ich, das ganz nach den Erfordernissen der Welt stark oder lieb, schmeichelnd oder hart sein kann.

Wie kommt es dazu?

3.1 Wie alles anfängt

Ein Kind wird reich geboren, denn es hat alles, was es braucht. Nichts fehlt ihm, und sein Leben ist in jedem Augenblick aufregend neu. Schauen, Hören, Fühlen, Strampeln, Schreien, Saugen und Lachen – alles passiert aus dem Moment heraus. Das Kind nimmt und gibt, ohne Unterschied, ohne Zurückhaltung, ohne Bedingung. Alles ist »Ja«. Es gibt kein »Nein«, kein Ich, kein Du, keine Trennung. Es lebt in bedingungsloser Liebe und ist eins mit seiner Mutter. Ihre Haut ist seine Haut, ihre Stimme klingt in seinem Innern, ihre Brust ist in ihm, es selbst in ihr. Wo sie beginnt, endet es nicht, und genauso ist es mit den Geräuschen und dem Licht, mit der Wärme in seinem Körper und der Wärme in seiner Windel: Alles ist in allem enthalten. Das Innere ist das Äußere und das Äußere ist das Innere. Keine Trennung. Nur das Eine.

Am Anfang seines Lebens ist das Kind reine Lebensenergie. Innen lebt es, in seiner Mutter, im Innern ihres Körpers. Dort hat es hat keine Bedürfnisse, denn es wird ständig mit allem versorgt, was es braucht. In angenehmer Wärme schwebt es wie schwerelos im flüssigen Raum. Die ersten zwölf Tage ist es noch nicht einmal an das Versorgungssystem seiner Mutter angeschlossen, sondern lebt ganz aus sich selbst. Dieses Kind ist Seele im Körper, fühlt, vibriert, ist voller Lebendigkeit. Alles, was es später vergessen wird, ist noch präsent, denn seine Seele schwingt in ungebrochener Resonanz mit seinem Körper, seinem Fühlen und Erleben.

Im Paradies lebt es auch noch, nachdem es durch den Schock der Geburt gegangen ist. Dieses Paradies ist ein Ort des Einsseins. Das Kind fühlt sich versorgt, genährt und getragen. Es erfährt sich und seine lebendige Umgebung als eins und die Energie, die es durchströmt, als unbegrenzte und bedingungslose Liebe. So lebt es im Land, wo Milch und Honig fließen, liegt an den Bächen des Schlaraffenlandes, unter dem wunscherfüllenden Baum *Kalptaru*, der ihm alles gibt, was es will. Sogar sehr vernünftige Erwachsene fühlen den Strom dieser Liebe und wollen es anschauen, es tragen, lachen sehen und in seiner Nähe sein.

Ekstatisch ist das Kind, erfüllt und eins mit seinen Gefühlen und Empfindungen, ob lustvoll oder schmerzhaft. Zugleich existiert es als freier Raum, ohne Gedanken, ohne Begriffe, Definitionen, Konzepte.

3.2 Die Rettung des verletzlichen Kindes

Die vielbesungene Schönheit unserer Herkunft aus dem ursprünglichen Paradies kann über eines allerdings nicht hinwegtäuschen: Jedes Kind ist auch ein sehr verletzliches, kleines Bündel Leben, das Wärme, Nahrung und Liebe braucht, abhängig ist von Mutter und Welt. Kein anderes Lebewesen auf diesem Planeten wird so abhängig, verletzlich und hilflos geboren wie der Mensch. Im

Vergleich mit anderen Säugetieren werden wir etwa 20 Monate zu früh geboren. Wir müssen aber so früh auf die Welt kommen, weil der Babykopf sonst für das Passieren des Geburtskanals zu groß würde.

Bald zeigt sich schon das ganze Spektrum menschlichen Daseins: vom frierenden, hilflosen, jammernden Erdenwurm über den funktionierenden Erfolgsmenschen bis hin zum freien, leuchtenden Wesen. So verwundbar und so völlig unangreifbar. Warum vergißt es sich später so? Wie geschieht es, daß es seinen Palast verläßt und sich mit Brotkrumen abspeisen läßt. Wie geht es vom Ja zum Nein? Wie verläßt das Kind den Garten Eden?

Welcher Erwachsene kann sich erinnern, wie es ist, nachts aufzuwachen, wenn alles dunkel und kalt ist? Wie viele Erwachsene wissen noch, wie sich diese Angst des Alleinseins anfühlt? Wer spürt noch die Panik über dem Abgrund des Nichts, über dem ein Kind schwebt, allein, klein, hilflos? Aus ist es mit der freien Gelöstheit. Antreten zum Kampf heißt die Devise, und das Kind brüllt vor Angst und Schmerz, bis ihm der Schlaf eine Pause gibt oder seine Mutter kommt und es tröstet.

Bald schon lernt das Kind, was von ihm erwartet wird. Schnell erkennt es, was die großen Mächtigen in seiner Umgebung an ihm schätzen und was sie ablehnen. Wenn sie etwas nicht anerkennen oder ablehnen, spürt es ihr Nein als vollständige Zurückweisung. Weil es sich nicht als getrennt von ihnen erlebt und nur »ja« und Einheit kennt, ist es ihm, als würde ein Teil seiner selbst es plötzlich bedrohen, als würde sein eigener Arm beginnen, es zu schlagen! Das schockt und tut weh, es ist mehr, als das Kind ertragen kann. Schlimmer als Hunger oder Durst ist der Schmerz dieser Ablehnung. In diesem

1. deal

Jammertal ist nichts wichtiger, als daß sie wieder »ja« sagen und ihm ihre Liebe geben. So kommt es zum ersten »deal«, und die Vertreibung aus dem Paradies nimmt ihren Anfang.

Das Kind verleugnet sich selbst, nimmt die Welt in Kauf und gibt seine Wahrheit in Zahlung, um die Liebe und Anerkennung wiederzubekommen, die bislang einfach geschah. Mit bedingungsloser Liebe ist es vorbei. Das Kind hört auf, die Welt einfach anzuschauen. Verträge und Tricks beginnen seine Weltanschauung zu prägen. Es lernt und beginnt zu begreifen, nimmt die Dinge der Welt in die Hand und begreift sie. Aus diesem Begreifen bildet es Begriffe, Definitionen: Eimer, Sand, Schaufel, Wasser, kalt, heiß. Du da. Ich hier. Da draußen. Hier innen. Hier gut. Da schlecht. Definitionen sind der Anfang seiner Geschichte. So tauscht das Kind sein grenzenloses Erleben, seine Göttlichkeit ein für das Ticket zur Welt der Begriffe und kauft so einen faulen Kompromiß. Es hört nicht mehr. Es hört jetzt »Musik«, oder »Bellen«. Es sieht nicht mehr. Es sieht jetzt »rot« oder »Stuhl«. Es fühlt nicht mehr. Es fühlt jetzt »lieb« oder »böse«. Es ist nicht mehr. Es ist jetzt »Susi« oder »Sascha«.

Susi und Sascha

Nennen wir unsere beiden Kinder Susi und Sascha. Obwohl ihre Geschichte einzigartig und unwiederholbar ist, stehen sie doch, wie Adam und Eva, für alle Susis und Saschas dieser Welt.

Susi und Sascha lernen nun, daß sie selbst aufhören, wo die Luft, die Kleidung oder die Mama ihre Haut berühren. So akzeptieren sie, daß sie nicht ihre Mama sind und die auch nicht in ihrem Innern lebt. Ihr Einssein opfern sie für den Glauben: Ich bin dieser kleine Körper. Was für ein Schritt! Was für ein Verlust! Welch eine Enge und Angst!

Ein einfaches Experiment R.D. Laings illustriert die Erfahrung der Gefangenschaft in einem körperlichen Innenraum, dessen eigene Haut als Grenze zwischen »Ich« und »Nicht-Ich« erlebt wird:
1. Schritt: Ich stelle mir eine leckere Speise vor. Mir läuft das Wasser im Munde zusammen. Das ist für die meisten Leute sehr angenehm.
2. Schritt: Ich nehme ein sauberes (wer will: desinfiziertes) Glas und gebe meinen Speichel hinein.
3. Schritt. Ich trinke meinen Speichel wieder.

Für viele ist schon die Vorstellung ekelerregend. Bei dem bloßen Gedanken beginnen sie sich zu schütteln. Dieselbe Flüssigkeit, die vor einer Sekunde zwei Zentimeter innerhalb der Hautgrenze angenehm war, wird nun, obwohl sie völlig unverändert ist, zehn Zentimeter weiter außerhalb als ekelig erlebt.

So finden wir uns ab: Innen ist ich. Außen ist die Welt. Die Welt ist groß und mächtig. Ich bin winzig, klein und machtlos. Also muß ich sehen, wo ich bleibe. Susi und Sascha stehen nun allein gegen den Rest der Welt. Wer unterstützt sie? Wer sorgt für ihr Überleben und wer wird ihnen vielleicht gefährlich? Das Rattenrennen beginnt. Und ehe sie sich versehen, sind sie aus dem ursprünglichen Königreich vertrieben und zu Bettlern geworden, die ihre eigene Bedürftigkeit und Abhängigkeit spüren. Aus gutem Grund entwickeln sie nun ein primäres Selbst, das ihnen hilft, sich so zu verhalten, daß die Welt möglichst oft »ja« und möglichst wenig »nein« sagt. Dieses primäre Selbst nennen sie »Ich«.

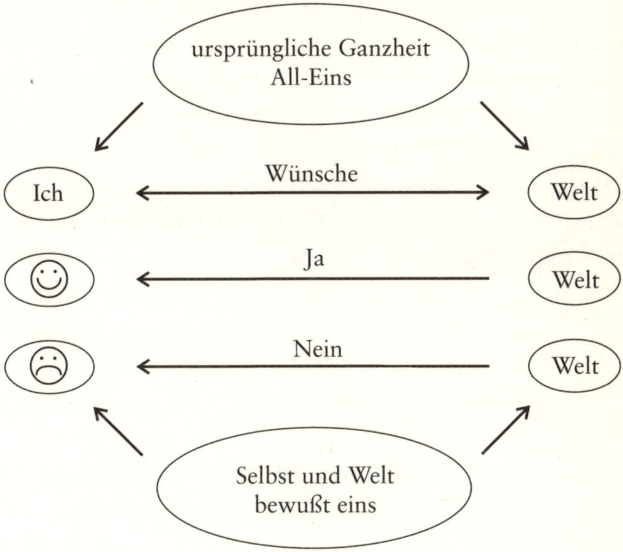

Zwei Zauberwörter

Was ist geschehen? Welches ist das magische Wort, daß sie verzaubert hat – vom Prinzen in den Frosch, von der Prinzessin ins Dornröschen? Das Wort heißt »nein«. Aus »nein« wird »ich«. Solange das Kind »ja« sagt und »ja« lebt, ist es eins mit allem – All-Eins. Beginnt es »nein« zu sagen, ist es allein. Erstmals nimmt es das »nein« von außen in sich auf. Es spürt eine Ablehnung. Seine Mutter ist vielleicht genervt, und es fühlt ihr »nein«. Solange es im grenzenlosen »Ja« war, gab es damit kein Problem. Nun aber nimmt es das »Nein« in sich auf und richtet es innen gegen sich selbst. Es sagt: »Nein, ich will das nicht!«. »Nein, das soll so sein, nicht anders!« Jemand fragt das Kind: »Möchtest du den Teddy?« Natürlich will es. Aber es verneint seinen Impuls, verneint sich selbst und sagt »nein« nach außen. Im Neinsagen fühlt es nun die Macht der Welt auch in sich selbst. Ohne zu ahnen, worauf es sich da einläßt, sagt es mit trotzigem Stolz: »Nein, Sascha will nicht!« »Wer will nicht?« »Sascha!« Sascha ist der Teil des Geschehens, der nicht will. Aus »Sascha« wird »Ich«. Aus »Susi« auch. »Ich« muß jetzt stark werden, denn allein gegen den Rest der Welt – das ist kein Kinderspiel!

3.3 Ich – das erste Selbst

Die grundlegende Spaltung ist geschehen: Du da, Ich hier. »Ich« muß nun »Nicht-Ich« veranlassen zu tun, was »Ich« will. »Ich« entsteht als erstes, primäres Selbst und hat die Aufgabe, das verletzliche Kind in der Welt zu beschützen. Was auch immer diese Aufgabe in der spezifischen Umgebung erfüllt, ist richtig und bildet die Form dieses neuen Ich und damit die kindliche Identität. Es kann sich als Stärke, Zurückgezogenheit, Schmeichelei oder Angepaßtheit äußern, ganz nach den Erfordernissen der Lebenssituation.

Wenn ein Kind im Milieu eines Slums aufwächst, kommt es besser mit Stärke weiter als mit Sensibilität. Ist es einer rigiden, zwanghaft reglementierten Familie ausgesetzt, wird Anpassung überlebenswichtig. Hat es viele konkurrierende Geschwister, kann Schmeichelei zu der Beliebtheit führen, die ihm ein Stück vom Kuchen sichert. »Ich« entwirft dazu ein Rollenkonzept. »Ich« ist männlich oder weiblich, groß oder klein, dick oder dünn, deutsch oder chinesisch, soundso viele Jahre alt, kann dies, jenes nicht, mag Himbeeren, aber keine Äpfel, hört gern, was es hören will, mag alle Gleichartigen, hat aber Angst vor allem Neuen und Fremden. »Ich« will sich sicher fühlen können in seiner kleinen Welt. Also beginnt »Ich« die Welt so anzuschauen, wie »Ich« die Welt gerne sehen will. »Ich« entwickelt eine Weltanschauung. Die hat einen Zaun. Was innerhalb des Zauns ist, nennt »Ich« bald »die Realität.« Um diese »Realität« erkennen zu können, braucht »Ich« nicht mehr die Augen des kleinen Sascha, der noch staunen konnte. »Ich« braucht eine »Weltanschauungsweise«, denn es hat aufgehört, die Welt einfach anzuschauen.

Verschiedene Weltanschauungsweisen können auch zu einem sogenannten Weltbild zusammengefügt werden. In solch einem Weltbild ist dann alles enthalten, was »Ich« zum Leben braucht. Realität ist für den Weltbildbesitzer jeden Alters, was er gewissermaßen sauber als Vorgarten seines Weltbildes angelegt hat. Ein paar exotische Pflanzen dürfen auch drin vorkommen, wenn nur der Zaun hübsch sauber und die Beete recht ordentlich bleiben. Das ist eine in Deutschland häufig vorkommende Realitätsgattung. Sie kann aber ohne weiteres durch französische Nonchalance, indische Gleichmütigkeit, italienisches Drama oder amerikanischen Pragmatismus ersetzt werden, ohne daß sich an der Natur der Kleingartenrealität etwas Wesentliches ändern würde. Pflanzen und Gemüse können wechseln, vom Stiefmütterchen zur Orchidee, von links nach rechts, von fromm nach frech, von Intellekt zu Gefühl, von diesem zu jenem eben – aber der Zaun, der bleibt.

Staunen

Solange »Ich« jung und kindlich ist, bleibt seine Einkapselung in die Hautgrenze durchlässig. Manche Sonnenstrahlen dringen noch durchs Dickicht seiner Weltanschauungsweise. Susi und Sascha können noch glauben und staunen. Sie staunen, wenn etwas neu, unglaublich, phantastisch und einfach atemberaubend ist. Erwachsene würden es abtun, belächeln, vielleicht ernst nehmen, aber nicht staunen.

Staunen heißt: nicht wissen und offen sein. Ohne Definition und Begriff nähert sich ein Staunender dem Unbekannten, bereit, sich beeindrucken zu lassen, sich heranzutasten, überwältigt zu sein, sich klein und unwissend zu fühlen, ohne sich dafür zu schämen. Geleitet nur von Ahnung und intuitivem Gespür, geht er direkt und offen in eine neue Erfahrung, um sie ungefiltert hereinzulassen – ganz im Sinne des indischen Sprichworts: »Du kannst nicht den Honig schmecken, indem du am Glas leckst.«

Im Laufe der Jahre aber wird »Ich« fester, stärker und undurchlässiger – eine erstaunliche Entwicklung für eine Fata Morgana! Denn schließlich ist »Ich« nur eine Erfindung, Susis und Saschas eigenes Produkt, die Definition, die sie sich selbst gegeben haben. Wie haben sie diese unglaubliche Kehrtwendung vollbracht? Indem sie ihren kosmischen Ursprung verleugneten und ihren Kleingarten zur »Realität« erklären. Überspitzt gesagt: indem sie sich vom Menschen zum Privatmenschen, zum »Idioten« reduzierten. Das Wort »privat« entspricht dem Wort

»Idiot«, das sich vom griechischen »Idiotes« – »Privatmensch« – herleitet. Privates Ich-Leben ist »idiotisch«, weil eingeschränkt und abgekapselt wie ein Kleingarten, an dessen Jägerzaun die private Idylle endet und die böse Außenwelt beginnt.

Ein anderes Bild für dieses unbewußte »Ich« ist der Krug im Brunnen. Für das Krug-Ich ist das Wasser im Krug die »Realität«. Alles Brunnenwasser außerhalb des Kruges existiert nicht mehr, wird verleugnet – bis der Krug bricht, die inneren und äußeren Wasser zusammenfließen und die Illusion endet. Eine hassidische Parabel sagt: »Der Krug bricht, Joshua lacht.«

»Ich« ist nicht konkret erfahrbar, sondern eine zweckgebundene Erfindung – wie ein Krug – und ebenso zerbrechlich und porös. Wir können sehen, hören, fühlen, aber wir können niemals denjenigen sehen, der sieht – das »Ich«. Wo ist konkret »Ich« – wo »Nicht-Ich«? Mit keinem Sinnesorgan ist »Ich« konkret erfahrbar. Insofern ist dieses »Ich« ein Provisorium, eine Hilfskonstruktion, die zur fixen Idee geworden ist. Das Fatale daran ist, wie alle Heimwerker wissen: Nichts hält so lange wie ein Provisorium! Der Krug trennt das Eine, das Wasser, in zwei Teile: »mein Wasser« innerhalb des Kruges und »nicht mein Wasser« außerhalb. Innen ist gut, weil meines und gewohnt, außen ist gefährlich, weil unbekannt. Das »Ich« scheint ebendeshalb als Schutz so wichtig, weil es das Gefühl einer Orientierung in der bedrohlichen Welt der Dinge, der Wichtigkeiten und der Zeit gibt. Lineares Zeiterleben von einer erinnerten Vergangenheit in eine imaginierte Zukunft ist nur dem Ich möglich. Denn ebenso wie das »Ich« selbst ein zweckgebundenes Provisorium ist, verhält es sich auch mit der Zeit.

Weder Vergangenheit noch Zukunft sind konkret sinnlich erfahrbar. Genau diese beiden Konstrukte sind deshalb ebendie Bereiche, in denen sich das »Ich« bewegt. So schafft es sich selbst eine Welt, in der es unentbehrlich ist. Es erinnert sich an gute alte Zeiten oder hofft auf ein besseres Morgen. Im Jetzt kann sich das Ich nicht halten. Jetzt geschieht das Leben. Dieses Geräusch eines vorbeifahrenden Autos jetzt, diese Empfindung eines Windhauchs im Gesicht jetzt, dieses Gefühl von grundloser Freude jetzt, dieser Gedanke jetzt, dieser Duft einer Blume jetzt ... Wer sie greifen und festhalten will, muß Vergangenheit und Zukunft als Hilfskonstrukte aufbauen wie ein Gerüst, das etwas künstlich aufrechterhält, was sonst zusammenbräche. Irgendwann. Dann. Damals. Vergangenheit ist wie eine Mumie lebendiger Erfahrung, Zukunft gleicht einer Computersimulation vom wirklichen Leben. Und das Leben? Es ist. Jetzt. Ewig – nicht brauchbar für die Geschichtsbücher und Zukunftsvisionen, die das Ich so liebt.

3.4 Drehbuch des Lebens

Mit ihrem neuen »Ich« schreiben Susi und Sascha nun ihre Filmdrehbücher für die Story dieses Lebens. Manches haben sie mitgebracht – jetzt inszenieren sie es konkreter und setzen es ganz praktisch um.

Hier sind zwei mögliche Varianten:

Sascha hat beschlossen, Verlierer zu sein. Er beginnt bereits bei kleinen Herausforderungen, in ohnmächtiger Verzweiflung und in Erwartung ungerechter Bestrafung zu schreien und hilflos zu jammern. Später entwickelt er ein mitleiderregendes Minderwertigkeits-Selbst, das ihm hilft, die Dinge klar zu regeln: Er kann nichts, ist sowieso dumm, schwach oder häßlich und weiß, daß es eben immer ihn trifft. Nach jedem einkalkulierten Schicksalsschlag bricht er zusammen, geschlagen, unverstanden, unfähig und badet im zähen, süßen Sirup seines Selbstmitleids. So überlebt er sicher und geschützt. Niemand erwartet viel von ihm, er bekommt eine gewisse Rücksichtnahme, die es ihm erlaubt, Herausforderungen zu entgehen. Zwar wird er als schwächlich belächelt, aber das ist für ihn viel leichter zu ertragen als der gnadenlose kalte Wind der offenen Weltbühne.

Susi dagegen bevorzugt die größenwahnsinnige Rolle. Sie ist die Queen, sie ist Superstar. Alles schaut begeistert auf sie und applaudiert ekstatisch, wenn sie ihre Häufchen macht. So beginnt Susi durchs Leben zu schreiten wie durch ein unsichtbares Spalier von kreischenden Fans, die sie bewundern und darum wetteifern, einen Blick von ihr zu ergattern. Doch Susi läßt sie cool abblitzen, um dann im letzten Moment souverän einen gekonnten Schuß Beachtung abzufeuern. Susi ist einfach super.

Diese Art Show – ob Versager oder Superstar – steigert sich in der Pubertät zum echten Drama, und Susi und Sascha werden filmreif in ihren Rollen. Vielleicht wechseln sie auch, erfinden neue Rollen und mischen die Komponenten. Mit kreativem Schwung nutzen sie ihre zahlreichen Möglichkeiten. Schillernd und effektvoll dreht sich ihr Persönlichkeits-Kaleidoskop – bis zu dem Punkt in ihrem Leben, wo Susi und Sascha das klamme Gefühl beschleicht, in einem Gefängnis zu sein, eingesperrt in sich selbst, abgeschnitten vom wirklichen Leben. Durchatmen möchten sie nun, raus wollen sie, ins Freie, an die frische Luft, ins Lebendige – zurück nach Hause. Ihre Körper scheinen die Adresse noch zu kennen, aber sie können sie einfach nicht entschlüsseln. Doch irgendwo in dunkler Tiefe erinnern sie sich, daß alles mit einem Geschäft begann, als sie die Schmerzen der Neins nicht ertragen konnten – ein Deal über Geben und Nehmen zu bestimmten Bedingungen: »Wenn du lieb bist und schön lächelst – dann nehme ich dich auf den Arm. Wenn du schreist und stinkst und bockig bist, dann kriegst du Trennung zu spüren.«

Wie bei einer Schutzgelderpressung sagten sie beide: »O. k., ich tue, was ihr wollt, das ist ein Angebot, was ich nicht abschlagen kann – wenigstens bin ich jetzt einigermaßen sicher und geschützt.« »Na bitte«, sagte die Welt, »wie klug von dir!«, und sie waren sich einig.

Später geben sie der bösen Welt oder den Eltern die Schuld – doch wer hat unterschrieben? Angst haben sie jedenfalls immer noch und immer mehr. Vor allem fürchten sie sich, wenn sie nur daran denken, ihr Gefängnis zu verlassen.

Denn intuitiv spüren sie, daß sie am meisten ersehnen, was sie zugleich am stärksten bedroht. Eine tödliche Gefahr geht von diesem Zustand aus, den sie als paradiesisch erinnern: Er bedeutet das Ende ihres sorgfältig entworfenen Drehbuchlebens. Ihre Filmrollen-Selbste könnten nicht bestehen im Licht dieser Liebe, die sie ahnen – als würde ein gleißendes Sonnenlicht plötzlich ins Kino scheinen. Man sieht keinen Film mehr auf der Leinwand, und alle Helden samt ihrer Dramen verblassen und verschwinden.

Anfangs fühlten Susi und Sascha schreckliche Angst

vor der Trennung, der Kälte des Alleinseins und der Enge ihres neuen Lebens. Jetzt fürchten sie sich eben so vor dem Ende der Trennung. Angst ist Enge. Susi und Sascha haben sich eng gemacht, um den Schocks und den Schmerzen zu entgehen. Nun hat sich ihre Angst auf das Weite und Unbekannte verlagert. Zwischen Angst und Sehnsucht beginnt ihre Suche nach dem Weg zurück. Ihre verletzlichen, weil vollkommen offenen und ungeschützten inneren Kinder haben sie im Laufe der Zeit zurückgelassen. Sie werden sie wiederentdecken müssen, denn diese Kinder tragen die Erinnerung an das verlorene Paradies. Sie ändern sich nicht, werden glücklicherweise niemals erwachsen, vernünftig und abgebrüht. Sie bleiben stets offen und verwundbar wie Neugeborene, sie leben immer am Ursprung, denn sie sind das Tor zur Seele.

Mir ging es nicht anders als vielen anderen Suchern und Abenteurern auch.

Bei meinen weltlichen und spirituellen Reisen habe ich das verletzliche innere Kind ausgegrenzt. Es versteckte sich an geheimen Orten, wo es niemand finden konnte. In einem Traum bemerke ich seine Abwesenheit erst, als ich auf dem Gipfel des Berges ankomme und alles als kalt, grau und einsam erlebe. So muß ich zurück in die Täler des Lebens, um das verlorene Kind zu finden.

In einem späteren Traum zeigt sich die Kraft dieses inneren Kindes:

Traum vom gekreuzigten Kind

Ich bin am Pazifikstrand. Tropischer Sturm. Haushohe Brecher kommen rein. Ich will mit meinem Boot hinaus auf den Ozean. Andere versuchen es auch, aber alle Schiffe kentern und zerschellen in den Klippen am Strand.

Ich habe Angst, aber ich weiß, daß ich dort hinausmuß.

Ein kleiner, eingeborener Junge sitzt auch am Strand, er hat braune Haut und trägt nur einen Lendenschurz. Meine Freundin fragt ihn: »Welche Sprache sprichst du?« Er versteht nicht, aber er läuft voraus, will uns einen Weg zeigen. Er führt uns an eine Flußmündung. Dort wo der Fluß in den Ozean mündet, steht ein Kruzifix im Sturm ... Als ich es betrachte, sehe ich, daß nicht der erwachsene Jesus am Kreuz hängt, sondern das Jesuskind.

Wir bringen das Boot zu Wasser. Der kleine Junge springt mit hinein. Erstaunlicherweise zieht uns die Strömung des Flusses nicht aufs Meer, sondern schnell landeinwärts und führt uns in eine wunderschöne paradiesische Landschaft. Wir steigen aus und sinken in diesem Paradiesgarten ins weiche Moos. Die Vögel singen. Wir sind zu Hause.

Meine rastlose, vorwärtsstrebende Seite hat mich immer wieder hinausgeschickt in die ozeanischen Weiten des Bewußtseins, in denen es kein Zuhause geben kann. Zuhause, Heimat ist, wo die Seele als Kind sich selbst leben kann, wo es sein darf, was es ist: ein spielerisches Wesen von Himmel und Erde.

Wo ist das? Auf der Erde? Gerade hier wird es zivilisiert, sozialisiert und eingespannt, muß wie Atlas die ganze schwere Welt auf den schwachen Schultern tragen oder Verfolgung und Gewalt erleiden wie Jesus am Kreuz.

Im Himmel? Dort ist der kühle, klare Innenraum, den uns schon der Buddha als Endstation der Sehnsucht entwarf. Entrückt, aber nicht sehr lebendig.

Im Traum zeigt dieses Kind mir, wo es gekreuzigt wurde: Genau am Schnittpunkt zwischen innen und außen. Erst als ich dem Kind folge und es einbeziehe, zeigt es mir den Weg heim. Dieser Weg führt nicht mit Macht und Anstrengung vorwärts. Leicht und ganz von selbst wendet er sich zurück, landeinwärts, nach innen, nach Haus. Alles Tun ist vergeblich – doch ohne Tun zeigt sich das Sein nicht.

Die Entdeckung des verlorenen inneren Kindes brachte mir meine abgespaltene emotionale Seite zurück. Nun geht es darum, alle Teile meiner selbst anzuerkennen, nichts vorzuziehen, nichts abzulehnen. Allmählich entstehen so Wahlmöglichkeiten, die es vorher nicht gab. In Identifikation mit einem inneren Teilselbst oder Archetyp, wie dem Antreiber, dem Rebellen, dem Heiligen oder dem einfachen Weltmenschen, herrscht das Ego wie ein absoluter Diktator. Sich davon zu lösen ist nicht leicht. Aber dieser Prozeß ist notwendig, wenn ich bewußt leben will, statt nur bewußt zu sein.

Es ist ein langer Weg, und allen patentierten An- und Umleitungen zum Trotz gibt es keine wirkliche Abkürzung. Verständlich ist es natürlich trotzdem, daß viele Menschen ihn träumen, den süßen Traum von der endgültigen Erlösung.

im Teilselbst herrscht das Ego
wie ein absoluter Diktator

4. ERLÖSUNGSTRÄUME

Nach der Vertreibung aus dem paradiesischem Garten ihrer inneren Heimat verleugnen Susi und Sascha ihre Herkunft. Es gibt kein Paradies, kein Zuhause und keinen Frieden mehr. Verloren in einer kalten Welt, beginnt das kleine, getrennte Ich-Leben mit seinen Kämpfen und Leiden. Der Schmerz dieser Trennung ist zu groß, der Kontrast zwischen Paradies und Welt zu scharf und zu grell, um hinzusehen.

Damit sie in der kollektiven Alltagsrealität überleben können, betrachten Susi und Sascha das Leben verständlicherweise nun so, wie es ihrem gerade abgeschlossenen Schutzvertrag entspricht und es ihnen auch überall vorgelebt wird. Dazu müssen sie den Teil ihrer Erinnerung verneinen, in dem sie erfüllte, fließende natürliche Wesen sind.

Die Macht dieser Verleugnung ist allerdings begrenzt. Ihre Erinnerung an das Einssein mit allem können sie nicht löschen, denn sie ist tief in ihrem Unbewußten verankert. Das wiederum rührt an den alten Trennungsschmerz, in dem sie verzweifeln, weil nichts ihren Zustand von Verbundenheit wiederherstellt. In diesem Schmerz keimt ihre Sehnsucht nach Erlösung auf, nach endgültiger Befreiung von allen Schmerzen und Leiden dieser Welt. Eine Endlösung erträumen sie, eine unzerstörbare Heimat, in der das innere Kind immer glücklich und erfüllt ist und niemals Schmerzen erleidet. Freude und Liebe fließen bedingungslos ein und aus, es gibt keine Ich-Grenzen, nur ständigen Energiefluß zwischen Einzelwesen und Umgebung.

Das Kind lebt sorglos hier und jetzt. Wie ein Märchenzwerg ist es allmächtig, allwissend und vor allem unverletzbar. Geschützt durch seine Tarnkappe, zieht es magisch alle Dinge und Menschen an, die es sich wünscht. Wichtig ist ihm vor allem ewige Sicherheit vor den Gefahren des Lebens. Manche inneren Kinder träumen davon, nie mehr wieder irdisch leben zu müssen und für immer in den Himmel zu kommen.

Susi und Sascha wissen nicht, wie sich dieser Traum realisieren könnte, glauben auch nicht mehr an seine Erfüllung, denn ihren eigenen Zugang zur Quelle haben sie in ihrer frühen Kindheit versiegelt, um sicherzugehen. Also kann die Erlösung nur von außen kommen, von einem oder einer ganz Großen.

Ihre kindliche Phantasie wünscht sich nun inständig den allmächtigen Vater, die große Mutter, die seine Erlösung für sie vollbringen. Die Großen sollen es bewirken, daß die kleinen hilflosen Kinder auch ganz groß werden: stark, erhaben, unverletzbar und unangreifbar. Was können die Kleinen dafür tun? In ihrer Hilflosigkeit können sie nur inständig bitten und betteln und ihre vollständige Unterwerfung und treue Gefolgschaft anbieten.

Wer das Heilsversprechen überzeugend gibt, verwandelt sich in Augen des Kindes sofort in den perfekten Menschen, in Gottvater, in die Große Mutter. Diese Wesen sind omnipotent, haben keine Schwächen und vor allem keine Schatten, keine dunklen Seiten. Sie sind liebevoll zu den Kindern und beschützen sie als gute Hirten vor allen Gefahren und Bedrohungen von außen und innen. »Überlaß nun alles mir …« ist ihre Botschaft.

Sie helfen dem Kind mit gütiger Liebe, verzeihen seine Fehler und führen es näher und näher zurück an die grünen Auen und Wiesen jener Heimat, die es dunkel erinnert. Allerdings dürfen sie das verlorene Kind niemals wirklich in den paradiesischen Garten hineinführen, denn die Rückkehr der Vertriebenen in die goldene Heimat erweckt alle erloschenen Kräfte und ermächtigt das Kind, sich selbst zu leben. Im Besitz seiner eigenen Macht aber würde das Kind die Hilfe der Großen nicht mehr brauchen und ihre Führungsansprüche zurückweisen.

Entsprechend vorsichtig verläuft das alte Spiel der Meister, Führer, Gurus und ihrer Jünger: »Gib mir den Traum von der Erlösung, laß sie mich ahnen, schmekken, fast berühren – aber laß sie um Gottes willen nicht geschehen. Denn dann wärest ja du nicht mehr da, Vater, Mutter und ich müßte ganz allein sein. Nein, sei du mein ein und alles, geh nicht weg, sei immer da, halte mir die Paradiesfrucht vor die Nase, sie riecht so gut. Aber bitte, halte sie weit genug weg, so weit, daß ich sie bei aller Anstrengung nicht fassen kann. So bin ich nahe genug, auch fast schon da, wo du bist, aber brauche dich nicht aufzugeben.«

Endgültige Erlösung ist ein kindlicher Wunschtraum. Einige seiner Namen sind: Erleuchtung, Verschmelzung mit Gott, Heim ins Reich (Gottes), Nirwana, Große Befreiung, endgültiger Durchbruch, innere Revolution, Selbstverwirklichung.

Die wichtigsten Merkmale dieses wunderbaren, überpersönlichen Zustandes, den Gläubige ihrem Gott oder Guru zuschreiben und den Nietzsche für den »Übermenschen« reservierte, sind: glückselige Einheit mit Gott, egoloses kosmisches Sein, absolute Freiheit von den Begrenzungen des Ich – vor allem Freiheit von Angst vor Schmerz, Tod und Zerstörung. Darüber hinaus ein Bewußtsein der unendlichen Ewigkeit des Seins, grenzenlose Ekstase und bedingungslose Liebe.

Nichts möchte das Kind lieber als diese Erlösung – es möchte sie von außen bekommen, eingeflößt mit warmer Honigmilch und nie endender Liebe, denn es fühlt ja noch die süße Erinnerung an die Ureinheit, in der es schwebte. Gleichzeitig aber fühlt es sich unfähig, vielleicht auch unwürdig, das verlorene Paradies aus eigener Kraft zu erreichen. So ist es nur natürlich, die Verantwortung abgeben zu wollen an einen »Großen«. Dabei ist fast jeder recht, der die Erlösung so darstellt, daß das Kind daran glauben kann. Hat es allerdings mit großen Vätern und Müttern, Gurus, Übermenschen oder Führern schon schlechte Erfahrungen gemacht, versucht es sein Glück vielleicht lieber mit körperlosen Lichtwesen, mit einem persönlichen Gott oder unsichtbaren Ufo-Besatzungen. So oder so gibt es seine Macht ab, denn es traut sich nicht mehr zu, sein Leben selbst schöpferisch zu gestalten.

kein Vertrauen auf selbst schöpferische Macht

4.1 Heilsversprecher

Das Heilsversprechen endgültiger Erlösung vom irdischen Leiden löscht die Konsequenzen irdischer Geburt und setzt sich so kurzerhand über die Aufgabe des Menschseins hinweg ins Ungeschaffene, Ungeborene und damit ins Lichte und Leichte, ins glückselige, problemfreie Schweben.

Erlöser, Heilande und Vermittler dieses Heils müssen unter Beweis stellen, daß sie mächtig und unverletzlich sind, denn das Kind braucht Sicherheit und Macht, um zu vertrauen und sich zu öffnen. Macht und Unverletzbarkeit können äußerlich demonstriert werden durch Burgen, Schlösser, Armeen, Bankkonten und Industrieimperien – oder sie können fühlbar werden durch einen Zustand permanenter spiritueller Glückseligkeit, die den lächelnden Erlöser von den Leiden, Schmerzen und Unzulänglichkeiten eines Erdenwurms unberührt erscheinen lassen und so sein Übermenschentum dokumentieren.

Während Christen, Juden und Moslems auf endgültige Erlösung erst nach dem Tod hoffen dürfen, bieten östlich inspirierte Heilsbringer des New Age die frohe Botschaft des »Paradise Now«. Dieses Heilsversprechen wird besonders attraktiv durch die gleichzeitige Ankündigung einer globalen Katastrophe, eines endgültigen Untergangs, den die Menschheit in ihrer grenzenlosen Ignoranz selbst verschuldet hat. Je drastischer sich das Krisenszenario zuspitzt, um so glaubwürdiger wird den Erlösungsuchenden die Schreckensvision von der endgültig verbrannten Erde. Damit wächst verständlicherweise die Bereitschaft, noch einmal alles zu geben, sich voll und ganz einem Heilsweg zu verschreiben, um den

Sprung auf die Arche Noah der Glückseligen zu schaffen, ehe es zu spät ist.

Die entspannte Blumenkinder-Haltung der sechziger und siebziger Jahre ist passé. »*Sitting silently, doing nothing, spring comes and the grass grows by itself*« – dieses frühe Rajneesh-Motto bezeichnet das Lebensgefühl jener Hippie-Spiritualität.

Heute bestimmt Torschlußpanik die Szene. Ihr Credo ist deshalb »Intensität«.

Ein Blick in die Anzeigenangebote in der esoterischen Presse macht deutlich: Fast jedes zweite Angebot wirbt mit dem Stichwort »intensiv«. Solche spirituellen Heilswege sind also erfolgreich, deren Botschaft lautet: »Wenn du nur hart und intensiv genug arbeitest, betest und meditierst, kannst du es schaffen. Wenn du nur positiv genug denkst, vertraust, alles losläßt und dich ganz hingibst – wirst du errettet werden und bist frei von allem.«

So überbieten sich Erlösungsangebote in intensiven Forderungen an die Suchenden. Harte Körperarbeit oder Gruppen-Marathon läßt die übermüdeten, erschöpften Teilnehmer wenigstens in dem Gefühl nach Hause gehen, sich redlich für ihre Ziele angestrengt zu haben. Dazu kommt noch die angenehme zwischenmenschliche Nähe, die durch extreme Gruppenerfahrungen zwischen den Menschen entsteht – Grenzen, Tabus und Darstellungsbedürfnisse weichen entspanntem gemeinsamem Dahindämmern oder einer kollektiven Euphorie. Nach dem Workshop finden sich die Gruppenmitglieder im Alltag wieder als getrennte einzelne und wünschen sich nichts sehnlicher als eine Wiederholung dieser Erfahrung von Geborgenheit und Nähe. Ganz ähnlich wie bei anderen

Abhängigkeiten isolieren sie sich nun von der Außenwelt und schaffen eine gemeinsame Innenwelt, in der die ersehnte Erfahrung wiederholt wird. In dem Maße, in dem die gesuchte Erfahrung das Setting der Gruppe und ihrer Leiter braucht, erhöht sich die psychische Abhängigkeit des einzelnen und die Entfremdung von seiner früheren Umgebung.

Es sind vor allem »Durchbruchs«-Gruppen, die so arbeiten. Strenge Reglementierung, Verpflichtung, den Instruktionen der Leiter zu folgen, Schlafentzug, radikale Konfrontationen mit anderen Teilnehmern, ständiges Antreiben oder Beschimpfen sind einige ihrer Merkmale. Um die notwendige Energie für den Durchbruch zur Erlösung zu erhöhen, erlauben sich Teilnehmer in ihrer Gruppe immer härtere Angriffe aufeinander, immer stärkere Verpflichtungen füreinander und zur Gruppe. Dilettantisch und schmerzhaft stochert man sich gegenseitig in der Psyche herum. Heftige Gefühlsausbrüche oder Zusammenbrüche im Schoß der Gruppe gelten als sicheres Zeichen dafür, daß »etwas passiert« – man sich also dem Ziel nähert.

Das innere Kind, dem die Erlösungsarbeit ursprünglich dienen sollte, wird dabei ständig verletzt, geschockt und malträtiert. Es zieht sich zurück und läßt widerspruchslos geschehen, was ja verkündetermaßen zu seinem eigenen Besten ist. Da es keine Chance sieht, sich in Sicherheit zu bringen, verläßt es sich in seiner Panik nun voll und ganz auf die Verheißung seiner Gruppenführung. Und die hat bekanntlich Großes zu bieten:

Manche glauben, daß Ufo-Kommandos die Guten abholen werden, wenn die Erde untergeht. Andere sind sich sicher, daß Gott persönlich sie in seine Arme nimmt, wenn die Stunde naht. Kühlere Gemüter rechnen damit, daß die energetische Intensität des Wandels ihre Chance auf endgültige Erleuchtung erhöht.

Nur noch eine große Anstrengung und dann ... daheim im Mutterschoß der Existenz. Endlich entspannen und frei sein – Urlaub für immer!

Erlösungsangebote sind folglich in Stil und Aufmachung zunächst stets auf die Bedürfnisse des inneren Kindes ausgerichtet. »Geschützer Rahmen der Gruppe ...«, »Vertrauen«, »Intensive Reinigung«, »Der Sprung ins Jetzt«, »Liebe und Ekstase« sind eingängige Werbetexte.

Ist die Verheißung erst einmal angenommen, das Ziel dem Kinde verkauft, legt sich das Band der Abhängigkeit unmerklich um seinen Hals. Ähnlich wie die erste Zigarette Übelkeit verursacht, ist auch die erste Session vieler Durchbruchsgruppen ein Schock. Im Namen von Intensität und Wahrheit werden die inneren Kinder der Teilnehmer eingeschüchtert, traumatisiert und erpreßt, gegen ihre eigenen Bedürfnisse zu handeln: »Willst du wirklich Freiheit und Liebe für immer? Dann tu, was wir dir sagen!« Der klassische *double-bind* ist hergestellt: Entweder das Kind verläßt den Rahmen. Dann handelt es gegen seine Sehnsucht nach Rettung. Oder das Kind bleibt. Dann handelt es gegen seine eigenen Gefühle. Was immer es tut, ist falsch. Also läßt es den Schock über sich ergehen wie die Übelkeit nach der ersten Zigarette – bis sich der Mechanismus umkehrt. Genau wie der Körper des Süchtigen bald den Stoff verlangt, der ihn zerstört, will das Kind nun dorthin zurück, wo ihm Angst, Schmerz und Panik sicher sind. Es lernt sogar, die manipulativen und demütigenden Forderungen seiner neuen Führer begeistert aufzunehmen und ist bemüht, sie sich durch harten Einsatz und vorgezeigten Gehorsam gewogen zu stimmen. Denn Durchbruchsgruppen-Leiter begründen ihre Macht vor allem darin, braven Kindern Fortschritt in Richtung Erlösung zu attestieren und Ungehorsamen »Widerstand« oder gar »Ego« vorzuwerfen. Dieser »Widerstand«, als Rest eigenen Lebenswillens des Kindes, muß aufgegeben werden. Denn nur durch bedingungslose Hingabe – so die einschlägige Ideologie der meisten Durchbruchsexperten – kann die große Befreiung geschehen. Der Erlöser hat seine diktatorische Machtstellung über das innere Kind vollständig eingenommen. Und das Kind? Solange es den Honig will, ist es seinen Erlösern ausgeliefert. Und welches Kind will keinen Honig?

Vor einigen Jahren nahm ich an den Marathons einer amerikanischen psychospirituellen Bewegung teil – ein wildes Potpourri aus moderner Inquisition, charismatischem Gottesdienst, Encountertechniken, Pop-Party und GI-Drill. Eine sehr explosive Mischung, die sicherlich das Etikett einer »intensiven« Erfahrung verdient. Mein innerer spiritueller Antreiber stürzte sich mit Begeisterung in die von den Trainern mit manischem Hochdruck befeuerten Extremsituationen. Gemeinsam überrannten sie sämtliche Warnsignale und stürzten uns in den emotionalen Rausch völlig schutzloser Offenheit. Mit den Teilnehmern des Trainings ging das noch gut – es gab die Art von emotionalen Euphorien, die zwischen Menschen geschehen können, wenn sie sich in einem abgeschlossenen Rahmen weit aufmachen. So offen und verletzlich wie rohe Eier sollten wir dann Leute auf den Betonpisten einer amerikanischen Großstadt konfrontieren – damit sie berührt würden und ihren Panzer ebenfalls lockerten. In der ungeschützten Konfrontation mit einer völlig konträr gepolten Welt gab es dann ziemlich dramatische Situationen mit einigen psychischen Verletzungen.

Ihrem Ideal entsprach es, Verletzlichkeit zu Markte zu tragen. Als moderne Heilige und Märtyrer wollten sie einer groben, brutalen Welt nicht nur die andere Wange, sondern ihr ganzes Inneres darbieten, um so Gott näher zu kommen.

Wenn ich nicht weiß, wer in mir welche Bedürfnisse hat, kann ich nicht für mich selbst sorgen. Also müssen Erlöser diese Aufgabe von außen übernehmen. Die können selbst auch nicht anders. Aufgrund ihrer eigenen unbegriffenen Psychodynamik müssen sie den Part im Spiel übernehmen, den ihre erlösungshungrigen Teilnehmer in sich selbst nicht erkennen und annehmen wollen. Deshalb verhalten sich manche spirituellen Lehrer in genau dem Maße selbstherrlich, omnipotent und allwissend, in dem ihre Anhänger ängstlich, schutzbedürftig und naiv darum bitten.

Die paranoide Verfolgung angeblich gefährlicher »Sekten« durch mächtige Staatskirchen und andere polit-religiöse Pressure-Groups zeichnet ein ironisches Zerrbild dieser Situation. 2000 Jahre christlich legitimierten Machtmißbrauchs im religiösen Wahn der Bekehrung durch »Feuer und Schwert«, in Glaubenskriegen, Inquisitions-Folter und Massenmord verblassen im heiligen Einsatz für die Errettung jener verführten Seelen, die irregeleitet Erlösung außerhalb der allein selig machenden Gottesvertretung auf Erden suchen. Aber nicht die Politik jener in Jahrhunderten erstarrten und zu Kirchen versteinerten Erlösungs-Sekten soll hier das Thema sein.

Hier geht es um die Urbilder lebendiger Erlöser, die

ihre Anhänger noch persönlich ins frische Quellwasser religiöser Einweihung tauchen.

Einige dieser Urbilder werden im folgenden nachgezeichnet:

- der weiße Patriarch
- der mächtige dunkle Bruder
- der heilige Asket
- die Göttliche Mutter

4.2 Der weiße Patriarch

»I am the Gate. I am no one. And only one who is no one can be the gate ... Pass through me.« (Bhagwan Shree Rajneesh: I am the gate, Poona 1975)

Er ist ein Lichtvater, der in einem kühlen Raum lebt. Überlegen und weise spricht er seine Kinder mit gütiger, aber distanzierter Liebe an. Erhaben und frei steht er über den Leiden und Anfechtungen der Menschen, doch er kennt ihre Probleme, und in seinen Augen sehen sie sein gütiges Verstehen. Er strahlt ein kühles, weißes Licht von hypnotischer Kraft aus und wirkt mit seiner unkörperlichen Schönheit.

Seinen Kindern gibt er den nötigen Raum zum Spielen und Ausprobieren. Bei ihm dürfen sie mit Angst, Macht, Sex, Gewalt und Gier experimentieren und werden ermutigt, sich in Richtung des von ihm repräsentierten problemfreien Raums zu bewegen. Diesen erleuchteten Zustand beschreibt er ihnen als vollkommene Erlösung und Befreiung von menschlichen Reaktionen und Gefühlen. Er sagt ihnen, daß sie im Grunde schon fast dort angekommen seien, während er ihnen gleichzeitig zu verstehen gibt, wie hoffnungslos klein und verloren sie im Nebel herumirren. Wie gut, daß er für sie da ist! Denn in ihm gibt es kein Ego, nur unermeßliche Leere, Weite und tiefen Frieden. Nichts kann diesen Raum berühren und erreichen. Er ist im Ungeschaffenen, Ungeborenen verankert.

Der weiße Patriarch selbst lebt kein sichtbares persönliches Leben. Seine Persönlichkeit gilt mit dem Ereignis der Erleuchtung als gestorben. Er ist nur noch göttliche Gegenwart, reines Licht. Schattenlos und makellos lebt er – ein perfekter Meister, der aus Mitleid mit den Menschen noch einmal inkarnierte.

Durch die Ruinen seiner Persönlichkeit scheint das Urbild des freien Wanderers.

Er führt ein unsichtbares Leben. Soziale Kontakte pflegt er nicht, und kein Mensch kann zu ihm. Perfekt abgeschirmt vom Alltagsleben, läßt er sich auch nicht auf eine Frau als ebenbürtige Partnerin ein, sondern seine erotischen Beziehungen sind Lehrbeziehungen, in denen er selbstlos seine Energie gibt. Vollkommen autark in sich selbst braucht er niemanden. Er ist.

Geld und andere Dinge dieser Welt hat er nicht nötig. Sie fliegen ihm nur zu, weil er sie nicht will. Angst kennt er nicht. Er fürchtet nicht Katastrophen und Verfolgung, weder Krankheit noch Tod schrecken ihn.

Auch lebt er nicht wirklich im Körper, vielmehr schwebt er neben seinem Körper, den er nur wie ein Vehikel benutzt. Empfindungen und Gefühle im psychologischen Sinne kennt er nicht – nur kühle kosmische Ekstase.

Immer schon ist er überlegen und stark gewesen. Bereits als kleines Kind hat er alle menschlichen Dummheiten durchschaut und die großen Männer in seiner Umgebung besiegt, beschämt und belehrt. Niemand hat ihm jemals Schmerzen oder Niederlagen zufügen können.

Als Kleiner ist er schon der Größte. Von seiner Mutter ist er niemals abhängig, nicht einmal ihre Milch nimmt er an, bevor sie ihn inständig darum bittet. Während er noch in Windeln die Ignoranten bloßstellt, erkennen bereits Weise und Astrologen seine hohe Geburt und sein großes Wesen.

Verliebtheit oder sexuelle Sehnsüchte sind ihm in seiner Jugend fremd. Mädchen und Frauen fliegen auf ihn, aber er bleibt freundlich distanziert und läßt sich auf erotische Begegnungen allenfalls ein, um einer Sucherin eine Lehre zuteil werden zu lassen. So wandert und bewegt er sich schnell durch die Landschaften seiner Zeit, sammelt, was er gebrauchen kann, verwirft, was ihm nutzlos ist. Bewunderer und Sponsoren finden sich ein, befeuert vom Elan seiner natürlichen Autorität.[1]

Nach seiner kurzen, feurig-rebellischen Jugend entwikkelt er sich zum Vatertyp, der sich jovial und liebevoll um seine Anhänger kümmert. Verehrer und Sucher scharen sich um ihn. Im Kreis seiner Gemeinde reift er bald zum weißen Patriarchen, der seinen eigenen Weg der Befreiung lehrt und diesen von anderen Heilslehren und -lehrern abgrenzt. Seine Beziehungen zu anderen Menschen sind ausschließlich vertikal, und zwar in nur einer Richtung: Wo er ist, ist oben. Gefühle oder Schwächen zeigt er nicht. Vielmehr läßt er seine gesamte Umwelt wissen, wie gering sie im Vergleich zu ihm ist. Wird er daraufhin bedroht, so

1 Siehe: Rajneesh, Bhagwan Shree, Goldene Augenblicke, München 1986

sind es die gewalttätigen Ignoranten, die den Großen und Freien töten müssen, um dumm bleiben zu können. Seine sensible kosmische Energie muß dann vor den niedrigen Schwingungen der Außenwelt geschützt werden – eine Chance für Jünger, sich in die Bresche zu werfen und damit ihrer eigenen Erlösung zu dienen. Wenn Gerüchte über menschliche Schwächen durchdringen, werden sie als Verleumdung abgetan. Wer sich seinen Anweisungen widersetzt oder beginnt, sich von ihm und dem Clan des Weißen Patriarchen zu lösen, ist ein Verräter und wird ausgestoßen.

Wenige andere läßt er gelten und gleichwertig mit ihm ist kein Lebender – allenfalls große Namen, die vor langer Zeit eine Tradition begründeten. So malt er sein Bild als einer der ganz Großen. Unverstanden von den Massen, arbeitet er für die Zukunft einer neuen Menschheit. Seine Anziehungskraft für das innere Kind drückt sich in seinem väterlichem Fürsorgeangebot aus. Sätze wie »Nun bist du zu Hause«, »Überlaß jetzt alles mir«, »Ich habe schon auf dich gewartet« sind Balsam für das verlorene, verletzliche Kind. Die Anhänger und Schüler eines weißen Patriarchen nehmen ihre Zuflucht bei ihm, zu Füßen des Buddha. Je weiter sie seinem Weg ins Gelobte Land folgen, um so unwichtiger wird ihnen das ursprüngliche Ziel. Bei ihm zu sein, zu Füßen des Vaters zu sitzen ist dem Kind schon genug. Ankommen wäre gefährlich – der Vater könnte das Kind wegschicken. Also muß das Kind klein und bedürftig bleiben und wird sich folglich immer mehr zu Hause im Clan und immer fremder und verlorener in der Außenwelt fühlen.

Der Vater andererseits hat seine Kinder ebenso nötig. Denn ihre hilflose Bedürftigkeit ist es ja, die ihn so stark macht, und ihr Betteln um Liebe bringt ebenso wie ihre Verehrung und Dankbarkeit jene fürsorgliche Kraft erst zum Vorschein, die ihn zum weißen Patriarchen werden läßt. Durch ihre vorbehaltlose Unterstützung und Anerkennung schirmen die Schüler des Patriarchen als bedingungslos liebende Eltern zugleich die Verletzlichkeit seiner kindlichen Seite nach außen ab. Sie nehmen ihm die Auseinandersetzung mit der Umwelt ab und versorgen ihn mit allem, was er für sein Wohlbefinden braucht. Wie ein Kleinkind schützen sie ihn vor jeder Störung und erfüllen ihm alle seine Wünsche, sobald er sie äußert. Um jeden Preis muß er daher dieses positive Beziehungsmuster aufrechterhalten. Schlüge es ins Negative um, wandelte sich seine Position vom geliebten Sohn und verehrten Vater zum verhaßten König. Seine Schüler müßten ihn töten, um ihn wieder lieben zu können.

4.3 Der mächtige dunkle Bruder

»Nur noch gegen England, Rußland, USA – und dann ist alles vorbei!«

Charismatische politische Führer haben in einigen Nationen ähnliche Gefühle und Hingabehaltungen bei ihren Anhängern ausgelöst wie manche Gurus bei ihren Schülern. Natürlich ist eine sanfte spirituelle Gemeinschaft nicht mit militärischen Zwangsverbänden vergleichbar. Macht und Eroberung sind andere Ziele als Erleuchtung und Welterlösung, Mord und Zerstörung andere Mittel als Meditation und Innerlichkeit. Wenn aber ältere Deutsche, Österreicher oder Italiener Massenszenen heutiger spiritueller Bewegungen sehen, fühlen sie sich oft an ihre Führer erinnert. Massenenergieerlebnisse mit totalitären Führern und spirituellen Gurus weisen so verblüffende Parallelen auf, daß es ohne historische Zuordnung schwerfällt, ihre Herkunft auf Anhieb zu bestimmen.

Folgendes Erlebnis hat mir ein Teilnehmer in einem Seminar berichtet:

»*Wir standen am Straßenrand, winkten und lachten, weil wir uns so darauf freuten, ihn persönlich zu sehen und in seine Augen schauen zu dürfen. Fast war es so, als wollte einer noch fröhlicher sein als der andere. Tausende von Menschen standen am Straßenrand, und laute Musik erfüllte die Luft. Dann sahen wir seinen Wagen langsam näher kommen. Noch lachten und scherzten wir, aber plötzlich wurde es still. Wir wußten nicht, wie uns geschah. Es war, als ob eine Welle fünfzig Meter vor seinem Wagen herwogte, und jeder, den sie erfaßte, wurde still. Alle, die eben noch gejubelt hatten, standen nun regungslos da, viele mit geöffnetem Mund, während er grüßend langsam vorbeifuhr. Als er fünfzig Meter weiter war, regten wir uns wieder.*«

Der Berichtende ist zu dem Zeitpunkt Mitglied der Hitlerjugend und beschreibt den Empfang des »Führers« in seiner Heimatstadt. Doch könnte diese Schilderung nicht auch ein begeisterter junger Schüler Rajneeshs 45 Jahre später gegeben haben? Bei Rajneeshs legendären »Drive Bys«, in denen er an Tausenden seiner Schüler grüßend vorbeifuhr, gab es ähnliche persönliche Erlebnisse. Nun unterscheidet die beiden charismatischen Männer mehr als nur die bevorzugte Automarke – während ersterer im offenen Mercedes stand, saß der andere im klimatisierten Rolls. Doch schien sie auch einiges zu verbinden. Rajneesh schrieb in seiner frühen Zeit Hitler kosmische Hilfe und Führung durch eine buddhistische, esoterische Gruppe namens *Ashoka* zu. Was könnte diese segensreichen Bodhisattvas – um mit dem Gedanken zu spielen – dazu veranlaßt haben? Wollten sie helfen, die Erde mit dem Endsieg der braunen Ökologie vor ihrem heutigen Schicksal zu bewahren? In manchen ökologischen Grundsätzen war einmal braun, was heute grün ist – ganz wie in der Natur. Mutter Erde und ihre Scholle ist bei unseren Frühlings-Ökos wieder hoch im Kurs, getragen allerdings von post-68er Werten. Ganz ohne Treue, Blut und Ehre, versteht sich. Doch um solches geht es hier ohnehin nicht, sondern darum, wie Erlösungsbedürfnisse die psychische Bereitschaft zur Hingabe an einen »Großen« auslösen können.

Zunächst einmal ist der mächtige, dunkle Bruder einer von uns.

Er kommt aus unserer Mitte, und die erste Zeit in seinem Leben ist er niemand Besonderes. Als Kind seiner Zeit erlebt er Enttäuschungen und Schicksalsschläge, teilt das Leben der vielen. Erst in Krisenzeiten kommen seine besonderen Fähigkeiten an die Oberfläche. Seine Frustration und sein geringes Selbstwertgefühl verschaffen sich Luft in Angriffen auf Andersartige, Fremde, Erfolgreiche. Die sind schuld an seinem Elend. Sie leben von seinem Leid, beuten ihn aus. So wird er zur Stimme der vielen. Er druckt aus, was sie fühlen, überzeichnet es und richtet ihre frustrierte Energie auf einen äußeren Feind und ein äußeres Ziel. Sein Ärger bewirkt ihren zustimmenden Jubel. Ihr Jubel läßt sein gequältes Minderwertigkeitsgefühl in Selbstüberschätzung und Größenwahn umschlagen.

Dadurch gelingt es ihm, ihnen wieder ein Gefühl von eigener Stärke, Identität und Kompetenz zu geben. »Wir sind besser als die.« »Wir haben dies und das gebaut.« »Wir gehören zusammen.« Sie geben ihm gern ihre Macht, schaffen seine Autorität durch ihre Bewunderung und ihr Hingabe- und Erlösungsbedürfnis. Je mehr sie an ihn glauben, ihn bewundern und anfeuern, um so mehr glaubt auch er an sich selbst. Aus dem einfachen kleinen Mann wird ein großer Bruder, eine mächtige Autorität. Er braucht nur ihren Jubel zu hören und ihre Bewunderung zu spüren, um seine Selbstzweifel zu überwinden – und ihre auch …

»Der Mann, der Mann, der Mann! …«, soll Rudolf Heß gestammelt haben, völlig überwältigt von der ersten Begegnung mit seinem »Führer« Adolf Hitler, zu dessen Stellvertreter er später avancierte. Hitler wurde sein Guru. Für Heß repräsentierte »der Mann« den Archetyp, den eine ganze Generation suchte: den mächtigen, dunklen Bruder. Aber nicht nur leicht faszinierbare Menschen wie Heß, sondern unzählige andere, respektierte, gebildete Zeitgenossen, von jungen Wissenschaftlern wie Albert Speer bis zu Autoritäten wie Martin Heidegger, gerieten auf ihre Weise in den Sog jenes machtvollen Energiestrudels, dessen verhängnisvolle Richtung damals kaum jemand erkannte – jedenfalls kaum jemand aus dem Kreis derer, die sich in den Sog des Strudels begeben hatten.

Was haben Hitler, Nazis und Verhängnis, was Weltkrieg, Holocaust und Größenwahn mit der Suche nach einem ganz anderen Heil zu tun – dem Heil der Erlösung vom Leiden durch die göttliche Gnade spiritueller Erleuchtung?

Nun: in Deutschland kommt niemand an Hitler vorbei – schon gar nicht ein Heilsbringer, Heilskünder oder Heilsvermittler – gleich welcher Couleur. Denn wer den

Traum vom Himmel auf Erden wachruft, rührt in uns Deutschen immer auch an die Bilder von Lichtdomen, Massenekstasen und Infernos, die zum Trauma wurden. Selbst der größte Traum, den Menschen träumen können, nämlich das Ende aller Träume: »Paradise Now!« scheint durch die dunklen, gespenstischen Erinnerungen ans faschistische Deutschland.

Hitler und die zwölf Jahre des »Tausendjährigen«, des »Dritten Reiches« sind eines der großen Tabus, die schattenhaft aus der Vergangenheit herüberhängen und den Blick verdunkeln auf die wirklichen Ursachen unserer heutigen »Heil-Losigkeit«. Mit den »Schrecklich-schrecklich«- und »Wie-konnten-die-nur«-Lamentos, die wir unsere Politiker schuldbewußt kniend an den bekannten Gedenktagen und -stätten wiederholen lassen, bekunden wir neben Absolutionsbedürfnissen auch unsere Hilflosigkeit.

Erlösungssehnsüchte, die sich auf eine strahlende Person bündeln, sind im christlich-westlichen Kulturkreis mit seinem Vater-Gottes-Verständnis tief verankert. In Deutschland sind sie seit Hitler darüber hinaus verknüpft mit Identitätsverlust, Schuldgefühl, Schmerz und folglich Abwehr. Wenn also jemand vom »Erwachen« spricht und damit auch Begeisterung und Hingabebereitschaft auslöst, reaktiviert er zugleich kollektive Alptraumbilder von den ekstatisch-katastrophalen Grenzerfahrungen, in die Millionen Menschen in jener Zeit geworfen waren.

Verschmelzungserlebnisse sind bei uns mit Horror- und Todeserfahrungen verwoben, wie in einem Film, der Bilder von Bombennächten und KZ-Leichenbergen überblendet mit ekstatisch-verzückten BDM-Mädchen, die vor ihrem Führer dahinsinken.

Der Untergang des Dritten Reiches hinterläßt in uns »Erbsündern« neben Schuldgefühl und Abwehr auch das Gefühl, daß Erlösung und Himmelreich hier auf Erden nicht zu haben sind. Nach so einem Untergang trauen wir uns weder in die Höhe noch in die Tiefe und lutschen nach Wirtschaftswunder, Protestbewegung und Umweltbewußtsein allenfalls brav und halbherzig an den süßlich-flauen Kunststoffbonbons mittelmäßiger Freizeit-Esoterik. Ekstase ist bei uns »pfui Teufel!«

Als die Kinder der verzückten und gebrannten Hitler-Deutschen nach Poona strömten, zahlreicher als die aller anderen Völker, wußten alle sofort Bescheid.

Welcher Gegensatz könnte größer sein als der von stiller Seligkeit im indischen Ashram und dem dunklen Stahlgewitter, das der neurotisch-mystische Beamtensohn aus Österreich entfachte?

Doch gerade in diesem Gegensatz, in dieser drastischen Widersprüchlichkeit sammeln sich die tiefen Liebes- und Erlösungssehnsüchte des inneren Kindes, das seinen starken, mächtigen Bruder sieht, wo es ihn sehen will:

»Zum 20. April.
So sieht ihn die Welt: Gewappnet in Erz,
Und die Hand am geschliffenen Schwerte –
Wir aber kennen sein gütiges Herz
Unterm Mantel stählerner Härte.

Die Kinder künden's in strahlendem Glück,
Die irgendwo ihm begegnet;
Und Tiere haben mit stummem Blick
Sein stilles Wohltun gesegnet.

Denn die tiefste Wurzel all seines Tuns
Ist ein volksumfassendes Lieben –
Drum ist er dem Letzten und Ärmsten von uns
Als Führer Kam'rad noch geblieben.

So sieht ihn die Welt: Gewappnet in Erz,
Und die Hand am geschliffenen Schwerte –
Wir aber kennen sein gütiges Herz
Unterm Mantel stählerner Härte!«

Dieses Gedicht, das zu Führers Geburtstag 1941 in »Beyers Frauen-Illustrierte Hella« erschien, beschreibt die Bereitschaft des Kindes, »strahlendes Glück« zu empfinden, wenn es dem mächtigen Bruder begegnet. Denn es kennt ja sein »gütiges Herz«. Dieses »gütige Herz« ist Symbol für das Erlösungsversprechen des Führer-Bruders und die Bereitschaft des Kindes, sich für die Erfüllung seiner Sehnsüchte diesem gütigen, starken Bruder anzuvertrauen. Es sieht zwar auch seine »stählerne Härte« und sein »geschliffenes Schwert« – doch sind diese ja nach außen gerichtet, gegen die bösen Feinde, die das Kind bedrohen. Diese sichtbare Gewalt beängstigt das Kind keineswegs – sie hilft ihm vielmehr, sich vollkommen sicher zu fühlen. Denn es weiß: »Der starke Bruder liebt mich.« Es vertraut ihm völlig, denn er ist sogar dem ärmsten und schwächsten Kind ganz nah, er ist selbst dem »Letzten und Ärmsten von uns« trotz seiner Führerrolle immer noch ein »Kamerad«, also ein Bruder geblieben. Er ist kein distanzierter, kühler Vater. Er ist für das Kind fühlbar, nachvollziehbar, anfaßbar. Es versteht seine Wut und Gewalt, sein Toben und Schreien, denn es fühlt seine Angst vor den Dingen und Menschen, die er »mit stählerner Härte« bekämpft. Das Kind hat die gleiche Angst – aber nicht seine Macht. Kinder sind eben verletzlich.

Der starke Führer-Bruder aber ist »gewappnet in Erz«, also unverletzlich. Weil das Kind aber die Angst des starken Führer-Bruders fühlen kann, weiß es, daß seine Gewalt und Intoleranz nicht seine Natur, sondern ein »Mantel stählerner Härte« ist. Diesen Mantel trägt er nur zum Schein und Schutz nach außen. In Wirklichkeit gehört sein »gütiges Herz« allen guten, hilflosen Kindern, denen er sein »volksumfassendes Lieben« zuteil werden läßt. Seine Autorität ist natürlich, denn die Natur selbst, in Gestalt der Tiere, »segnet mit stummem Blick« sein »stilles Wohltun«. Dieses »stille Wohltun« ist der Herzenswunsch des Kindes, sein Zuhause, das ihm Geborgenheit und Sicherheit gibt. Ein solcher Bruder ist dem Kind viel näher als ein Vater, der als weiser, weißer Patriarch in einem unerreichbaren Paradies lebt. Es kann sich auf ihn verlassen – bis die unvermeidliche Katastrophe losbricht und es sich völlig verlassen in Ruinen wiederfindet. Nach dem Trauma einer zerstörten Kindheit vertraut es dann niemandem mehr. Es kapselt sich ab und spielt still vor sich hin.

Auch deshalb haben wir Deutschen mit charismatischen Begeisterungsstürmen unsere Probleme. Die Väter des Wirtschaftswunders erinnern sich nur ungern an jene ekstatischen Jubeljahre ihrer Kindheit und Jugend, die so katastrophal und traumatisch endeten. Verständlich, daß sie nach so einem Untergang sich weder in die Höhe noch in die Tiefe trauten, nicht nach links und nicht nach rechts schauten und alle ihre Energie ins Wirtschaftswunder steckten. Da saßen sie dann, ernüchtert, entnazifiziert und zunehmend anerkannt in den Fünfzigern und frühen

Sechzigern brav auf der Hollywoodschaukel und rauchten harmlos ihre Wohlstandszigarren ...

Bis der 68er Sturm losbrach und die Idylle erschütterte – unter anderem mit unangenehmen Fragen nach ihrer Vergangenheit. Von letzterer wollten sie nichts mehr wissen – und hätten doch gern das »gute« Stück aus diesem Kuchen: jene Atmosphäre von Begeisterung, die Einsatzbereitschaft für das größere, gemeinsame Ziel, von der sie nur noch unter alten Kameraden schwärmen konnten.

Als dann in den siebziger Jahren vor allem junge »68er«-Deutsche in Scharen nach Poona strömten, waren sie alarmiert. Empörter als über die gängigen Sex-Anekdoten in der Boulevardpresse war man hierzulande über die Tatsache, daß dort hochqualifizierte, intelligente junge Menschen rund um die Uhr arbeiteten, ohne Bezahlung und mit offensichtlicher Begeisterung. Ihre charismatische Motivation erinnerte die Deutschen unangenehm an etwas, das sie lieber vergessen wollten – vielleicht an den weiten Raum des Ostens, der dem »Volk ohne Raum« fehlte. Manche Nazikinder mögen diesen weiten Raum auf ganz andere Weise im fernen Osten erobert haben, als Hitler, der Guru ihrer Mütter und Väter, sich das gedacht hatte. Doch zusammengezählt wurde, wie immer, unterm Strich, und so klang in manchen schadenfrohen Kommentaren nach den verschiedenen Desastern der »Bhagwan-Bewegung« die Genugtuung darüber durch, daß auch diese Kinder nicht fanden, was ihren Eltern verwehrt blieb: Heil und Erlösung.

4.4 Der alte spirituelle Mythos: ein heiliger Asket

Traditionell sind Heilige und Erleuchtete weltabgewandt. In der Materie sehen sie die Gefahr der Verhaftung, in unseren biologischen und psychischen Bedürfnissen und Trieben erkennen sie das Gefängnis aus Gier und blindem Verlangen. Also treffen sie eine einfache Wahl: Welt oder nicht Welt, ist hier die einzige Frage.

Das ist verständlich, denn wir leben meist nur einen Aspekt des menschlichen Spektrums: wir sind stark und erfolgreich oder schwach und arm. Wir sind sinnlich und lebensfroh oder trocken vergeistigt. Wir sind freundlich und liebevoll oder hart und kalt. Manche Menschen verkörpern auch einen Archetyp der menschlichen Geschichte und leben so ein Urbild als einzige Realität: die gebende Mutter, den furchtlosen Helden, die entrückte Heilige, den entschlossenen Krieger, den guten Vater, die kalte Geschäftsfrau.

Alle Aspekte des Menschseins gehören zu uns. In uns tummeln sich sämtliche menschlichen Möglichkeiten, die guten und die bösen, die schlichten und die leuchtenden. Insofern stimmt die populäre Formel: »Wir sind die Welt.«

Wenn wir nur eine einzige Qualität leben, nur eine Energie in uns strömen lassen, müssen wir dafür all die anderen Impulse einsperren. Wer sich mit der guten Mutter identifiziert, wird die egoistische, coole Geschäftsfrau aus sich verbannen. Wer sich für den starken Sieger hält, verleugnet dafür seine verletzliche, empfindsame Seite.

Aus dieser Verleugnung entstehen das Gefühl des Gefangenseins und die Sehnsucht nach Befreiung. Unterdrückte Energien der verbotenen, eingesperrten und verbannten Teilselbste rumoren, protestieren und melden sich als Traurigkeit, Ärger, Wut, Depression oder Krankheit. Manche Menschen fühlen sich so fremd in der Welt und leiden dermaßen unter dem Schmerz der ungelebten Gegensätze, daß sie die Welt insgesamt ablehnen und ihre Erlösung in der Transzendenz, in Gott suchen. Deshalb bedeutete die Hinwendung zu Gott traditionell auch die gleichzeitige Abwendung von der Welt.

Christliche Mönche und Nonnen schlossen sich in Klöstern und Einsiedeleien ein, beteten Tag und Nacht und geißelten sich für jeden unerwünschten Impuls, der sich rührte. Ihre sinnlichen und lebensbejahenden Energien wurden durch ständige Unterdrückung natürlich nicht schwächer, sondern stärker. Zugleich verkehrten (pervertierten) sie sich durch die gewaltsame Einschränkung und wurden folglich pervers und brutal. Fanatismus, Dogmatismus, Glaubenskrieg und Ermordung von Andersgläubigen funktionieren als Ventil für diese aufgestauten Triebenergien. Wenigen Mönchen und Nonnen gelang es, ihre vitalen Energien nach oben zu kanalisieren. Wer es schaffte, ging soweit wie möglich aus dem Körper heraus und existierte als vergeistigter Ekstatiker nur in Verbindung mit Gott, ohne Verbindung zur Welt. Diese Verleugnung des Körpers ist leichter und friedlicher.

Im Osten hat dieser Weg eine große Tradition. Viele Heilige und Meister sind ihn in Indiens langer Geschichte gegangen. Einer der großen indischen Heiligen unseres Jahrhunderts, Shri Ramana Maharshi, verließ als Siebzehnjähriger sein Elternhaus, um die eine Realität zu finden.

Zuvor hatte er eine innere Todeserfahrung, die seine

Wahrnehmung völlig veränderte – er erfuhr sein »todloses Selbst«. Daraufhin, so berichtet er, »*... verlor ich den Rest von Interesse, den ich noch an Freunden und Verwandten, an meinem Lernen und dergleichen hatte ... mein Sinn war ganz woanders, wirklich weit weg von so oberflächlichen Dingen wie Lernen.*«[2]

Während er zuvor ein aktiver und auch aggressiver Junge gewesen war, änderte er sich nun vollständig. Ein anderes Selbst übernahm die Führung: »*Das frühere Wesen, das ... litt und sich ... zur Geltung brachte, war verschwunden.*«

Dieses neue Selbst übernahm ihn so vollständig, daß alle anderen Lebensimpulse schlichtweg gestrichen wurden. Er geht nun nach Tiruvannamalai zum Tempel des heiligen Berges Arunachala und führt das harte Leben eines Asketen, der sich nur nach innen wendet:

»*Wozu sich um ein Lager mühen – ist doch die Erde da?*

Wozu Kissen – hast du doch einen Arm?

Wozu viele Schüsseln – hast du doch die hohle Hand?

Und wozu kostbare Seidengewänder – gibt es doch Bast und Baumrinde?«

Er wirft sein Bündel mit den letzten Lebensmitteln in einen Teich:

»*Was soll ich diesem toten Klotz – dem Leibe – Süßes bieten?*

Er badet nicht mehr, denn:

»*Wozu diesen Klotz mit Baden verwöhnen?*« und sitzt

---

2 Zimmer, Heinrich, Der Weg zum Selbst. Leben und Lehre des Shri Ramana Maharshi, München 1974, S. 25 f.

im Dunkeln der Tempelhöhle in sein Selbst versunken, der Welt völlig entrückt:

»... in einem Winkel des heiligen Bezirks, der in völligem Dunkel lag, niemals gereinigt wurde und von Ungeziefer wimmelte. Asseln und Ameisen, Bienen, Wespen und Moskitos stürzten sich auf ihr regloses Opfer und tranken sein Blut; die Unterseite seiner in ständigem Yogasitz gekreuzten Schenkel war bald von Blut und Eiter bedeckt; aber der junge Yogin spürte es nicht. Einmal fand ihn dort eine fromme Frau und sprach ihn an; aber er hatte ihrer so wenig acht wie der frischen Kleider, die sie brachte und neben ihn legte.«[3]

In der Hinduwelt Indiens ist dies ein anerkanntes Verhalten eines Heiligen.

Im Westen wäre Ramana entweder als katatoner Schizophrener in eine psychiatrische Klinik gebracht oder als Penner verachtet worden. Ein Hindu, besonders ein religiöser Sucher aus dieser Kultur, erkennt aber in der extremen Weltabwendung des Heiligen seine eigene Chance zum Ausstieg aus dem Rad der Wiedergeburten. Diese Rückkehr ins Formlose, Ungeborene gilt in Indien als höchstes Ziel und Befreiung vom Leiden der Welt. Ein früher Schüler Ramanas, der zuvor im Tempel über die Statuen der Götter meditiert hatte, kam aufgrund folgender Empfehlung eines Freundes zu Ramana:

»Was verbringst du dein Leben in Verehrung eines steinernen Svâmin? Da ist ein junger, lebendiger Svâmin in Gurumûrta, in glühende Askese versenkt, wie Heilige alter Zeiten. Geh und diene ihm und hange ihm an; dann erfüllt sich der Sinn deines Lebens.«

---

3 Zimmer, Heinrich, ebenda, S. 38 f.

So ist es nur natürlich, daß sich bald die ersten Schüler einfinden, um von Ramanas innerem Zustand zu profitieren und im Gegenzug seine physische Situation zu mildern, denn: »*... er war sehr schmutzig, sein Haar, unmäßig gewachsen, war eine wirre, verfilzte Masse, und seine Nägel wuchsen so lang und krumm, daß er die Hände zu nichts gebrauchen konnte. Ständig verschlungen von der Tiefe des Selbst, war er der Schale seines Leibes ganz entfremdet.*«

Weniger absorbiert von dieser Tiefe war Ramana allerdings, wenn es um Verehrungsbezeugungen ging, die ein Schüler ihm in bester Absicht entgegenbrachte:

»*... er wollte dem Heiligen wie einem Götterbild begegnen und ihm Darbringungen von Öl, Milch, Wasser und Speisen über den Kopf gießen. Aber als er zum zweiten Mal damit anrückte, hatte der Svâmin mit einem Stück Kohle den lakonischen Satz an die Wand geschrieben: ›Dies ist alles, was dieser braucht‹ und wies mit stumm beredter Gebärde auf die Schrift und dabei auf ›dies‹ als das Essen und auf ›diesen‹ seinen Leib.*«[4]

Es scheint, als ob Ramana das Urbild des indischen Heiligen verkörperte. Dieses Selbst übernahm ihn und sorgte entsprechend seiner eigenen Struktur für genau definiertes Verhalten mit sehr präzisen Grenzen. Denn Ramana ist keineswegs wahllos. Es entspricht dem Urbild des Sadhu, des Hindu-Asketen, den Körper zu vernachlässigen und zu malträtieren und so die Überlegenheit des Geistes über die Materie und des Heiligen über die Weltmenschen zu demonstrieren.

---

4 Zimmer, Heinrich, Der Weg zum Selbst. Leben und Lehre des Shri Ramana Maharshi, München 1974, S. 43

Die naive Verehrung eines Anhängers aber, der ihn wie eine Statue mit Opfergaben übergießen will, paßt nicht in das strenge Bild des Heiligen. Wäre er tatsächlich völlig entrückt, fühllos und weltabgewandt – warum stört ihn dann ein Guß kühler Milch in sein verfilztes Haar, während er überhaupt nicht spürt, wie er bei lebendigem Leibe von Ungeziefer zerfressen wird?

Hier zeigt sich deutlich, daß Ramana durchaus nicht als Person gestorben, sondern von einer sehr persönlichen, menschlichen Wertentscheidung motiviert ist. Vielleicht will er den Verehrer auf den rechten Weg zu sich selbst führen, indem er ihm sein Tun untersagt. Vielleicht bewertet er solches Verhalten als übertrieben. Möglicherweise läuft er auch Gefahr, sein Gesicht als Sadhu zu verlieren, wenn er mit Milch und Bananenstücken im Haar im vollen Lotussitz meditiert. Blutige Arme und vereiterte Beine in stoischer Ruhe zu ignorieren: das macht Eindruck nach innen und außen. Aber ein Milchbart? Reiskörner und Curry auf dem Kopf? Nein, da wehrt sich das Selbst, das ihn lebt, angemessen, aber bestimmt.

Noch deutlicher wird diese persönliche, menschliche Seite bei der denkwürdigen Begegnung mit seiner Mutter. Sie hatte ihn gemeinsam mit anderen Verwandten nach langem Suchen schließlich gefunden:

»Er lag auf dem Felsen, schier unkenntlich mit seinem verwahrlosten Leib, nur mit einem schmutzigen Fetzen um die Lenden. Aber sie erkannte ihren Sohn … und bat ihn, mit ihr heimzukommen. Doch er blieb unbewegt. Tag für Tag stieg sie … hinauf, brachte ihrem Sohn Süßigkeiten und flehte ihn, mitzukommen – aber er gab ihr keine Antwort. Als sie ihn schließlich einmal schalt und in Tränen ausbrach, erhob sich der Heilige stumm und

entfernte sich. Sie kam noch einmal und sprach auf ihn ein, aber der Sohn saß wie ein Steinbild ...«[5]

Schließlich gibt Ramana ihr eine kurze schriftliche Belehrung über Gott und Karma. Damit entzieht er sich der Sohn-Mutter-Beziehung und nimmt eine unpersönliche Machtposition ein. Massiv pocht er auf seine patriarchalisch-religiöse Autorität. Die Mutter gibt auf und fügt sich in ihr Schicksal. Sie akzeptiert ihn als heiligen Asketen, um so ihre Beziehung zu ihm nicht ganz zu verlieren. Ramana muß das gemerkt haben, denn als er später in einer etablierteren Form in einem Ashram lebt, zieht sie zu ihm.

»Shri Ramanas Anhänger wollten sie erst nicht haben, sie fürchteten, er könnte ... den Ort verlassen, um ihre Nähe zu meiden. Aber was zehn Jahre zuvor unmöglich gewesen war, ließ er jetzt schweigend geschehen ... So lebte der Heilige scheinbar halb wie ein Hausvater; aber er gab seiner Mutter keine Antwort, wenn sie zu ihm redete; er blieb der einsame Asket, sie war nicht Mutter für ihn, da war kein Familienleben.«

Die Mutter zeigte sich weit kompromißbereiter als der Sohn:

»Sie nahm das gelbe Gewand des Weltverzichts und tat in ihren Gebärden die lebenslange Rolle ihres Ich, die Mutterschaft, ab. Sie ... lauschte seiner Belehrung und nahm sein Wesen in sich auf.«

Das mag sein – möglich ist aber auch, daß ihr natürlicher Wunsch, mit ihrem Sohn zu leben, sich einen neuen Weg gewählt hat. Wie strikt Ramana auch die Mutter-

---

5 Zimmer, Heinrich, Der Weg zum Selbst. Leben und Lehre des Shri Ramana Maharshi, München 1974, S. 46f.

Sohn-Beziehung zurückweisen und leugnen mag – sie bekommt dadurch nur noch mehr Kraft. Gerade durch seinen Rückzug bindet er sich in einem negativen Mutter-Sohn-Muster an sie. Hilflos protestiert er mit versteinerter Geste gegen ihre Liebesbezeugungen und gibt ihnen doch nach – trotzig wie ein Pubertierender, der einer mütterlichen Umarmung ausweichen will:

»Er äußerte: alle Frauen seien für ihn wie Mütter.«[6]

Es gelingt Ramana, seinen Rückzug ins Unpersönliche bis zu ihrem Tod durchzuhalten. Als sie stirbt, *saß ihr Sohn, der Heilige, an ihrem Lager; seine Linke lag auf ihrer Stirn, die Rechte auf ihrer Brust, bis ihr der letzte, mühsame Atemzug entflohen war ... Sie hatten alle nichts gegessen, solange sie dem Ende der alten Frau beiwohnten; als es vorüber war, erhob sich der Heilige und sagte: »Jetzt dürfen wir essen. Kommt – dabei ist keine Beflekkung.« Und er setzte sich mit den anderen und aß. Einer seiner Jünger verzeichnete in seinem Tagebuch:*

»Der Svâmin fühlte sich jetzt besonders heiter. Wahrscheinlich war die Pflege der Mutter eine drückende Bindung gewesen, und mit ihrem Hinscheiden fühlte er sich freier.«

Diese drückende Bindung zur Mutter, die sich in Ramanas heiterer Erleichterung Luft macht, ist auf ganz andere Weise Grundlage eines in den 90er Jahren im Westen wieder populär werdenden Heilsweges: der Verehrung einer menschlichen Inkarnation der »Großen Mutter«.

6 Zimmer, Heinrich, Der Weg zum Selbst. Leben und Lehre des Shri Ramana Maharshi, München 1974, S. 49f.

4.5 Die göttliche Mutter

»Mutter kam zum Wohle der Menschheit auf die Welt.« (Amma)

Männlich inspirierte Befreiungswege wollen stets aus dem materiellen Gefängnis heraus ins Körperlose, Aufgelöste, Freie schweben. Zenmeister Bankei sprach vom Ungeborenen als dem Seinszustand der Freiheit. Es geht ihm dabei um diejenige Bewußtseinsenergie, die sich gar nicht erst in der Materie bindet, also immer schon frei ist.

Das Wort Materie weist bereits auf die Befreiungsrichtung hin. Materie kommt vom gleichen Wortstamm MA, wie Mater, Matrix usw. und bedeutet auch Mutter. Befreiung von der Materie kann also auch als Befreiung aus der Macht der Großen Mutter, der Erde und ihrer Lebenszyklen gedeutet werden. Bankeis »Ungeborenes« als Inbegriff der Freiheit spricht in diesem Sinne eine deutliche Sprache, mit der er in guter Zen-Tradition steht. Im Zen war es üblich, Sucher mit dem *Koan* (logisch unlösbares Rätsel) zu konfrontieren: »Zeig mir dein Gesicht bevor du geboren wurdest!« Geboren werden bedeutet in buddhistischer Sicht Gefangenschaft in der Materie, Bindung im Kreislauf von Tod und Wiedergeburt und damit Abhängigkeit von der Großen Mutter.

Nun ist es historisch betrachtet noch nicht allzu lange her, daß sich die Männer von der absoluten Macht des Matriarchats emanzipierten und schließlich das Pendel ins gegenteilige Extrem bewegten, um uns ihre gestrengen, lust- und sinnesfeindlichen Gottväter und ihre kämpferischen spirituellen Befreiungsdisziplinen zu bescheren. Erst wenige tausend Jahre herrscht das Patriarchat. Dem gegenüber stehen, je nach prähistorischer Einschätzung der Dinge, wenigstens einige hunderttausend Jahre Matriarchat.

Der in unserer Umgangssprache üblich gewordene spöttische Umgang mit der »Steinzeit« bezieht sich auf eine mutterrechtliche Phase unserer Geschichte. »Steinzeit« ist eine Art Schimpfwort geworden für technisch oder sozial veraltete Strukturen. Auch hierin wird deutlich, daß matriarchalische Strukturen im kollektiven Unbewußten aller Menschen tief verankert sind. In unserer Sprache sind sie ohnehin präsent und haben sich in Wörtern wie »beten« (die Am-beth, eine Muttergottheit, anrufen) sogar im Allerheiligsten der »Vaterunser«-Religion bewahrt. Die Amtskleidung unserer Priester und Richter, die heute noch über ihren Anzügen lange, weiblich anmutende Gewänder tragen, erinnert noch deutlicher daran, welches Geschlecht diese Positionen einmal bekleidete.

Männer und Frauen, die spirituelle Befreiung aus dem Gefängnis Materie suchen, identifizieren sich mit der männlich-geistigen Seite ihrer Psyche. Sie lebt in Bildern von Licht, Klarheit und Losgelöstheit, besitzt also eine Luft-Raum-Qualität. Luft, Licht und Feuer sind männliche Symbole, wie »die« Sonne, mit der sich manch großer König verglichen sehen wollte.

Bekanntlich kommt der Befreiung aus dem Rad von Geburt–Tod–Wiedergeburt, also aus dem Einflußbereich der Großen Mutter, eine Schlüsselrolle in östlichen Religionen zu. In der geistig-männlich geprägten Vorstellung des Ostens inkarniert sich eine freie spirituelle Energie oder Seele in die Materie und wird, wenn sie genug Bewußtsein entwickelt, nach unzähligen Wiedergeburten frei. Sie muß nun nie mehr zurück in die Materie und ist damit der Machtsphäre der Großen Mutter entkommen.

In der matriarchalen Vorstellung von Wiedergeburt gibt es dagegen keine Trennung von Stofflichem und Geistig-Seelischem und deshalb auch keine Erlösung aus der Materie. Die Kinder der Großen Mutter sind immer in ihr. Sie sind eins mit ihr. Im Tod verläßt nicht, wie in männlich-geistiger Sicht, die Seele den Körper. Vielmehr geht das Menschenkind ungeteilt zurück in den Mutterschoß der Großen Mutter Erde. Dieser Mutterschoß ist zugleich der individuelle Mutterschoß, durch den die Wiedergeburt in einer menschlichen Mutter geschieht. Denn alle Mütter sind die eine Große Mutter.

Aus diesem Grunde wurden in den matriarchalischen Kulturen unserer Vorfahren die Toten vielfach in embryonaler Stellung in eine symbolische Fruchtblase aus Stoff eingehüllt und begraben. Die Erde war die Mutter. Das Kind wurde der Mutter wiedergegeben. Die Materie selbst war die Große Göttin, die alles Leben gab und nahm. Wenn sie ein individuelles Leben nahm, so war dieser Tod nur ein Durchgangsstadium, das der Mensch in ihrem großen Schoß durchschlief, ebenso wie die Schwangerschaft in einer menschlichen Mutter.

In den männlich-geistig geprägten spirituellen Kulturen des Ostens ist es auch deshalb wichtig, die Toten möglichst rasch zu verbrennen, damit ihre Seelen nicht in der Illusion der körperlichen Erdverhaftung bleiben, sondern ihre wahre, unsterbliche und immaterielle Natur erkennen.

Die Kulturen der Großen Mutter sahen die Unsterblichkeit dagegen im ewigen Einssein des ganzen Menschen mit der Erde. Matriarchale Wiedergeburt ist so gesehen eine materielle Unsterblichkeit, in der das Leben nur die Formen wechselt.

Der Leben-Tod-Leben-Zyklus entspricht den Mondphasen. Der zunehmende Mond ist wie das neugeborene Kind – als schmale Mondsichel kommt es auf die Welt, wächst zur Vollmondgröße, schrumpft im Alter als abnehmender Mond wieder zurück und verschwindet schließlich ganz im Dunkeln, um bald wieder neu geboren zu werden.

»Der« Mond ist daher eines der Symbole für die Göttin und wurde in den Kultstätten unserer Vorfahren vielfach durch den Stier dargestellt. Seine beiden Hörner waren der zunehmende und der abnehmende Mond. Von den eiszeitlichen Stierdarstellungen, die Forscher in den Höhlenkunstwerken unserer Vorfahren fanden, bis zu den Abbildungen unblutiger Stierkämpfe der minoischen Kultur auf dem heutigen Kreta gibt es zahlreiche Hinweise auf diese Mond-Stier-Symbolik. Initiationsrituale beinhalteten in Mutter-Kulturen eine Geburtssymbolik, bei der man in dunklen Höhlen eingeschlossen war und durch enge Gänge wieder ins Licht kriechen mußte.

Erst die vorhistorische männliche Revolution brachte mit der Befreiung von weiblicher Herrschaft eine klare Trennung in weibliche Materie und männlichen Geist. Letzterer galt nicht nur als überlegen – er wurde auch mit »Himmel«, »Sonne«, »Licht«, »Heiliger Geist« und »Vater« gleichgesetzt. Er war das Höhere. Materie dagegen wurde zum Niedrigen, Dumpfen, Animalischen, das es nun zu überwinden, zu transzendieren galt. Sie war das Hindernis auf dem Weg zum Licht. Sie band die Gottsucher mit ihren Sinnen an der Erde fest.

»Unbewußtes Verlangen« und »fleischliche Sünde«

sind den Orthodoxen patriarchalischer Religion heute noch ein Dorn im Auge. Sie versuchen deshalb mit allen Kräften, der Einflußsphäre der Materie zu entkommen – wie ein Kind, das sich Mamas Zugriff entziehen will. Wenn das nicht funktionierte, griff man bekanntlich zu radikaleren »Lösungen«. Unzählige menschliche Repräsentantinnen dieser unbeherrschbaren weiblichen Energie wurden als Hexen gebrandmarkt, gefoltert und ermordet – in der naiven Hoffnung, mit ihrem Tod endlich aus dem Sündenpfuhl der Großen Göttin ins Reine Land des Vaters zu entkommen.

Wie verhält es sich nun mit den weiblichen Gurus, die bei vielen spirituellen Suchern im Westen als »Inkarnationen« der Großen Mutter populär sind? Stehen sie in der matriarchalischen Tradition? Sind sie deshalb so attraktiv, weil sie eine andere Art der Befreiung vorstellen als die männlich geprägten Ansätze von Zen, Yoga, Sufismus, Chassidismus?

Die Biographie einer modernen indischen Heiligen namens Mata Amritanandamayi, auch »Amma« (Mutter) genannt, liest sich wie andere klassische indische Erleuchtungsschicksale auch. Sie wird in bescheidenen Verhältnissen geboren, erlebt sich als fremd in ihrer Umgebung und hat eine natürliche Verbindung zu überpersönlichen Dimensionen. Durch ihre Familienmitglieder erfährt sie harte Diskriminierungen und körperlichen Mißbrauch, die in ihrer offiziellen Biographie allerdings verzeihend als liebevolle, wenn auch unbewußte Erleuchtungshilfen dargestellt werden.

Denn weil Familienmitglieder und Nachbarn sich anstrengten, dem Mädchen Sudhamani, so ihr Geburtsname, das Leben zur Hölle zu machen, erfährt sie früh und extrem die Leidhaftigkeit menschlichen Lebens. So sucht sie bereits als Kind konsequent in ihrer Verbindung zum Göttlichen einen Ausweg aus diesem Jammertal. Dabei geht sie wie die historischen Vorbilder Indiens den *Bhakti*-Weg der Hingabe. Objekte der Verehrung sind die hinduistischen Archetypen Krishna und die göttliche Mutter Devi.

Ihre zum Teil extremen Erfahrungen und Zustände befremden ihre Familienmitglieder, von denen manche sie für verrückt halten. In der Biographie werden diese Zustände, ganz in der Tradition indischer Heiligenlegenden, verklärt:

»*Plötzlich wandelte sich Sudhamanis Stimmung, und sie verfiel in Ekstase und benahm sich wie eine Rasende. Sie weinte, wälzte sich auf dem Boden umher und riß an ihren Kleidern. Im nächsten Augenblick brach sie in Gelächter aus. Die Familie beobachtete sie erstaunt und wußte nicht, wie sie sie wieder beruhigen sollte. In diesem Augenblick erschien eine große Schlange im Türeingang und kroch direkt auf Sudhamani zu. Schreckensstarr beobachtete die Familie, wie die Schlange mit der Zunge über das Gesicht des Mädchens fuhr. Das wirkte sofort beruhigend auf Sudhamani. Schon nach ein paar Minuten erlangte sie ihr Bewußtsein wieder, und die Schlange kroch davon. Es war, als habe sie gewußt, wie man Sudhamani wieder zum Bewußtsein erwecken könne.*«[7]

In Indien gibt es auch heute noch eine unvergleichliche Toleranz gegenüber außergewöhnlichen menschli-

7 »Mata Amritanandamayi, Mutter der unsterblichen Glückseligkeit, Interlaken 1993, S. 129; alle weiteren Zitate aus diesem Werk

chen Zuständen. Denn traditionell gelten dort bestimmte extreme Verhaltensweisen, die im Westen sicherlich zur Hospitalisierung führten, als Ausdruck göttlicher Energie.

Für Leser, die sich mit den Therapieformen der humanistischen Psychologie auskennen, ist Sudhamanis Verhalten ohnehin nichts Ungewöhnliches. Ähnliche Prozesse werden in bestimmten kathartischen Therapien absichtlich herbeigeführt, um frühe Traumata zu bearbeiten. An solchen mangelte es dem mißhandelten Mädchen gewiß nicht.

Ob das schöne Bild von der heilenden Schlange historische Tatsache oder Heiligenlegende ist, mag jeder für sich selbst entscheiden. Die Berührung durch die Schlange, die in vielen Kulturen für Initiation und Erneuerung steht, ist sicherlich eine treffende, symbolische Umschreibung eines Transformationsprozesses.

Sudhamanis spirituelle Entwicklung verläuft in ganz ähnlichen Stadien wie die ihres männlichen Vorläufers Ramana Maharshi (s. voriges Kapitel). Auch sie wendet sich ganz von der materiell-körperlichen Ebene ab. Während Ramana sich, wie beschrieben, von Ungeziefer zerfressen ließ, ist Sudhamani

»selbst zu so alltäglichen Verrichtungen wie Waschen und Zähneputzen ... nicht mehr in der Lage, da ihr Geist ständig in höheren Sphären schwebte. Wenn sie überhaupt aß, konnte es sein, daß sie ausgelaugte Teeblätter, Kuhmist, Glasscherben oder menschliche Ausscheidungen aß. Für sie gab es keinen Unterschied zwischen diesen widerwärtigen Dingen und köstlichem Essen.« (S. 137f.)

Sie sehnt sich so sehr nach Verschmelzung mit dem Göttlichen, daß *»jede Pore meines Körpers ... vor Ver-*

langen weit geöffnet (war). In jedem Atom meines Körpers hallte das heilige Mantra wieder ...« (S. 138)

Sushamani hat bald ein Erleuchtungserlebnis *»blendend wie eine Million Sonnen. Sudhamanis Herz wurde von einer Woge von Liebe und Glückseligkeit überflutet.«* (S. 138, 139)

Sie zieht sich nun noch mehr aus der menschlichen Umwelt zurück:

»In dieser Zeit entwickelte Sudhamani eine heftige Abneigung gegen alle weltliche Dinge. Sie grub tiefe Löcher, in denen sie sich verbarg, um der Welt der mannigfaltigen Erscheinungen und den Menschen zu entfliehen, die nur ihren sinnlichen Vergnügungen nachjagten.« (S. 140)

Später bilden sich die ersten Gruppen von Verehrern und Suchern um sie. Sie wollen Erlösung von Armut und Krankheit oder Befreiung durch spirituelle Erleuchtung. Solchermaßen auch sozial aufgewertet, ändert Sudhamani nun ihr Verhalten gegenüber ihren Peinigern:

»Wenn ihre Eltern oder ihr Bruder sie beschimpften und mißhandelten, hatte sie geschwiegen. Jetzt wurde sie wagemutiger, und auch ihr Gesichtsausdruck veränderte sich. Gab es mit ihren Eltern oder ihrem Bruder Auseinandersetzungen ... war sie nun furchtlos und unnachgiebig.« (S. 143)

Allmählich entsteht ein Ashram um »Amma« (Mutter) – wie sie nun genannt wird –, und zwar in ihrem Heimatdorf. Die feindlichen Dörfler müssen nun ehrerbietige Zeugen eines beeindruckenden Zustroms von Besuchern aus aller Welt werden. In ihrem Heimatland avanciert Amma zu einer geachteten religiösen Persönlichkeit, weiht Tempel und Krankenhäuser ein und betätigt sich karitativ.

Heute gibt es zwanzig Zentren, die Amma gewidmet sind. Sie erfährt eine internationale Anerkennung, als sie auf dem Weltkongreß der Religionen in Chicago 1992 die Präsidentin für den Hinduismus wird.

Mit Recht, denn ihre Lehre entspricht ganz der hinduistischen monastischen Tradition, die durch und durch patriarchalisch strukturiert ist. Sie ist der Guru und gibt rituellen *Darshan*, in dem sie jeden einzelnen Besucher empfängt und berührt. Ihre fortgeschrittenen Schülerinnen und Schüler legen das Keuschheitsgelübde ab und leben fortan als *Brahmacharyas*, als entsagende Mönche und Nonnen, im Ashram oder begleiten sie auf ihren Reisen.

Zentrales Motiv ist auch bei ihr die Ego-Zerstörung, ohne die es keine »wahre Liebe« geben kann. Und nur der Guru, bzw. seine weibliche Form, verfügt über direkten Gotteszugang. Auf ihn/sie sollte der Sucher deshalb ausschließlich hören:

»Kinder, die sogenannte innere Stimme, die wir hören, ist im allgemeinen Einbildung ... Daher sollten wir uns eine vollkommene Quelle zum Guru erwählen und dessen Anweisungen befolgen.« (S. 290)

Und weiter: *»... wer Glauben hat, stellt seinem Guru niemals eine einzige Frage. Was immer der Guru sagt, er gehorcht. Das ist der wahre Dienst, den man dem Guru schuldet.«* (S. 291 f.)

Der Zweck dieser völligen Selbstaufgabe und Hingabe an den Guru wird von Amma ganz im Sinne patriarchalisch-hinduistischer Weltsicht gedeutet:

»Was der Guru auch verlangt, gehorcht ihm voller Überzeugung. Der Schüler muß vor dem Guru wie ein Diener vor seinem Herrn sein. Gehorcht er seinem Herrn,

wird die Gnade des Gurus spontan bei ihm sein. Wenn der Guru die Unschuld des Schülers sieht, fließt sein Herz über …« (S. 292)

Wenn wir Leben und Lehre Ammas mit den zuvor dargestellten matriarchalischen, spirituellen Traditionen Europas und des vorderen Orients vergleichen, wird ihre patriarchalische Prägung unübersehbar.

Auch bei ihr finden wir die radikale Abwendung von der Materie, die es im spirituellen Befreiungsprozeß zu überwinden gilt. Die Erde ist hier keineswegs die matriarchale »Große Mutter«, sondern Hindernis auf dem Weg zum Göttlichen, das auch Amma im himmlischen Licht *»blendend wie eine Million Sonnen«*, also einem männlichen Erleuchtungssymbol, findet.

Zwar wird auch *Devi*, die Göttin, angebetet, doch ist diese, wie in Indien überall sichtbar, von den herrschenden Männergottheiten und ihren Priestern vereinnahmt worden. Folgerichtig ist es denn auch der wissende Guru-Patriarch, hier einmal in Frauengestalt erscheinend, dem die unwissenden Kinder Gehorsam schulden.

So wird verständlich, warum auch Anhänger einer »Göttlichen Mutter« ihre »sinnlichen Vergnügungen« in Keuschheit opfern müssen, wenn sie ihre Chance auf Erlösung aus dem Wiedergeburtskreislauf wahrnehmen möchten. Der innere Patriarch beschränkt seine Wohnung nicht auf männliche Körper. Er lebt in uns allen. Hier ist es eine spirituell bedeutsame Frau, die als Hüterin seiner Werte auftritt. Sie ist, wie manche ihrer meist indischen Berufskolleginnen auch, als Frau ein traditioneller, hinduistischer Guru. Das ist sicherlich insofern ein Fortschritt, als die Männerriege der Hindugurus durch diese Frauen farbiger und lebendiger wird.

Sie ist allerdings keine Vertreterin einer matriarchalischen Spiritualität, wie es ihr Titel suggeriert. Denn Erde und menschliche Wiedergeburt sind auch in ihrer Lehre das Gefängnis, aus dem Ammas Anhänger ins Ungeborene entkommen wollen.

4.6 Die Geschichte vom Wassermann

Ein Mann sitzt an einem klaren, sprudelnden Fluß, nahe der Quelle in den gelben Bergen. Leute kommen mit ihren Trinkbechern in der Hand auf der Suche nach Wasser zu ihm. Er verkauft ihnen Wasser, frisch aus dem Fluß geschöpft.

Sie sehen den Fluß und sehen ihn doch nicht. Natürlich könnten sie selbst soviel Wasser schöpfen wie sie wollten. Es ist mehr als genug für alle da. Doch sie fragen: »Wie?« »Wie soll ich schöpfen?« »Kann man das denn überhaupt?«

Und so schöpft unser Mann Wasser für sie. Manchen schenkt er es. Doch viele sind nur bereit es trinken, wenn es mindestens so teuer wie Champagner ist.

Die Leute beginnen ihn zu verehren, weil doch all das schöne Wasser von ihm kommt, nennen ihn den »Großen Wasserschöpfer« oder sprechen auch nur von »Ihm«. Und merkwürdig – je mehr Wasser sie von unserem Mann, von »Ihm«, bekommen, um so unmöglicher erscheint es ihnen, die eigene Hand in den Fluß einzutauchen.

Viele, viele Menschen haben sich inzwischen um unseren Wassermann versammelt, um die Kunst des Wasserschöpfens zu lernen. Eine Gemeinde entsteht. Verbunden durch ihren Durst und ihre Liebe und Dankbarkeit zum Wassermann, beginnen sie sich auch gegenseitig besser zu verstehen und zu lieben.

Allmählich entwickeln sie Vertrauen in die Gewißheit, Wasser zum Trinken zu haben, werden fröhlicher und zuversichtlicher als andere Menschen und lachen auch manchmal über deren durstgequälte Gesichter. Nicht böse ist ihr Lachen – sie lachen nur, weil es so absurd ist, Durst zu haben, wenn es doch den »Großen Wasserschöpfer« gibt.

Unserem Wassermann aber, den mittlerweile alle Welt als den »Großen Wasserschöpfer« kennt, gelingt es einfach nicht, die Leute zum Selberschöpfen zu bewegen. Wenn er sagt: »Seht mal, Leute, ihr braucht doch nur die Hand ins Wasser zu halten, zu schöpfen und zu trinken!« – lachen sie. Manche ungläubig, andere, erfahrenere Wassersucher still lächelnd und wissend.

»Es ist wirklich ganz einfach«, sagt der Wassermann, »hier, schaut doch nur!«

Doch ihr Lachen und Lächeln, ob verlegen, still wissend, ungläubig, staunend, begeistert oder auch höhnisch und bitter, ist lauter. Keiner hört, was er sagt.

Unser Wassermann versucht nun ein neues Mittel. Er packt einige seiner Leute und stößt sie kurzerhand in den Fluß, so daß sie untertauchen und Wasser schlucken müssen.

»Jetzt müßten sie doch eigentlich ...«, denkt er vergnügt.

Die Leute steigen wieder aus dem Fluß, schütteln das Wasser ab und legen sich zum Trocknen in die Sonne. Andere Wassersucher versammeln sich um die Durchnäßten, als sie mit geschlossenen Augen daliegen, und schauen sie erwartungsvoll an, falten ihre Hände. Ob die vielleicht …?

Doch wie erstaunlich! Sie öffnen ihre Augen wieder und sagen tiefbewegt: « Was für eine Erfahrung! Unser Großer Wasserschöpfer ist doch wirklich das größte Glück, das uns passieren konnte. Bei so einem Wasserschöpfer leben zu dürfen, einem, der bestimmt nur alle paar tausend Jahre geboren wird mit dieser Gabe, einen direkt unterzutauchen, unter Wasser! Wir müssen wirklich die auserwählten Menschen dieser Erde sein! «

Und sie reihen sich wieder, wie jeden Abend, jetzt aber mit speziellen goldenen Bechern, in die Schlange der Wassersuchenden ein, die von unserem Wassermann ihr täglich Wasser begehren.

Es ist natürlich schon längst ein genau ausgeklügeltes Ritual entstanden, wie man sich verhält und kleidet, wenn man dem » Großen Wasserschöpfer « begegnet. Auch gibt es verständlicherweise Privilegien für besonders inbrünstige Wassersucher und Sicherheitsvorkehrungen, die bei so vielen Menschen unerläßlich sind. Im Laufe der Jahre ist eine kleine Wasserstadt entstanden mit vielen Wasserwürstchenbuden, speziellen Wassertanzlokalen, jährlichen Wasserballspielen und dergleichen mehr. Auch gibt es ganz neue Wassertherapien und -kuren sowie Einführungskurse in den » Wasserismus «, die von erfahrenen Wassersuchern durchgeführt werden. Am beliebtesten sind Kurse bei solchen Wassersuchern, die selbst schon einmal ins Wasser gefallen, oder besser noch: gestoßen worden sind.

Doch leider gibt es auch hier, wie immer in diesem eigenartigen Leben der Menschen auf der Erde, Streitereien. Dabei geht es nicht etwa nur ums Wasser oder die

Nähe zum »Großen Wasserschöpfer«, sondern vor allem ums Prinzip.

Einige meinen nämlich, andere seien vom reinen Wasser abgekommen. Diese ihrerseits werfen den Gegenspielern Verwässerung vor, und so gibt es ständig etwas zu erleben.

Ganz besonders strittig ist das authentische Erlebnis der »Erfeuchtung«, welches allein unserem Wassermann und seinen historischen Vorläufern zugestanden wird. Es soll in bezug auf Wasser fast wie Ertrinken sein, munkelt man. Aber danach ist man nie mehr durstig und kann an andere Wassersucher Wasser ausschenken, wenn man möchte.

Nach einigen Jahren ist unser Wassermann es leid, den Leuten ständig zu zeigen, wie man Wasser schöpft. Was soll er denn noch versuchen? Sie kapieren es einfach nicht! Und so beginnt er Witze übers Wasserlassen zu reißen, fährt mit einem Rennboot auf dem Fluß herum und spritzt die Leute mit seiner neuen Wasserpistole naß. Alle haben viel Spaß. Wie alles anfing, damals am Fluß, ist längst vergessen, und über das große »Wassermannzeitalter«, in dem es nur noch feuchtfröhlich zugehen soll, macht man sich keine Sorgen mehr. Die kleine Wasserstadt in der Wüste reicht ja schließlich auch schon.

Doch wie das Leben so spielt, kommt es zu Verwicklungen und Streit mit der wasserarmen Umgebung. Fanatismus und Rechtgläubigkeit waren in der Wasserbewegung schon so weit gediehen, daß sie es mit den Nicht-Wasserianern, wie sie alle anderen Menschen nannten, schon längst aufnehmen konnten.

Es gibt ein großes Hin und Her mit Brunnenvergiftung, Schlammschlachten, wasserrechtlichen Verfahren und ähnlichem mehr, das dann zur Schließung der Wasserstadt und zur Vertreibung des Wassermanns führt.

Dabei sehen viele Wassersucher zum ersten Mal, daß ihr »Großer Wasserschöpfer« auch nur ein Mensch ist mit Fehlern und Schwächen, nur daß er eben Wasser schöpfen kann. Das hatte der auch nie bestritten, aber natürlich genoß er das Spiel! Und daß Wasserschöpfen aus einem überhaupt nichts Besonderes oder Anbetungswürdiges macht, sahen manche auch. Unser Wassermann hatte das allerdings stets selbst gesagt, sie hatten es nur nicht gehört.

Ihm war es längst gleichgültig geworden – schließlich war ja genug Wasser da, und kleinlich damit war er auch nie gewesen. Was sollte er schließlich tun?

Einfach sagen, wie es ist mit dem Wasserschöpfen? Das hatte er immer wieder getan. Niemand hörte es.

Die Sache geheimnisvoll machen, eine Wassersuchbewegung gründen, brachte auch keinen zum Selberschöpfen. Mit Tricks und Schocks, wie überraschenden eiskalten Wassergüssen und ähnlichem mehr, hatte er es auch oft probiert und damit nur den Glauben an den »Großen Wasserschöpfer« gefestigt.

Sogar mit seinem endgültigen Ertrinken hatte er wiederholt und fruchtlos gedroht. Es nützte alles nichts. Sie wollten ihr Wasser nur von ihm.

Also änderte er seinen Namen von »Großer Wasserschöpfer« in »Lieber Wasserfreund«, kehrte an seinen ursprünglichen Platz am Fluß zurück und begann seufzend damit, wieder täglich Wasser auszuschenken.

Das ganze Spiel begann wieder von vorn. Unser Wassermann änderte noch dies und jenes an der Zeremonie des Wasserschöpfens und wechselte auch noch einmal seinen Namen. Er nannte sich jetzt schlicht und einfach »Wasser«.

Schließlich aber stieg er in sein Boot, das immer am Fluß lag, und segelte einfach davon.

Die Wassersucher aber ließen sich selbst davon nicht entmutigen.

Sie installierten an der Stelle, wo unser Wassermann immer gesessen hatte, einen goldenen Wasserhahn. Vor dem sitzen sie nun täglich und hören andächtig das Wasser rauschen. Und abends treffen sich alle in wasserdichter Kleidung, um gemeinsam ganz laut »Wasser! Wasser! Wasser!« zu rufen. Im Anschluß daran schauen sie sich auf einer Videoaufzeichnung an, wie der Wassermann immer Wasser zu schöpfen pflegte.

Wenn man den Videofilm nur lange genug anschaut, sagen sie, ist es fast so gut wie Wassertrinken. Und wenn sie nicht verdurstet oder ertrunken sind, so tun sie das auch heute noch.

5. GÖTTIN SEHNSUCHT

Sagt es niemand, nur den Weisen,
Weil die Menge gleich verhöhnet.
Das Lebendige will ich preisen
Das nach Flammentod sich sehnet.
…
Und solang du das nicht hast,
Dieses: Stirb und werde!
Bist Du nur ein trüber Gast
Auf der dunklen Erde.

»Selige Sehnsucht« von Johann W. von Goethe

Sehnsucht ist wie ein Sog zu einem Ort der Erfüllung. Eine Art Heimweh ist sie nach einem wirklichen Zuhause, ein schmerzlich-süßes Verlangen nach dem, was uns fehlt. So ähnelt die Sehnsucht einem Vakuum, dessen Sog von außen nach innen zieht und zieht – bis es sich füllt. Es scheint nur einen Stoff zu geben, der dieses Vakuum füllen kann. Trotzdem kann sich die Sehnsucht auf vieles richten – auf einen geliebten Menschen oder auf ein Heimatland, auf die goldene Vergangenheit wie auf eine große Zukunft, auf seelische Zustände eben, in denen wir bekommen, was wir am meisten vermissen.

Sehnsüchte können zu vielen Verirrungen führen, Umwege nehmen und zu Süchten abdrehen. Als Sozialarbeiter habe ich mit Drogensüchtigen gearbeitet, als Managementtrainer mit Arbeitssüchtigen und Karrierebesessenen und als Psychotherapeut viele innere Gefängnisse kennengelernt. Nirgends aber habe ich einen Menschen getroffen, gleich wie verwirrt er oder sie gewesen sein mag, der nicht hinter allen Verstellungen, Mauern und Narben die eine, die große Sehnsucht verspürt hätte – die Sehnsucht nach Haus, zum Ursprung, zur Quelle allen Lebens. Jede Sehnsucht richtet sich letztlich auf Gott. Dort fließt das Wasser, das den Durst stillen und das brennende Sehnen löschen kann.

Wenn sie wirklich entfacht ist wie ein Waldbrand im Sturm, wandelt sich die Sehnsucht in ein rasendes Feuer. Christliche Nonnen brennen in ihr als Bräute Christi. Sadhus und Fakire foltern ihre eigenen Körper, um alle Wünsche, alle Gefühle und Gedanken abzutöten, bis auf sie, die eine Sehnsucht.

Für manche strömt sie in ekstatischer Lebendigkeit, andere zieht sie in den Rausch des Tötens und Getötetwerdens.

Die Veden besangen sie als Willen zum klaren Licht, und Novalis träumte von ihr als blauer Blume in einer Höhle tief unter Wasser.

So viele Formen, Farben, Stufen, Grade. Was ist dieser Sog? Was ist dieses Sehnen und Suchen?

Es ist ein Durst nach Leben, eine Suche nach Erfüllung und Gott, nach Liebe und Einheit. Die Sehnsucht brennt in unlöschbarem Feuer, brüllt lautlos in den Menschen, ob sie es wissen oder nicht, ob sie es verleugnen oder leben. Getrieben sind sie, gejagt, verfolgt, gehetzt, getragen, gehoben, geflogen von dieser unermeßlichen Energie. Alle wollen nur sie, suchen nur sie, schreien nach ihr, kämpfen für sie, leiden für sie. Die Eine. Die Große Geliebte und Göttin.

Sie kann Karriere heißen oder Heroin, Wissen oder Weigerung, Familienidylle oder Einsamkeit, Gottsuche oder Selbstzerstörung, Machtrausch oder Opferdasein. Wissend oder unwissend drehen wir uns in ihre Richtung wie Sonnenblumen zum Licht.

Wir spüren sie in elender Verzweiflung wie in religiöser Verzückung, als schwelgenden Genuß oder asketischen Verzicht, als Geilheit und als Gebet, als rasenden Rausch wie als bewegungslose Stille. Sie kann erschaffen und zerstören. Sie lebt als Mutter und Geliebte, als Heilige und als Hure, als Heilerin und Foltercharge, als gütige Weise und kalte Glitzer-Königin.

Sie ist die Eine.

Sie kann abgelehnt und verleugnet werden. Sie kann bekämpft, verneint und verurteilt werden. Sie kann eingegrenzt, eingespannt und neutralisiert werden.

Aber sie kann niemals getötet werden. Sie lebt in jedem Menschen, und sie überlebt jeden Menschen. Sie ist die Sehnsucht des Lebens nach sich selbst.

Sie fordert Hingabe. Sie will uns ganz. Sie verschlingt uns mit Haut und Haar, läßt nichts mehr übrig.

Wer sich auf sie einläßt, verbrennt. Wer sich von ihr fernhält, erfriert. Wer versucht, sie zu betrügen, den läßt sie verdursten. Wer versucht, sie zu besitzen, den läßt sie verhungern. Wer glaubt, sie zu beherrschen, den lacht sie aus. Wer versucht, ihr zu entkommen, dem tippt sie von hinten auf die Schulter.

5.1 Die heilige Schale

Die Kraft der Sehnsucht ist weiblich. Im Gegensatz zur männlichen Suche im Außen, lebt sie innen als weibliche, magnetische Energie. Während der spirituelle Held den Heiligen Gral in allen Winkeln der Welt sucht, um ihn zu finden, zu erobern und zu besitzen, birgt sie dieses Ziel bereits als Potential in sich. Sie muß den Gral nicht suchen: sie ist der Gral, die heilige Schale, die in der Mythologie das »Blut Christi«, das Elixir des Lebens, auffängt und bewahrt. Weil die Schale ein archetypisches Symbol des Weiblichen ist, kann die Suche nach dem Gral auch einen unbewußten Wunsch nach Vervollständigung des (männlich geprägten) Suchers durch seine weiblichen seelischen Anteile ausdrücken. Vielleicht spiegeln sich im funkelnden Gral auch Erinnerungen an die Macht der großen Göttin, die aus matriarchalischer Urgeschichte im kollektiven Unbewußten schlummern. Moderne Gralsforscher wie Lincoln, Baigent und Leigh[8] projizieren diese weibliche Gralssymbolik sogar auf eine historische Frau: Maria Magadalena selbst verkörpere den leibhaftigen Gral, denn sie trage das Blut Jesu in ganz konkretem Sinne in sich. Sie sei nämlich von ihm schwanger gewesen und nach seiner Kreuzigung nach Südfrankreich geflohen, um dort dessen »Blutlinie« fortzusetzen.

---

8 Siehe Literaturverzeichnis

Wie dem auch sei – der Gralsmythos ersehnt das seelisch Weibliche. Was die Göttin Sehnsucht träumt und anzieht, kann sich durch ihre Schwester, die Materie, manifestieren. »In deinen Hüften wiegen sich die Sterne der Welt«, sagt ein arabisches Sprichwort.

Sie ähnelt der Göttin Kali. Sie erschafft und sie zerstört. Magnetisch ist ihre Anziehung, weil sie in uns die Dinge, Menschen und Ergebnisse anzieht oder abstößt, die wir uns wünschen. So wie Eisenspäne von einem Magneten angezogen werden, so ziehen wir mit der Wunschkraft, der Energie unseres Verlangens, die Dinge der Welt an. Daß wir nicht immer bekommen, was wir wollen, liegt daran, daß die meisten unserer Wünsche unbewußt sind und wir deshalb unbewußt abstoßen, was wir bewußt wollen und umgekehrt.

Weil die Kraft des Wünschens magnetisch-weiblich ist, war sie traditionell diskreditiert. Pflicht, Gehorsam und Ehre nahmen den Platz ein, den sie heute wiedererobert. Insofern stehen wir an der Schwelle einer Renaissance weiblicher Macht im Außen. Nicht nur weil die Frauen auf dem Vormarsch in traditionelle männliche Domänen sind – diese weibliche Energie hat nicht notwendig etwas mit dem physischen Geschlecht zu tun. Manchen Feministinnen schaut der chauvinistische Macho aus allen Knopflöchern, ebenso wie manch starker Mann sein Anlehnungs- und Bewunderungsbedürfnis kaum verbergen kann. Vielmehr sind es seelische weibliche Eigenschaften, Werte und Bilder, die nun im Strom des Alltagsbewußtseins der Welt nach oben fließen. Ob patriarchalische Herrschaft und Gewalt schlicht in matriarchalische Unterdrückung und Manipulation umschlagen, liegt an uns.

Die weibliche Kraft des Wünschens harmoniert mit

der einer anderen femininen Qualität: der Phantasie, der Kraft des Träumens. Phantasie kann Visionen empfangen und in Bildern und Gefühlen wiedergeben. Visionen und Konzeptionen einer anderen Welt werden so empfangen und geboren. Der 68er Slogan »Phantasie an die Macht« spiegelte diese Energie bereits – allerdings in einer für sie ungeeigneten Form. Weibliche Energie stürmt keine Podien und schlägt nicht gegen Betonmauern. Weibliche Energie breitet sich aus. Im Gegensatz zu männlicher Energie, die fokussiert, bergauf strebt, begrenzt, formt und durchdringt, fließt weibliche Energie weich und nachgiebig bergab, wie das Wasser, in alle Täler, Mulden und Gräben, die offen sind, sickert durch den weichen Sand ein oder löst, gemeinsam mit einer weiteren Schwester, der Zeit, auch den härtesten Stein auf.

Ihre Strategie ist sanftes Sich-Ausbreiten, unmerkliches, beharrliches Einsickern der immer wiederholten gleichen Aussage oder Stimmung, die allmählich und lautlos vom Hintergrund in den Vordergrund rückt und Helden in Pantoffelhelden verwandelt.

5.2 Göttin undercover

Zeichen für die allmähliche Ausbreitung des Seelisch-Weiblichen ist die neuerdings vielbeschworene Kraft von Visionen gerade in der männlich dominierten Welt der Wirtschaft und Politik. Immer mehr seriöse Herren glauben nicht mehr an die männliche Magie der Zahlen. Sie geben sich lieber Bildern und Gefühlen einer inneren Wunschwelt von ewigem Wachstum hin, einer weiblichen Qualität, in die sie gemeinsam hineingleiten.

Auch der weite Markterfolg von Psychotechnologien wie NLP (Neurolinguistisches Programmieren), die mit der Kraft der Imagination, der Gefühle und der Sinne die Welt von innen verändern wollen, lebt von weiblicher Energie. Diese Produkte verkaufen sich deshalb besonders gut in der männlichen Welt des Wissens und der Macht, weil sie ihre weibliche Essenz in der männlichen Computersprache rationaler Technologie verbergen. So erlauben sie den Usern, nach innen und außen zu tarnen, worauf sie sich einlassen.

Die männliche Phantasie, alles im Griff und voll unter logischer Kontrolle zu haben, wird mit »Ultrakurzzeit-Techniken« genährt. Der Machbarkeitswahn entwurzelter Technokratie spiegelt sich in der NLP-Verheißung wieder, das drohende Irrationale, das Magische und Unergründliche endgültig zähmen, strukturieren und entschärfen zu können. In ihrer Phantasie werden Manager so zu Magiern und träumen, wie sie überlegen lächelnd sich und andere manipulieren – gekonnt, unbemerkt und integer durch einfache, saubere, ökologiegecheckte Knopfdruck-Strategien.

Blitzkriegartig siegt der NLP-Klient über Phobien, Versagensängste, Allergien und andere Boten aus beunruhigenden Tiefen. Wunderbar schnell ist alles wieder klar, »geswitcht«, »umgeankert« und »reframed« für den sorgenfreien, perfekt funktionierenden Alltag. Alle Flekken sind raus – dank der praktischen Superformel! Selbst Gott wird so zu einem »ressource-state«, den der zertifizierte Adept herstellt, aufruft und wieder abstellt, ganz nach Belieben. Kontrolle über Gott, der uralte Traum patriarchalischer Wissenschaft und Religion, scheint nun in Biedermanns und Biederfraus handgreifliche Nähe gerückt. Starke Teilpersönlichkeiten, Antreiber und Perfektionisten machen sich als innerer Mr. Fix-It die brillante Ideologie gern zu eigen und greifen begeistert nach ihren patenten Tools. Im Glanze ihres perfekten Psychomanagements gibt es nun keine Störungen mehr. Und sollte sich doch eine zaghaft-ängstliche Stimme melden, wird sie sicherlich bald sanft und gekonnt überzeugt.

Hier wird offensichtlich, welch herausragend-unsichtbare Rolle die Wunschkraft spielt. Das Offensichtliche aber ist eben meist am schwersten zu sehen.

Ohne den Wunsch zur Veränderung geht gar nichts. Klienten imaginativer Veränderungsverfahren in der Psychotherapie stellen sich ihre gewünschte Traumwelt farbig, plastisch und sinnlich vor. Wie in der TV-Produktwerbung werden Wünsche zu Bildern, Klängen, Empfindungen und Gefühlen, die sofort per Telefon geordert werden können.

Die Verneinung der einen, der tiefen Sehnsucht bleibt unbewußt und muß deshalb drastisch fühlbar in Erinnerung kommen. Kali, die Große Göttin, lächelt verführerisch von den Werbedisplays der Konsumtempel, schaut lieb und vertrauenerweckend aus den Programmheften der Therapieszene und grinst kalt aus den Katastrophenmeldungen der TV-News. »Ja«, flüstert sie, »du hast alles unter Kontrolle: Reichtum, Liebe und ewige Jugend. Alles gehört dir. Du bist das Maß aller Dinge.«

Die ganze Tiefe dieser göttlich-weiblichen Energie ist unerträglich bedrohlich. Sie trägt, liebt, erschafft, hilft mit Wärme und Trost – und sie sabotiert, verletzt, mordet und zerstört mit eiskalter Härte. Verständlich also, daß viele diese unbequeme, beängstigend dunkle Seite ausblenden möchten. Verständlich auch, daß manche mit dem Verkauf von rettenden Patent-Strohhalmen wenigstens sich selbst in Sicherheit bringen wollen vor der großen Flut.

Magnetische Energie will anziehen, zu sich ziehen und in sich aufnehmen. Sie will das Außen zum Innen machen, indem sie sich die Menschen und Dinge der Welt einverleibt. Dazu kreiert sie den magnetischen Sog des Wünschens, der die Konsumwelt des Westens (und nun auch großer Teile des Ostens) so kraftvoll durchströmt. »Du darfst! Du kannst es haben! Hol es dir!« flüstert sie sanft. Keine »Große Weigerung«, keine Kulturrevolution, kein real existierender Sozialismus hält ihrem stetigen, freundlichen Druck stand. Rebellen und Skeptikern bietet sie lächelnd ein Glas Champagner, einen Leasingvertrag und eine Einkommenserhöhung. Durch demokratische Toleranz läßt sich's sanft herrschen. Sozialpartner lernen so ganz von allein, vernünftig zu sein.

Im »Haben«, im »Sichholen«, »Sichhinzufügen« äußert sich der Wunsch nach Einheit mit dem Verlorenen. Wer nicht weiß, was verlorenging, sucht es zunächst auf der Körperebene. Einheit und Verschmelzung mit Produkten und Produktimages ist leicht erreichbar. Ich bin, wofür das Auto steht, ich habe verwirklicht, wonach das Parfum duftet, ich werde gesehen als das, was die Marke verkörpert, das ist mein Lifestyle, ich gehöre dazu, bin erkannt und anerkannt als einer, der es geschafft hat, der es kann, der es weiß, der es genießt und lebt.

Sind die Produkte der Konsumwelt das moderne »Opium fürs Volk«?

Drogen und Konsumrausch folgen tiefen Wünschen und Sehnsüchten, die im einzelnen Menschen Resonanz zu bestimmten Produkten, Produktimages und Drogen erzeugen. Schlank, braungebrannt und gutgelaunt tanzen junge Models im Bikini mit bodygestylten Dressmen im Boxershort am Karibikstrand und trinken chice alkoholische Drinks. Dazugehören kann nur, wer unter 25, reich und attraktiv ist. Wer vor dem Fernsehschirm zu der Einsicht gelangt, diese Kriterien nicht zu erfüllen, dem bleibt der chice Drink.

Im Rausch sind wir eins und allmächtig. Danach kommt die kühle Ernüchterung, der Rückfall ins Exil eines isolierten Ich und die Sehnsucht nach dem Ende der Trennung beginnt aufs neue. Nur durch dieses getrennte, abgekapselte Ich aber fühlen wir die Kraft des Wünschens und Sehnens: Zurück nach Haus! Zurück dahin, wo alles gut ist, wo wir herkommen und hingehören. Zurück in den Ursprung. Ins Eine. Wenn wir doch nur hätten, was uns noch fehlt, dann wären wir wunschlos glücklich: erfüllt und in Frieden mit uns und der Welt.

5.3 Erlösung durch die Liebe?

Die Wege der Sehnsucht führen durch das dunkle Tal der Trennung in den wunderbaren Garten der Liebe. Für die meisten Menschen blüht dieser Garten in einer geträumten oder gelebten Beziehung zwischen einem Mann und einer Frau.

In solch einer Beziehung wächst die innere Vollständigkeit, für die der blühende Garten steht, aus der Ergänzung meiner selbst durch die andere Hälfte. Der fabelhafte Igel ist kein männlicher Held und auch kein weiblicher Star, sondern ein Igelpaar. Igelfrau und Igelmann rufen abwechselnd ihr »Bin schon da!« und symbolisieren so die lächelnde Entspannung einer inneren Vollständigkeit durch geglückte äußere Beziehung.

Machen Liebesbeziehungen glücklich? Führen sie uns in den Garten unserer Sehnsucht? Paarbeziehungen im Alltag, auf der Straße, im Café, bei der Arbeit, zu Hause, selbst auf Urlaubsreisen vermitteln selten diesen Eindruck. Die statistische Realität der ständig steigenden Scheidungsraten scheint das zu bestätigen.

Traumpaare werden mittlerweile auch in den Medien häufiger demontiert als gefeiert, so als wollte sogar die Welt geschäftsmäßiger Illusionsfabrikation uns via Bildschirm oder Farbmagazin diese Botschaft geben: Es gibt keine glückliche Beziehung.

Eine kurze Phase rauschhafter Euphorie ist möglich – die Verliebtheit, der Honeymoon. Dann aber, so lernen wir aus Seifenopern und Magazinreportagen, setzt mit zunehmender Ernüchterung eben genau der graue Alltag ein, dem wir ursprünglich durch die Beziehung entkommen wollten. Die eben noch glücklich Verliebten sind wieder im Jammertal gelandet und haben nun dazu noch ihre Freiheit eingebüßt.

Neuere Forschungsergebnisse bestätigen, daß in der Tat im verliebten Zustand bestimmte körpereigene Euphorika ausgeschüttet werden, die sich wie ein Film vor Augen, Ohren und die übrigen Sinne der Verliebten legen. So erscheint der/die Geliebte als wunderbarer, gottähnlicher Mensch und das Zusammensein als energetisierender Jungbrunnen, als nie versiegender Quell des Glücks in einem Land des Lächelns. Manche Leute werden süchtig nach dieser Droge und verbringen ihr Leben mit immer neuen Partnern im ständig wiederholten Rausch der Verliebtheit. Wenn die körpereigene Drogenproduktion nach einem offenbar biologisch programmierten Zeitplan aussetzt, sind es oftmals eben die Eigenheiten oder körperlichen Merkmale des/der Geliebten, in die man so verliebt war, die nun störend wirken.

Psychologisch betrachtet entsteht der verliebte Zustand, wenn die Hauptselbste zweier Menschen sich so sicher miteinander fühlen, daß sie die Kontrolle zeitweise aufgeben. Innere Kritiker und Richter werden beurlaubt. Nun können die inneren Kinder erscheinen und ihre magischen und spielerischen Qualitäten entfalten. Das Leben wird zum Fest, man hat plötzlich Zeit für Kleinigkeiten, für »sinnlose« und »unwichtige« Dinge wie Spaziergänge und genießt bummelnd sich und den Partner.

Das Lachen kehrt in den Alltag ernster Zeitgenossen zurück, und steife Büromenschen können sich plötzlich tanzend, singend und springend über die kopfschüttelnde Aufmerksamkeit ihrer Umgebung hinwegsetzen. Spar- und Zukunftspläne werden über den Haufen geworfen, Bankkonten geplündert, und wir sehen bedächtige, lebensversicherte Rechner und Planer auf einmal ihr Geld mit vollen Händen ausgeben. Die graue Einheitstracht weicht fröhlichen, bunten Farbtönen, und kränkelnde Gesundheitsapostel kehren Müsli, Schlafkur und Kompostbeet den Rücken, um ihr neues, prickelndes Leben bedenkenlos und in vollen Zügen zu genießen.

Noch tiefere Wandlungen beginnen, wenn sich in einer neuen Liebesbeziehung auch das verletzliche innere Kind sicher fühlen kann. Es beginnt zu vertrauen und das Tor zur Seele so weit zu öffnen, daß der andere den seelischen »Fingerabdruck« erkennen kann. Mit seelischem Fingerabdruck ist die innere Qualität eines Menschen gemeint, die ihn oder sie einmalig, unverwechselbar macht und in

Übereinstimmung mit seinem inneren Weg ist. Wenn die seelischen Fingerabdrücke zweier Menschen sich entsprechen, gehen beide über die bloße Verliebtheit hinaus und entdecken ihre tieferen Gemeinsamkeiten und Gegensätze. Der beliebte Mythos der »Seelenpartnerschaft« hat hier seinen Ursprung.

Meine erste große Liebe war natürlich – wie es bei einem Mann kaum anders sein kann – meine Mutter. Sie war der Inbegriff alles Schönen und Guten, und ich kann sie noch heute, Jahre nach ihrem Tod, in den leuchtenden Farben sehen, in denen meine Kinderaugen sie wahrnahmen: eine goldene Göttin der Liebe.

Mit ihrer Kraft und Klarheit ermutigte sie mich, wenn ich von größeren Kindern angegriffen oder verspottet wurde. Das geschah hin und wieder, auch weil ich gern allein spielte oder stundenlang auf einem Baum hockte, in den Himmel starrte und in meiner Phantasie in ferne Welten reiste. Solche Vorlieben waren anscheinend nicht akzeptabel und irgendwie fast verdächtig. Mit der verordneten Fröhlichkeit an Kindergeburtstagen und anderen kollektiven Veranstaltungen konnte ich andererseits nicht viel anfangen. Waren sie anders als ich? War ich doch nicht einer von ihnen? Oft fühlte ich mich allein und fremd. In diesem Schmerz war meine Mutter für mich da, und mir war, als würde ich dieselbe Verletzung auch in ihr spüren. Sie wußte aus eigener schmerzlicher Kindheitserfahrung, wie wenig kindliche Offenheit und Empfindsamkeit geschätzt waren, und half mir, ein Gespür für Gefahren und Gewalt zu entwickeln.

Kritisch und kühl konnte sie sein, wenn sie merkte, daß ich mich zuwenig in die Welt jener Jahre hineinfügte. Sie forderte mich, provozierte mich und drängte mich vorwärts. Unnachgiebig und hart konnte sie auf Verpflichtungen und Aufgaben bestehen. Durch ihre kritischen und kühlen Anteile berührte sie mich auch sehr stark an empfindlichen, dünnhäutigen Stellen und gab mir so ihre Kraft.

Ganz nah kamen wir uns kurz vor ihrem Tod. Einige Jahre nachdem sie ihr Berufsleben beendet hatte, schien sie eine Entscheidung zu treffen.

Stiller wurde sie, einsilbiger, ging nicht mehr hinaus in die Welt. Ihre Aktivitäten verebbten, ihr Interesse am Außen ließ nach, und sie zog sich in sich selbst zurück. Klein und schmal saß sie nun da, ihre Zeitung auf den Knien oder das Strickzeug in der Hand und schaute vor sich hin ins Leere. Kochen und Putzen verloren an Bedeutung, und mir kam es so vor, als würde die Versorgerin, die praktische Frau in ihr sich zurückziehen, um einem weiteren Wesen Raum zu geben. Selbst ihrem geliebten Garten entzog sie sich und ersetzte die bunte Blumenpracht, auf die sie so stolz gewesen war, durch pflegeleichte Stauden.

Als wenn die Welt nebensächlicher würde, begann sie, Dinge zu vergessen. Ihr präziser, wacher Verstand schien sich aufzulösen.

Sie stand in ihrem vertrauten Laden beim Einkaufen und wußte nicht mehr, was sie kaufen wollte. Autofahren wurde ihr so lästig, daß sie schließlich den Wagen nicht mehr selbst steuerte, aus Angst, etwas falsch zu machen. Manchmal kannte sie den Weg nach Haus nicht mehr. Anfangs lachte sie noch tapfer darüber, doch ihre Stärke und Selbstsicherheit schmolzen dahin. Die praktische, geschickte und fähige Frau ging und machte einem verletzlichen inneren Wesen Platz. Sie litt sehr, als sie nicht mehr schreiben konnte. Ich habe heute noch Blätter, auf denen sie übte, ihren Namen zu schreiben. Kinderkrakelschrift mit ihrem Namen. Vorname und Familienname. Auf den letzten Blättern nur noch ihr Vorname. Dann unleserliche Buchstabengebilde.

Ihre Identität löste sich auf, und ihre Seele machte sich bereit für die große Reise. Meine Mutter wurde nun schwer krank und verlor in kurzer Zeit ihre Persönlichkeit. Ein Schub der Alzheimerschen Krankheit zerstörte ihr Gehirn. Sie war niemand mehr, und doch waren wir uns so völlig vertraut wie kaum je zuvor. Sie erkannte mich immer schon von weitem und mit geschlossenen Augen.

Als es schien, daß ihr die psychiatrische Anstalt nicht erspart bleiben konnte, fanden wir ein kleines, anthroposophisch orientiertes Pflegeheim. Es ging, mit Schwierigkeiten, aber es ging. Dann zerstörte sich ihr Körper, wie sich ihr Gehirn zerstört hatte. In wenigen Wochen magerte sie ab, hatte keine Energie mehr, ihr Körper verfiel, während sie noch lebte. Als sie starb, kam ihr starker Lebenswille noch einmal zurück, und sie kämpfte einen ganzen Morgen lang ihren aussichtslosen Kampf. Gegen Mittag starb sie.

Durch ihre Krankheit fühlte ich nicht nur ihren Schmerz in mir, sie schenkte mir auch einen tiefen Respekt vor dem einfachen Leben, wenn sie, befreit von jeglicher Erinnerung, ihre immergleichen Runden um den Teich drehte und mit den Vögeln sprach.

Meine zweite große Liebe traf ich mit sechzehn. Wir waren ungefähr gleichaltrig und ebenso ähnlich wie gegensätzlich. Als romantischer junger Rebell war ich völlig fasziniert von diesem unkomplizierten, lebensfrohen

Mädchen, das so pragmatisch und selbstbewußt war. Das Leben meinte es gut mit uns und ihre Eltern auch. Sie erlaubten uns, zusammenzusein und zusammenzuleben, wie wir wollten. In den 60er Jahren war das so unglaublich wie ein Märchen, geradezu revolutionär und eine unschätzbare Gelegenheit, genau wie die Pille, die erstmals frei verfügbar war. In unsere eigene Welt tauchten wir ein, einen geheimnisvollen Raum, der nur uns gehörte. Wir lebten in einer vollkommen symbiotischen Beziehung. Unsere inneren Kinder hatten sich gesucht und gefunden und liefen nun Hand in Hand durch die Welt. Mit unseren blonden Mähnen und Gammelklamotten sahen wir uns so ähnlich, daß uns viele für Geschwister hielten. Innerlich fühlten wir uns allerdings weniger als Zwillinge, eher schon wie Romeo und Julia im Happy-End.

Wir trampten durch Europa, schliefen in Parks, unter Brücken, in Kornfeldern, genossen unser Leben und ließen es uns gutgehen. Das Glück schien uns zu begleiten. Einmal, kurz vor Kopenhagen, hielt eine überlange, gepanzerte Chauffeurlimousine. Majestätisch glitten wir im verdunkelten Fond in die Innenstadt. Der alleinreisende Chauffeur machte sich einen Spaß daraus und fuhr spektakulär am Rathausplatz vor. Er öffnete den Schlag, zog die Mütze und ließ vor aller Augen ein leicht angeschmuddeltes Hippiepärchen aussteigen. Wir schliefen im Park. Ein Polizist weckte uns morgens um sieben und teilte uns mit, daß es verboten sei, im Stadtpark zu übernachten. Aber ab sieben Uhr sei es o.k., hier zu liegen, also sollten wir ruhig weiterschlafen. In Südfrankreich gab uns eine Zigeunerfamilie einen »Lift«. Sie waren sehr gastfreundliche Leute, luden uns an ihr Lagerfeuer ein, gaben uns zu essen und ließen uns in einem ihrer alten Straßenkreuzer übernachten. Nur, meinte der Papa, wie unser Vater uns erlauben könnte, allein zu reisen, das verstehe er nicht.

In London quetschten wir uns über Nacht in den geparkten Mini eines netten jungen Mannes, der uns so eine Übernachtungsmöglichkeit verschaffte. Morgens klopfte ein Polizist an die Scheibe. Wir glaubten, wir säßen nun in der Klemme und kurbelten betroffen die Scheibe herunter. Der Bobbie reichte eine Thermoskanne Tee herein und erkundigte sich höflich, ob wir Sahne zum Tee wünschten! Fasziniert genossen wir die kleinen Wunder eines Lebens auf Reise und wollten gar nicht mehr zurück nach Deutschland. Die Schule war ohnehin bedeutungslos. Wir bummelten durchs Leben.

Nach zweieinhalb Jahren änderte der Fluß unseres Lebens die Richtung, und sie spürte zuerst, daß es Zeit war, zu gehen. So ähnlich waren wir uns geworden, daß wir wie zwei gleiche Hälften nicht mehr zusammenpaßten. Die Kunst der Auseinandersetzung hatten wir noch nicht gelernt. Also mußten wir weiterziehen, um außen zu suchen, was uns fehlte. Als sie wirklich ging, war es unfaßbar. Wie ein Kind verleugnete ich einfach die Realität, die ich nicht erleben wollte. Wie konnte sie gehen? War sie nicht ein Teil von mir? Wie so oft, wenn der Lebensfluß seine nächste Biegung nahm, konnte ich keinen Fluß mehr sehen, nur das Ende eines Weges, einen kleinen Tod. Es war ein Gefühl von Zerrissenwerden, in dessen Schmerz ich feierlich eintauchte, wie ein japanischer Romantiker, der *Seppuku*, rituellen Selbstmord, begeht.

Dieser zweite Schnitt lag anders als dunkle, frühkindliche Trennungserlebnisse spürbar offen. Von meinem Schmerz ließ ich mich um diese Biegung des Flusses ziehen, und es dauert nicht lange, bis ich in kältere, rauhere Gewässer glitt.

Ein anderer Teil meiner selbst übernahm nun das Steuer. Dieser spirituelle Antreiber und Asket machte Schluß mit der romantischen Hippiezeit. Er begrub meine Empfindsamkeit und meine Sanftmut und schickte mich gezielt auf die Suche nach Auswegen. Er schärfte meinen Intellekt, disziplinierte mein Leben, führte Strohmatten und makrobiotische Diät ein und gab mir ständig neue Aufgaben, neue Bücher, neue Wanderungen auf.

Meine längste und tiefste Beziehung begann, als ich mich entschlossen hatte, alles hinter mir zu lassen und für immer nach Indien zu meinem damaligen spirituellen Lehrer Rajneesh zu gehen.

Kurz vor der Abreise verliebte ich mich und spürte erstmals wieder die gleiche Tiefe wie damals. In der sprichwörtlichen Blindheit unserer Liebe ahnten wir nicht einmal, daß es mein terminierter endgültiger Abschied aus der westlichen Welt war, der uns die Sicherheit für diese Tiefe gab. Denn weder sie noch ich wollten uns derzeit auf eine Beziehung einlassen. Doch dann war der Abschied wieder ein »Seppuku«.

In bewährter Weise tötete ich meine Empfindsamkeit erneut ab und begann im Ashram in Indien tagein, tagaus zu meditieren, um endlich jene losgelösten Höhen zu erreichen, in der man, wie Rajneesh, sicher sein konnte vor den Schmerzen dieser Welt. Als ich mich schon kurz vor dem Nirwana wähnte, tauchte meine Freundin in Indien auf.

Auch sie wurde bald Mitglied der internationalen Suchergemeinde, und in das klare, kühle Wasser meiner asketischen Suche mischte sich nun die warme Sinnlichkeit einer neuen Beziehung. Durch die gemeinsamen Erfahrungen in jener in sich geschlossenen Welt entstanden viele Verbindungen zwischen uns, die unsere persönlichen Lebenswege zusammenbrachten. Wir arbeiteten uns durch Schichten von Schmerz, kämpften miteinander, trennten uns viele Male, rauften uns wieder zusammen und gingen auch gemeinsam den Weg in eine tiefe innere Welt.

Die dunkleren psychischen Anteile tauchten allmählich auf. Ich sah die Zerstörerin in ihr, die Schlange, die dunkle Kraft, in der die Frau dem Mann immer überlegen war. Keine patriarchalische Herrschaftsform konnte daran jemals etwas ändern. Subtil ist ihre Macht. Unsichtbar und leise manipuliert sie den selbstgefälligen Herrscher, bewundert und belächelt mütterlich seine Sandkastenspiele, spinnt ihre Fäden, strickt ihre Netze. In unseren Auseinandersetzungen spürte ich, wie die vielgeschmähte männliche Gewalt auch eine Art blind verzweifelter Notwehr sein kann. Das vielleicht einzige Feld, in dem Männer den Frauen wirklich überlegen sind, ist ihre körperliche Kraft.

Trennung im Sex

Eine Urerfahrung von Getrenntheit liegt in der Gegensätzlichkeit der Geschlechter. Das Wort »Geschlecht« bedeutet ursprünglich eben »das Getrennte«. Die Geschlechtsorgane zeigen dabei genau die unterschiedlichen Wege an, in die ihre Besitzer gehen – Männer nach außen, Frauen nach innen.

Der geläufige männliche Weg führt nach draußen, um ein Ergebnis zu erzielen. Der Mann jagt den Hasen, sammelt Holz und brät ihn am Feuer, um seine Familie zu ernähren. Später geht es dann nicht mehr nur um den Braten, sondern um Reichtum, Ruhm, Macht, Ansehen – aber der Vorgang ist identisch. Jäger, Sammler, Fallensteller – das entspricht auch heute noch weitgehend der psychischen Situation des Männlichen.

Der weibliche Weg wendet sich nach innen, um ein Ergebnis zu bewirken. Sie träumt von ihrer Traumstadt, ihrem Traumgefährten oder Traumleben, bringt sich in den Gemütszustand, der diesem Traumbild entspricht, um dessen Verwirklichung von außen anzuziehen. Kein weißer Ritter kann dem Funkeln ihrer dunklen Augen widerstehen. Er muß sie einfach auf sein Pferd ziehen und in ihr Traumschloß entführen. Die magische Anziehungskraft des geträumten Bildes entspricht stark der psychischen Situation des Weiblichen.

Nun ist das Männliche nicht auf die Männer beschränkt und das Weibliche nicht auf die Frauen. In allen Menschen sind beide Qualitäten lebendig. Männer und Frauen unterscheiden sich durch unterschiedliche Prioritäten in ihren Energien und in ihrer körperlichen Struktur. Auch darin gibt uns die Natur, in weisem Zusammenwirken mit den Dynamiken unserer Familie und Sippe, offensichtlich eine großzügige Toleranz. So kommt es, daß jeder Männer kennt, die sich energetisch und emotional eher weiblich, und Frauen, die sich mehr männlich äußern.

Wer mit beiden Formen genügend experimentiert und gespielt hat, um ihre Schönheit, ihre Gefahren und ihre Grenzen zu erkennen, begibt sich meist auf die Suche nach sich selbst, nach dem wahren Selbst, dem Heiligen Gral, dem goldenen Vlies, der blauen Blume, geht ins Kloster oder allein auf einen Berg, zu einem Guru oder in therapeutische Selbsterfahrung.

Wenn die Schönheit, die Gefahren und die Grenzen dieser Reise ebenfalls deutlich werden, nähern wir uns der dritten Weise, etwas in der Welt zu bewirken. Sie wird möglich, wenn die Realitäten von »Ich« und »Um-Zu« schwächer werden, fadenscheiniger, so daß die Illusion durchscheint.

»Um-zu«, der Hasenweg, entspricht dem Überlebensprogramm. Männer und Frauen mobilisieren alle Energien, kämpfen, stellen sich tot, klimpern mit den Wimpern, rasen vor Wut, sind witzig, charmant und gebildet, **um zu** bekommen, was laut Bioprogramm fehlt: Futter, Schutz, Sex, Zugehörigkeit zur Gruppe und dergleichen mehr. Männliche und weibliche Vorgehensweisen unterscheiden sich hier nur in der Form, nicht qualitativ – weshalb Rettungsphantasien, die wir auf den männlichen Helden oder die liebende Urmutter projizieren, nur beschränkt wirken.

Der dritte Weg ist weder männlich noch weiblich. Er kennt weder »Ich« noch »Um-zu«. Ego und Überlebensprogramm sind an die »Getrennten«, die Geschlechter also, gebunden. Das einzig Getrennte in der Existenz aber ist eben das Ich, das sich sein Teil denkt. Ohne Trennung gibt es kein »Ich«. Ohne Ego gibt es kein »Um-zu«. Menschliche Sexualität heute ist in den meisten ihrer Formen »Um-zu« par excellence. Unter ihrer Herrschaft werden alle Dinge reduziert auf »das Eine«. Es ist wie in jenem bekannten Witz, wo der Psychiater seinem Patienten Bilder zeigt von Häusern, Bäumen, Landschaften usw. und bei jedem Bild fragt, was ihm dazu einfiele. Der Patient sagt immer »Sex: Was sonst?«, bis der Psychiater ihn erbost anfährt: »Haben Sie denn nichts als Sex im Kopf?« Worauf der Patient ganz entgeistert antwortet: »Wieso ich? Wer zeigt mir denn all diese Schweinereien?«

Das Eine versteckt sich in allem. In allem ist das Abbild des Einen. Die Teilung in Ich und Nicht-Ich ist also in diesem Sinne Sex-Trennung. Nur so kann die Spannung entstehen, die zwei Teilen des Ganzen ermöglicht, sich als verschieden, getrennt und anziehend/abstoßend zu erleben. Ohne Anziehen/Abstoßen kein Spiel. Das Spiel besteht im Anderssein, Anderssein-Wollen, Ich-sein-Wollen und Gewinnen/Verlieren-Wollen. Verlieren wollen heißt sterben wollen, aufgeben, verschmelzen. Die meisten Verlierer wollen verlieren, um zu gewinnen. Es ist nur ein Trick und ziemlich plump. Gewinnen wollen heißt überleben wollen. Ganz unbedarft und ziemlich schlicht. Das Überlebensprogramm »Um-zu« sagt: Entweder der Tiger oder ich, entweder mein Stamm oder ihr Stamm, entweder unser Land oder ihr Land.

Es ist wie beim Tennis. Wenn beide Spieler sich eins und einig fühlen, gibt es keinen Davis Cup. Ein völlig neues Spiel entstünde: das androgyne Spiel.

Im Urbild vom Hermaphroditen, vom androgynen Menschen, der beide Geschlechter in sich vereinigt, liegt der Traum vom Menschen ohne Ego und ohne Überlebens-Angst. Denn nicht die Lebensenergie, die sich sexuell ausdrückt, trennt Menschen voneinander – sie trennt ja auch keine Tiere voneinander. Tiere spielen gesichert und gesteuert vom Instinkt die Trennung Sex alle Jahre wieder für eine biologisch vorgewählte Zeit. Dann ist sie wieder vergessen. Es ist die Identifikation einer als Ego herrschenden Teilpersönlichkeit mit dem Konzept »Mann« oder »Frau«, die eine dauernde Trennung bewirkt. Woraus sich die herrlich-dämliche psychologische

Binsenwahrheit bestätigt, daß Sex zu 90 % im Kopf stattfindet.

Mit einem androgynen Weg ist nun nicht notwendigerweise die Entkörperung der Menschheit oder körperliche Geschlechtslosigkeit gemeint, obschon beide Möglichkeiten uns wohl offenstehen. Androgyne und Hermaphroditen sind vielmehr Bilder für die Vereinigung von Gegensätzen, für das Ende der Trennung zwischen mir und dem Rest der Welt.

Anders ausgedrückt – es geht um die Fähigkeit zwischen den Gegensätzen, zwischen den getrennten, verschiedenen psychischen Anteilen zu stehen, in der Mitte zu sein, als ein bewußteres Ich. Dieser Begriff eines bewußten Ego ist paradox, bedeutet doch Ego gerade die unbewußte Identifikation mit einem Teil des Ganzen. Dazu mehr in Kapitel »Das bewußte Ich«.

Liebe – aus zwei mach eins

Eine Liebe ohne Trennung können wir immer erfahren: die Liebe zu Gott, die ungeteilt bleibt, auch wenn wir ihn Existenz oder sie Göttin nennen.

In meinem eigenen Leben fing diese Liebe früh an.

Von meinen Eltern nicht religiös erzogen, ging ich als Kind von mir aus in eine Baptistengemeinde, weil der Vater eines Freundes dort predigte. Bei den Gesängen tauchte sie manchmal auf, diese leuchtende Weite der bedingungslosen Liebe. Dann gab es Kleingruppenarbeit – damals schon. Für 15 Kinder war jeweils ein Gruppenleiter da. Unsere Gruppenleiterin erzählte uns einfache Geschichten von Jesus, die mich in seine Welt transportierten. In meiner Phantasie lebte ich in Palästina, sah, hörte und fühlte Jesus, war ergriffen von seiner

Schwingung, fühlte mich getragen von seiner Liebe. Gott wurde zu einer konkreten, spürbaren Realität. Ich konnte mit ihm sprechen und ihn hören.

Diese Liebesbeziehung blieb, auch wenn sie ihre Formen im Laufe der Zeit wandelte. Wenn ich krank war, war es mir bisher immer möglich, mich mit einer heilenden Energie zu verbinden, die ich als göttlich erlebe. Neben den harmloseren Krankheiten, in denen ich so eine Wende oder Heilung erfuhr, gab es auch einige spektakuläre Ereignisse. In diesen Situationen fühlte ich mich dem Sterben sehr nah und konnte spüren, daß es eine Wahl gab: Panik oder Vertrauen. Im Vertrauen geschah jedesmal eine energetische Umwandlung und Heilung. Auch bei Krankheiten von anderen Menschen spürte ich diese Qualität. So war es mir manchmal möglich, eine heilende Energie zwischen einem anderen und mir fließen zu lassen. Ich konnte plötzlich dessen physische und psychische Situation völlig klar sehen, und meine Hände bewegten sich im Einklang mit einem Energiestrom, der durch mich in den anderen floß.

Liebe bedeutet einen Raum, in dem zwei eins werden. Dieser Zustand des Einsseins ist nicht Liebe für einen bestimmten Menschen, sondern ein Raum der Liebe, der alles einschließt. Was ein anderer erlebt, geschieht auch in mir.

Kinder weinen sofort mit, wenn ihr Spielkamerad sich schmerzhaft verletzt. Auch deshalb hat Jesus vielleicht so schön von den Kindern gesprochen, denen das Himmelreich stets offen ist, jener Ort, an dem das Innere zum Äußeren und das Äußere zum Inneren wird. Die Buddhisten nennen diesen wunderbaren Zustand ganz bescheiden *Karuna*, Mitgefühl, und buddhistische Mönche geloben in ihrem *Bodhisattva*-Gelübde, nicht ins *Nirwana* zu verschwinden, bevor alle fühlenden Wesen erlöst sind. Alle fühlenden Wesen!

Billionen von Menschen und Tieren, vielleicht auch Pflanzen und andere Wesen. Das *Bodhisattva*-Gelübde bedeutet somit praktisch den Verzicht auf eigene, individuelle Erlösung und das uneingeschränkte Ja zum endlosen Dienst für andere, die ihn hier brauchen. Keine Belohnung im himmlischen Paradies, wie sie die naiveren Religionen versprechen. Nur dies hier, jetzt, immer. Keine Ideologie, kein noch so starkes »Um-zu« kann das bejahen.

Kann tiefe, bedingungslose Liebe diese ziellose Kraft geben? Nur sie »trägt alles« und »duldet alles« (1. Kor. 13, 7) und »sie höret nimmer auf«.

Ist Liebe die eine Kraft, die uns gibt, was uns fehlt? Dreht sich der Kreislauf der Suche nur um sie? Was ein Mensch auch in und außer sich suchen und finden mag, »... und hätte er der Liebe nicht ...«, was hätte er gefunden?

Shakti sucht Shiva und umgekehrt: Gott sucht Göttin. Einer löst sich vom anderen ab, um die Liebe im Ungeteilten durch den Schmerz der Trennung mehr zu fühlen. Denn der verlorene Sohn ist der Liebste, der Geliebte. Wiedervereinigung ist so dramatisch, ekstatisch und strahlend, Einssein dagegen unscheinbar.

Ist Liebe der Klebstoff, der die Welt zusammenhält? Trennung jedenfalls ist nur Dehnung in der Einheit – aber Stretching tut so weh und so gut. Darum hat das Leben Sehnsucht nach sich selbst.

6. DER MYTHOS DER MEISTERSCHAFT

Solange Menschen sich Bilder machen von sich selbst und der Welt, gibt es das Urbild des Meisters. Es ist das Wunschbild eines perfekten Menschen, der alle Herausforderungen angenommen und gemeistert hat. Der Meister ist frei von den Sehnsüchten und Irrwegen der Menschen, weil er nichts anderes will, als was schon ist. Folglich steht er über den Dingen und kann mit ruhiger, heiterer Gelassenheit leben und sterben. Er hält den Schlüssel zum Geheimnis des Lebens in der Hand. Seine Weisheit kommt aus eigener Erfahrung, denn er hat alles erlebt, durchlitten und verarbeitet, was die Menschen quält, erschreckt und ängstigt. Er ist *Trismegistos*, der dreimal große Weise. Symbolisch steht der Meister für den Wunsch nach Erlösung vom Leiden, für die Sehnsucht nach Heimat auf der Erde.

Was den Meister für gewöhnliche Sterbliche so attraktiv macht, ist vor allem der Mythos seiner Unverletzbarkeit. Er scheint unberührt von Erfahrungen, die für viele Menschen eine Horrorvorstellung wären: Armut,

Krankheit, Schmerz und Tod sind ihm pure Einbildung. Ein östliches Bild zeichnet ihn in dieser Welt »wie eine Lotusblüte auf dem Teich«: Emporgewachsen aus dem irdischen Morast, ist sie nun ganz rein und unberührt von den Strudeln, Untiefen und Sümpfen des Lebenswassers. Auch Jesus wird in christlichen Gottesdiensten immer wieder gern zitiert mit seinem Meisterschaftsanspruch: *»In der Welt habt ihr Angst, aber seid getrost, denn ich habe die Welt überwunden.«*

In der mystischen jüdischen Tradition der Chassidim gibt es die Geschichte vom Rabbi Schlomo, der es schmunzelnd dem christlichen Messias gleichtut:

Rabbi Schlomo reiste einmal mit einem seiner Schüler. Unterwegs verweilten sie ein weniges in einem Wirtshaus, setzten sich an einen Tisch, und der Rabbi hieß Met wärmen; denn er trank gern warmen Met. Währenddessen traten einige Soldaten ein, und da sie Juden am Tisch sitzen sahen, schrien sie sie an, sie sollten sogleich aufstehn. »Ist der Met schon gewärmt worden?« fragte der Rabbi zum Ausschank hinüber. Ergrimmt hieben jene auf den Tisch und brüllten: »Fort mit Euch oder …!« »Ist er noch nicht warm?!« sagte der Rabbi. Der Führer der Soldaten zog ein Schwert aus der Scheide und legte es ihm an den Hals. »Allzu heiß darf er nämlich nicht werden«, sagte Rabbi Schlomo. Da zogen sie ab.[9]

Im japanischen Zen ist diese Unverletzlichkeit des Meisters in ähnlichen Anekdoten veranschaulicht worden. Hier eine von vielen:

»Im feudalen Japan wird ein Dorf von Banditen überfallen. Alle Häuser brennen, die Dorfbewohner sind er-

9 Martin Buber, Erzählungen der Chassidim, Zürich 1949, S. 426

mordet oder auf der Flucht. In die letzte brennende Hütte stürmt ein Bandit, um zu sehen, was noch zu holen ist. Er hält an und sieht dort in der Mitte der Hütte einen kleinen Zen-Mönch ganz friedlich auf dem Boden sitzen. Er hebt sein Schwert und brüllt. Der Mönch nimmt keine Notiz von ihm. Etwas irritiert, herrscht der Bandit ihn an: »Mönch, siehst du nicht, daß hier jemand vor dir steht, der dich ohne mit der Wimper zu zucken in zwei Hälften teilen kann?« Der Mönch schaut ihn ruhig an und antwortet: »Und siehst du nicht, daß hier jemand vor dir sitzt, der ohne mit der Wimper zu zucken in zwei Hälften geteilt werden kann?«

Dieser Zen-Mönch illustriert die Haltung des Weltenüberwinders, für den Leben und Tod nicht mehr getrennt sind. Sterben ist für ihn wie essen, trinken und schlafen. Weil er die Illusion irdischen Lebens durchschaut hat, ist er nun ganz in der jenseitigen Realität verankert, im formlosen Raum, der als Heimat der Buddhas gilt. Er lebt in der Leere, die im Zen durch den Kreis oder die Null symbolisiert wird.

6.1 Null und Eins

In der Sprache des Zen bezeichnet die Null den formlosen, leeren Raum und die Eins die begrenzte menschliche Persönlichkeit. Beide sind wichtig, beide zusammen bilden eine Einheit. Wer sich nur der Null, der Leere also, verschreibt, verfehlt das Ziel, wer sich auf seine Eins beschränkt, hat sich noch nicht auf die Suche begeben.

In der klassischen Zen-Bildergeschichte vom Ochsen und seinem Hirten geht es um die Suche nach der wahren

Natur (dem Ochsen), um die Entwicklung von Fokus und Entschlossenheit (Zähmung des Ochsen), die Erkenntnis der Formlosigkeit (der leere Kreis, die Nichtexistenz von Ochs und Hirte) und die Integration von Leere und Person, Null und Eins. Im zehnten und letzten Bild kehrt der Sucher, nachdem er gefunden hat, schließlich zurück in die Welt. Auf dem Ochsen reitend, ein Glas Wein in der Hand betritt er den Marktplatz:

»Mit entblößter Brust und nackten Füßen
kommt er herein auf den Markt.
Das Gesicht mit Erde beschmiert, der Kopf
mit Asche über und über bestreut.
Seine Wangen überströmt von mächtigem Lachen.
Ohne Geheimnis und Wunder zu mühen,
läßt er jäh die dürren Bäume erblühen.«

So kehrt Buddha zurück in die Welt, aus der er geflohen war, um sich selbst zu finden. Verstrickt in den Schleiern der *Maya*, gebunden ans Rad der Scheinwelt *Samsara,* litt er die irdischen Leiden und spürte in sich die Sehnsucht nach Heimat, nach der wahren Natur. Sein Weg dorthin ist die Verneinung des Weltlichen, der achtsame Abstand zu den eigenen Wünschen und sinnlichen Impulsen, die Askese und Konzentration aufs Wesentliche: *Neti, Neti,* weder dies noch jenes, bestimmt die Praxis seiner Meditation. Er wird zum reinen Beobachter, schaut den Bewegungen des Schleiers der *Maya* unbeteiligt zu, läßt sich nicht mehr mitreißen von den Drehungen des Rades der Welt. Entspannt und wachsam, absichtslos und fokussiert, bleibt er Zeuge, sitzt neben dem Strom der Erscheinungen und Gedanken, ohne sich einzumischen.

Nach vielen Jahren unbeirrter Praxis, nach harter Arbeit, Entbehrung und Mühe, nach zahllosen Euphorien und Enttäuschungen, eröffnet sich ihm plötzlich die Einsicht in das *Tathata*, das Sosein der Dinge. Er findet sich nun zu Hause, in dem Seinszustand, um den er so hart gekämpft hatte, und entdeckt, daß dieser immer schon da war. All die Mühe war nutzlos – aber ohne sie hätte er das nicht entdecken können. *»Alle Wesen sind von Anfang an Buddhas!«* Dieser Satz aus Gautama Buddhas Diamant-Sutra drückt die Einfachheit und Nähe seiner Erkenntnis aus. Und am Ende des langen Weges seines Lebens steht Gautamas letzter Ausspruch:

»Erarbeite dir deinen eigenen Ausweg mit Fleiß. Sei dir selbst ein Licht.«

Der Legende nach trifft Gautama Buddha auf einer seiner Reisen seine Frau Yasodhara, die er als junger König verlassen hatte, um den Ausweg aus dem Leben der Vergänglichkeit und des Leids zu suchen. Bezeichnenderweise war er nachts geflohen, als er von der Geburt ihres gemeinsamen Sohnes erfahren hatte.

Er befürchtete, in der Vater-Mutter-Sohn-Bindung so gefangen zu sein, daß er die Kraft für seine große Suche nicht mehr aufbringen könnte. Also verleugnete er diesen Teil seiner selbst durch äußere Flucht – ein bekanntermaßen häufiges männliches Verhaltensmuster. Viele Jahre später nun begegnet Gautama der Yasodhara in seinem neuen Selbst als erleuchteter Lehrer. Sie fragt ihn: »Warum bist du bei Nacht und Nebel gegangen? Warum mußtest du vor mir fliehen? Konntest du diese Entdekkung nicht mit mir zusammen machen?« Und er antwortet:« Ja, heute könnte ich das, aber damals wußte ich das noch nicht.« Er war damals noch nicht fähig, seine verschiedenen Selbste zu integrieren: den Sucher mit dem Vater, den Sehnsüchtigen mit dem Ehemann, den Asketen mit dem König. Tausend Jahre später ist Buddha bereit, zurückzukehren und mitzuspielen im Spiel des Lebens. Im zehnten Bild der Zen-Geschichte sitzt er fest verankert auf dem Ochsen, ein Glas Wein in der Hand, und strahlt die Menschen auf dem Marktplatz an. Er hat die Gegensätze angenommen und ist nicht länger auf den Rückzug in Einsamkeit oder Kloster angewiesen.

»Seine Wangen überströmt von mächtigem Lachen.
Ohne Geheimnis und Wunder zu mühen,
läßt er jäh die dürren Bäume erblühen.«

Allein durch seine Präsenz, durch seine Ausstrahlung von Freiheit, Frieden und Heiterkeit steckt er die leidenden Menschen, die »dürren Bäume« an und bringt sie zum Erblühen.

Traditionell wird er nun zum Meister und *Bodhisattva*, gründet eine Zenschule und lehrt seinen Weg in den Raum der entspannten Leere. Oder aber er zieht als wandernder Heiliger durchs Land, wie der lachende Hotei, dessen Lehre darin bestand, in jeder Stadt, durch die er kam, auf dem Marktplatz zu stehen und so lange laut zu lachen, bis sich eine Menge bildete, die angesteckt von seiner Heiterkeit ebenfalls lachte und lachte. Dann zog er weiter.

Das sind die beiden klassischen Rollen für Buddhas. Die Möglichkeit wirklicher Rückkehr in die Welt wird nur vage angedeutet. Wie könnte diese Rückkehr heute konkret aussehen? Wie wird der Ochsenhirte bestehen können in der Welt der *maya*? Kann er seinen Wein trinken, seinen Laden auf dem Marktplatz öffnen und trotzdem nüchtern bleiben? Kann er »in der Welt« sein, ohne »von der Welt« zu sein?

Hier endet die alte Geschichte. Es wird Zeit für ein elftes Bild.

6.2 Das elfte Bild

Der Buddha hat seine ockerfarbene Robe ausgezogen und gegen die unauffällige Alltagskleidung der Menschen seiner Zeit eingetauscht. Als er zu seiner Frau Yasodhara, zu seinem Palast und seiner Familie zurückkehrt, ist er niemand Besonderes mehr. Die Überlegenheit und unverletzliche Ferne, die ihm sein innerlicher Raum des reinen Seins garantiert hat, läßt er zurück und betritt das Haus seiner Herkunft als ein Mensch mit Gefühlen, Gedanken, Eigenarten und Befürchtungen. Damit gibt Buddha die neugewonnene Sicherheit wieder auf, steigt herab vom Thron des Meisters und wendet sich seinen verletzlichen Seiten zu, den Anteilen seiner selbst, von deren Griff er sich eben befreit hatte. Nun macht er sich daran, ihre Gefahren und Verlockungen bewußt aufzusuchen, um sich selbst zu vervollständigen.

Er lebte die Null, handelte aus der Leere und konnte aus jeder Identifikation, aus jeder Konfliktmöglichkeit immer in einen überpersönlichen Zustand entkommen, in welchem er alles aus *Tathata*, dem Sosein, wahrnahm. Genau darin erkennt er nun seine neue Begrenzung. Er nannte die Leere wirklich und die Welt einen Traum und kreierte so eine neue Dualität: die Teilung des Ganzen in Wahrheit und Illusion. Das zehnte Bild deutet bereits die

Erkenntnis an, daß Illusion und Wahrheit eins sind, und manch buddhistischer Lehrer hat es entsprechend formuliert: *Samsara* (die Scheinwelt) ist das *Nirwana* (das große Nichts).

Samadhi (vollständige Verschmelzung mit dem formlosen Göttlichen) ist keine Lebensgrundlage. Im *Samadhi* ist ein Mensch handlungsunfähig. Wer behauptet, aus dem Zustand von *Samadhi* ein gewöhnliches Alltagsleben führen zu können, weiß entweder nicht, wovon er spricht, oder meint das ganz normale Leben eines behüteten, weltentrückten Gurus oder Asketen. Nur in solcher Rolle kann ein Mensch in der Welt ausschließlich seinen inneren Buddha leben.

Zwar sind wir stets verbunden mit dem formlosen Ursprung allen Lebens, der Buddhanatur. Aber die Eins, die Persönlichkeit, besteht weiter. Wohin soll sie gehen? Wohin soll sie sich auflösen? Wo soll die angebliche Leiche entsorgt werden? Es gibt keinen anderen Ort als das Hier! Die ungeliebten Persönlichkeitsanteile bleiben vollständig erhalten. Sie werden nur überstrahlt vom Licht des unpersönlichen Buddha.

Der elfte Schritt besteht in Buddhas Bereitschaft, seine Einsicht in das gewöhnliche, alltägliche Leben eines Weltmenschen zu bringen. Mit aller Kraft war er dem Rad der Welt entkommen, um nun freiwillig und bewußt wieder mitzuspielen. In diesem nächsten Schritt integriert er das reine Weiß der inneren Leere mit dem vollen Spektrum seiner menschlichen Farbpalette. So versöhnt er sich wieder mit all seinen Farben, so würdigt er jeden einzelnen Aspekt seines menschlichen und göttlichen Wesens, die erst zusammen jenes leuchtende Weiß ergeben.

Leicht übersieht man die eigenen roten, blauen und

grünen Farbtöne, wenn der Blick aufs strahlendweiße Licht der großen Sonne fixiert ist. Die heiße rote Wut scheint ausgebrannt, die sanfte grüne Pflanze eingegangen, die gelbe Gefahr des Denkens gebannt, untergegangen wie die blauen Stunden der Vergangenheit. Es scheint allerdings nur so lange so, wie Buddha auch die kleinste Drehung in seiner Haltung zur Sonne peinlichst vermeidet. Diesen strengen Blickwinkel gibt er nun auf und schaut Yasodhara direkt an, ohne Filter und ohne Sonnenbrille.

Schon läßt leuchtendes Orange sein gleichmütiges Gesicht auflachen, lindgrün schmilzt er dahin, und ein tiefes Dunkelrot, schwer und erdig wie Wein, sinkt in seinen Bauch. Buddha läßt sich fallen. Er löst sich von seiner Erlösung und schickt seine Erleuchtung auf Urlaub.

So wird der letzte Schritt zum ersten. Das elfte Bild betont in der Zahl elf gleich zweimal die Eins, das Symbol der Persönlichkeit. Die in der Elf enthaltene Zwei weist den Weg: Das Du meldet sich zurück – nicht als sicher geregelte Schüler-Meister-Beziehung. Nein, persönlich, weltlich sind die Beziehungen, die Buddha wieder aufnimmt, als er in sein Haus und zu Yasodhara zurückkehrt.

Seine Erleuchtung wird ihm zum Anfang einer neuen Reise im Bewußtsein. Über die Erleuchtung hinauszugehen heißt für Buddha, mit ihr zur Person, zur Eins zurückzukehren und deren Strukturen durchzuklären. So lernt Buddha, alle Teile seiner selbst als gleichwertig anzuerkennen. Statt in wahlloser Bewußtheit zu verharren, entwickelt er bewußte Wahlmöglichkeiten. Damit entsteht allmählich ein bewußteres Ich, das sich von den gegensätzlichen Teilselbsten löst und wie ein neutraler

Vermittler entscheiden kann, wer in ihm handelt – der Heilige, der König, der gute Vater, der Lehrer oder Asket. Dieses bewußte Ich ist einem Gott vergleichbar, der allen anderen Göttern Raum läßt: dem nüchternen logischen Apollo und der verführerischen Aphrodite, dem wütenden Zeus und dem weinseligen Dionysos, dem ausgleichenden Vishnu und der zerstörerischen Kali.

Im elften Bild durchschaut der Ochshirte also den Mythos seiner Meisterschaft und erkennt, daß es nicht der Gipfel menschlichen Lebens auf der Erde ist, unverletzbar in der Leere zu residieren. So kehrt er zurück zum Ausgangspunkt seiner Reise. Er ist wieder Anfänger und lebt das schöne Zenmotto: Zengeist – der Geist des Anfängers.

6.3 Meister und Menschen

Ein Mensch kommt zur Welt. In östlich-geistiger Anschauungsweise ist er formlose Energie, die sich auf die Erde herabläßt. Diese Energie aber trägt bereits eine einzigartige Information, einen seelischen Fingerabdruck.

Information und Energie bilden eine individuelle Schwingung, die Resonanz findet in den Energiefeldern der Erde. Die resonante Schwingung erzeugt in dichteren Energieebenen Anziehung in ihm und seinen zukünftigen Eltern durch Gefühle und Bilder. In der Verbindung dieser Energiefelder materialisiert und konkretisiert sich nach der Geburt das Energiesystem des Körpers und formt die geborene Person. Die Stunde der Geburt (Horoskop) gibt in astrologischen Symbol-Begriffen Auskunft über Strukturen dieses energetischen Hologramms. Auch nach seiner Geburt existiert das Kind im Ungeformten, Ungeborenen weiter. Diese Dimension seines Wesens wird es später vergessen, aber sie kann niemals verlassen oder aufgegeben werden. Aus den Augen eines Neugeborenen schaut etwas Gesichtsloses, Unpersönliches, Zeit- und Formloses und betritt nun Energiefelder, die seine persönliche Identität im konkreten Erdenleben formen und strukturieren: Familie, Land, Klima, Nation, Kultur und Religion.

Jede Familie ist ein besonderes Energiefeld und paßt in ihre Sippe wie die Hand in den Handschuh. Ihre Schwingungen haben sich in diesem Energiefeld materialisiert und konserviert. Sie existieren auf rätselhafte Weise in den Genen, die das körperliche Aussehen der Familienmitglieder bestimmen, in den Normen und Werten, die das Lebens- und Erziehungsklima ausmachen, sowie in den materiellen Verhältnissen, die den äußeren Rahmen abgeben.

Wer nun dort hineingeboren wird, ist Clanmitglied, hat die gleiche Nase und Statur wie Mutter/Vater oder Großmutter/Großvater und all die Generationen zuvor. Er oder sie wird ähnliche Eigenarten entwickeln wie manche Vorfahren: z. B. Jähzorn, Durchsetzungskraft, Mißtrauen, Geiz oder Großmut. Über den Prozeß der Verinnerlichung nimmt das Kind die Strukturen seines familiären Umfelds in Sprache, Körpersprache, Haltung, Verhalten, Werten, Gefühls- und Denkmustern in sich auf.[10]

---

10 Mit welch unvorstellbarer Hingabe sich Kinder in tiefer Bindungsliebe auch in krankmachende Dynamiken ihrer Familie und Sippe verstricken, hat Bert Hellinger eindrucksvoll gezeigt. Siehe Literaturverzeichnis.

Gleichgültig, wie stark sich das Kind später abgrenzen und dagegen wehren mag – es ist »von ihrem Blut« und kann das nicht verleugnen. Dieses Persönlichkeitssystem, das zu unbekannten Anteilen seelisch und genetisch bestimmt und anschließend entsprechend sozialisiert wurde, kann seine Verstrickungen nicht einfach im unpersönlich Formlosen auflösen. Es braucht eine psychodynamische Auseinandersetzung, die ihm hilft, seine persönlichen Themen zu bearbeiten und aus individuellen Mustern und Verwicklungen heraus zu entwickeln.

In allen persönlichen Gefängnissen bleibt das Ungeborene immer präsent und eins mit dem formlosen Göttlichen. Manche Wege sprechen das an. Meditation, Arbeit mit subtilen Energien oder der Weg der spontanen Erleuchtung, der Wesenserkenntnis im Augenblick.

Heute erleben relativ viele spirituelle Sucher eine Verbindung zu ihrem ungeborenen, formlosen Sein. In solchen Erleuchtungserfahrungen fühlen manche sich dann, im ersten Rausch dieser Energie, völlig frei. Diese Freiheit drücken sie öffentlich aus – entsprechend ihrer persönlichen Prägung.

Diese Prägung ist nicht so frei. Die unbegriffene Person aus dem inneren Familienclan gibt sich nun die Ehre – und bei vielen modernen Instant-Erleuchteten auch die Erlaubnis, gegenüber den ebenso schnell angenommenen Schülern zu tun, was sie will.

Manche spirituellen Lehrer haben sich darum wenig gekümmert. Ihre eigene Persönlichkeit wurde als gestorben, als ausgelöscht und aufgegangen in der großen Leere betrachtet. Sie sahen sich als egoloser Niemand, der damit nichts mehr zu schaffen hatte. Das geht so lange gut, wie die Lehre sich auf die Leere erstreckt. Sobald aber weltliche Themen und Konflikte ins Spiel kommen, ist das Scheitern vorprogrammiert und findet bekanntlich auch statt. Ihr Scheitern wird zwar von den Schülern verklärt oder wegerklärt. Nüchterne Beobachter aber erkennen deutlich: Er oder sie ist nicht nur perfekter Meister, sondern hat offensichtlich menschliche Schwächen. Die Begrenzung eines spirituell entwickelten Menschen liegt in seinen persönlichen Strukturen, die dieser mit seinem Erleuchtungserlebnis überwunden zu haben glaubte.

Folgende Geschichte über den später als Zen-Patriarchen verehrten Mönch Sosan veranschaulicht den Mechanismus dieser Falle.

»In einem Zenkloster wurde der Mönch Sosan erleuchtet. Die (persönlichen) Götter erfuhren davon und kamen auf die Erde, um Sosan zu sehen, denn auch für Götter ist es ein erhebendes Erlebnis, ins Angesicht eines Erleuchteten zu schauen. Sie besuchten das Kloster, doch wo sie auch suchten, sie konnten Sosan nicht finden. Denn Sosan war nicht mehr da. Es gab keinen Sosan mehr. Jedenfalls gab es, wo Sosan war, kein Gesicht zu sehen, denn er hatte sich im Ungeborenen aufgelöst. Weil die Götter aber so gern Sosan sehen wollten, ersannen sie eine List: Sie verschütteten Reis auf einem Weg im Klostergarten, versteckten sich hinter einem Busch und warteten. Nach endloser Zeit kam Sosan des Wegs, lautlos und unsichtbar. Doch als er die Reiskörner auf dem Weg verstreut sah, durchschoß ein Gedanke seinen leeren Kopf, eine ärgerliche Reaktion: »Wer war das?« In diesem Gedankenblitz konnten die Götter einen Augenblick lang Sosans Gesicht sehen. Beglückt flogen sie wieder nach Haus.«

In einem Zenkloster wird jedes einzelne Reiskorn mit

Respekt behandelt. Reis achtlos zu verschütten gilt als schlimmes Vergehen. Die persönlichen Götter hatten also, modern ausgedrückt, einen von Sosans Knöpfen gedrückt. Das geht nämlich bei Erleuchteten genauso wunderbar wie bei Unerleuchteten, wenn man nur weiß, wo die Knöpfe der lichtüberstrahlten, dunklen Persönlichkeitsanteile verborgen sind. Die Bedeutung der Geschichte von Sosan liegt in dessen empörtem Gesicht: »Wer war das?« Niemand war das, Sosan. Das bist du selbst! Nur, wo er oder sie durch Gefühle und Gedanken, durch die Persönlichkeit wirkt, kann ein erleuchteter Mensch gesehen werden. Nur an diesem Ausdruck wird er gemessen werden. Wer diesen persönlichen Ausdruck mit »inneren Kreisen« verstellt und hinter mystischen Bannmeilen verschanzt, hat offensichtlich etwas zu verbergen. Das fordert die provozierenden Tests seiner verneinten Teilselbste heraus. Die Lichtgestalt kippt ins Dunkel ab.

Diese Einseitigkeit gibt Schlagseite und läßt stolze Schiffe plötzlich sinken. Denn es gibt sicherlich die erleuchtete Realität des Formlosen. Aber neben ihr räuspert sich auch die ganz irdische Persönlichkeit mit ihren Gefühlen und Bedürfnissen. In den Götterhimmeln der Hindus oder der alten Griechen ist diese Balance durch gegensätzliche Gott-Charaktere wie den rationalen Apollo und die verführerische Aphrodite gespiegelt. Eine Lebensweisheit des antiken Griechenland besagt, der Mensch solle alle Götter ehren. Wer sich nur einem Gott verschreibt, lebt in *Hybris*, Selbstüberhebung, ist aus dem Gleichgewicht gekommen und ignoriert in blinder Arroganz den Rest der Welt. So provoziert er die Rache der vernachlässigten Götter. Nur wer alle Götter ehrt, also alle Aspekte seiner selbst annimmt, kann die *Unio mysti-*

ca, die große Wiedervereinigung der Gegensätze, in sich selbst verwirklichen.

Bevor der persönliche Gott frei ist, kann sich auch der formlose Gott nicht voll ausdrücken – und umgekehrt. Seine ignorierte Hälfte bremst ihn ab. Eine vollständige spirituelle Entwicklung schließt deshalb die Persönlichkeit ein und hört niemals auf, sie weiterzuentwickeln.

Der persönliche Gott beginnt in uns zu leben, wenn wir alle Facetten unserer selbst kennenlernen und annehmen: den Heiler und den Mörder, die Heilige und die Hure, den hilfreichen Bruder und den skrupellosen Ausbeuter, die gute Mutter und die kalte Königin.

Die ungeliebten Seiten wurden in spirituellen Wegen bekämpft durch Disziplin und strenge Selbstkasteiung. Oder sie wurden ignoriert und ausgetrocknet durch Meditation und Umleitung ihrer Energien in die höheren Zentren. Aber wehe, wenn sie wieder bewässert wurden! Umnachtet handelte dann manch erleuchteter Lehrer, denn die vergessene persönliche Form nahm Gestalt an, wurde plötzlich sichtbar durch ihren eigenen Schatten.

Durch bewußte Auseinandersetzung mit diesen Schattenseiten können wir sie integrieren. Wenn wir unsere lichten Schönheiten den dunklen Abgründen nicht mehr vorziehen, beginnen wir, uns selbst zu verstehen und anzunehmen.

»Liebe deine Feinde« beginnt in uns selbst und meint: Höre auf, deine dunklen Seiten zu unterdrücken und zu bekämpfen! Lerne deine Schattenseiten anzunehmen und sie genauso zu lieben wie das göttliche Licht in dir.

»Niemand kommt in das Himmelreich denn durch mich«, dieser Ausspruch Jesu wurde von Kritikern oft als fanatisch und engstirnig interpretiert.

Er meint aber den persönlichen Gott. Niemand erlangt seine Vollständigkeit, das Himmelreich, der nicht den »Menschensohn«, also sich selbst mit allen seinen dunklen und hellen Seiten erforscht und akzeptiert hat.

6.4 Erleuchtung und Illusion

Ich / Nur / Zufriedensein / Kenne
(Inschrift in einem japanischen Zen-Tempel)

Erleuchtung ist im abendländischen Sprachgebrauch ein Begriff, der mit der Aufklärung des 18. Jahrhunderts assoziiert ist und von Denkern wie Rousseau, Voltaire, Hume, Diderot u. a. zur Beschreibung ihrer Erkenntnisse und Ideen verwendet wurde. So kommt es auch heute hin und wieder vor, daß ein Politiker im Fernsehinterview von seiner »Erleuchtung« spricht, wenn er eine gute Idee meint, die ihm gekommen sei.

Hier benutze ich den Begriff im östlichen Sinne, um einen überpersönlichen, aber menschenmöglichen Bewußtseinszustand zu beschreiben, der gegenwärtig bei vielen spirituell orientierten Menschen wie ein Markenname für höchste Qualität und garantierte Reinheit steht.

Der »erleuchtete« Mensch gilt als erfüllt von kosmischem Licht und göttlicher Weisheit. Er ist eins mit dem ganzen Leben und unverletzlich, weil jenseits dieser Welt zu Hause. In klassisch östlicher Sichtweise hat er sein Ego transzendiert und die in den Strukturen der Persönlichkeit gebundene Energie in freie, kosmische Energie aufgelöst. Weil es in ihm nun keine persönliche Identität mehr gibt, ist er wahllos bewußt, kann sich frei bewegen und spielerisch jede denkbare Realität erwählen. Er ist dann ein *Jivanmukti*, eine freie Seele, ein *Jnani*, ein Wissender, ein *Buddha*, ein Erwachter, ein Vollendeter.

In buddhistischer Sichtweise hat er die Begrenzungen menschlicher Existenz endgültig verlassen und residiert völlig losgelöst in *Moksha*, absoluter Freiheit als ein *Tathagata*, jemand der die Welt der Illusion ganz verlassen hat. Dieses Eingehen in *Samadhi*, den Zustand endgültiger Befreiung, unterscheiden die Buddhisten von blitzartigen, aber vorübergehenden Einblicken in diese Freiheit, die *Satori* genannt werden. Ähnliche Sichtweisen liefert das altindische *Advaita Vedanta*, aus dessen geistigem Klima der Einheit von Mensch und Kosmos auch Gautama Buddha selbst als eine Art östlicher Reformator und Erneuerer hervorging.

Spirituelle Transformation erfordert in der östlichen Tradition verbindlichen, lebenslangen Weltverzicht, rückhaltlosen Einsatz, ausdauernde Übung, Verfeinerung und Klärung, bis eine Öffnung zur formlosen, göttlichen Energie geschieht.

Diesen Prozeß der Transmutation von groben, unbewußten Instinktkräften in feinere und bewußtere Energien haben die Alchemisten im europäischen Mittelalter mit der Verwandlung von Blei in Gold umschrieben. Energie selbst ist dabei das Medium, das alle Energieformen in sich auflöst und durch den Faktor Bewußtheit eine Erhöhung der Schwingungsfrequenz erlaubt: je höher, schneller und feiner, desto lichter, je gröber und langsamer, desto dichter, dumpfer und dunkler.

Die Alchemisten bemühten sich dabei, wie viele andere spirituelle Traditionen auch, um die Entmaterialisierung, die Vergeistigung, um den Ausweg aus dem menschlichen

Gefängnis der Erdverhaftung in einen feinen, überpersönlich-kosmischen Raum des Seins.

In meiner eigenen spirituellen Entwicklung bin ich schon früh diesen Weg gegangen. Wie in einem Sog zog es mich als Teenager zu den Menschen und Welten, die die großen Fragen ansprachen: Woher kommen wir? Wohin gehen wir? Was ist das alles? Mit sechzehn beschäftigte ich mich ernsthaft mit Philosophie: Heidegger, Nietzsche, Kant, Hegel. Manchmal brauchte ich eine Stunde für eine Seite. Es blieben, nachdem die farbigen Gedankenfeuerwerke der großen Philosophen in meinem Kopf verraucht waren, nur vage Ahnungen. Nichts Spürbares. Nichts, was mich existentiell berührte. Wie sollte es weitergehen? Meine Gedanken kreisten endlos. Sinn? Gott? Wer bin ich? Nichts. Sein. Was ist das?

Aus diesem aufgeladenen Grenzzustand fiel ich manchmal wie durch eine Falltür ins Nichts. Ich verglich es im nachhinein mit einem Schalter, durch den ich plötzlich ausgeknipst wurde. In der unendlichen Leere und Weite gab es keine Fragen, keine Gedanken, kein Ich. Nur ein Strömen durch den ganzen Körper und Einssein mit allem. Alles war plötzlich ganz einfach und klar.

Sanft, aber bestimmt endete der Zustand, als würde das Licht langsam gedimmt und ich wieder angeschaltet. Das Dumme daran war, daß ich nicht wußte, wo sich dieser Schalter befand und wer ihn bediente.

Aber mir wurde nun deutlicher, was ich suchte, was meine tiefste Sehnsucht unter all den verschiedenen Wünschen, Hoffnungen und Träumen war: ein Lebensgefühl von einfacher, entspannter Freiheit und Klarheit. Aufhören zu rennen. Ankommen in einer inneren Heimat. Dabei war mir durchaus klar, daß intellektuelles Wissen mir nicht half, dorthin zu gelangen. Aber ich wußte nicht weiter. Wie sollte das funktionieren? Wer konnte mir helfen?

Als ich einige Jahre später Rajneesh, meinem ersten spirituellen Lehrer, begegnete, spürte ich sofort, daß er hatte, was ich suchte. Aus seinen Gesten, seinen Worten, seiner Stimme, seinen Augen sprach jener Raum entspannter, schmunzelnder Leere. Kein Zweifel, das war es! Darüber hinaus knüpften seine Vorträge brillant an die aktuellen Themen westlicher Intellektueller an und halfen so vielen Zuhörern, die mit ihm im schönen tropischen Garten saßen, sich in eine zauberhafte Welt der Stille und des Lichts entführen zu lassen. Ich hatte das Gefühl, Buddha selbst getroffen zu haben. So mußte es auch vor zweieinhalbtausend Jahren gewesen sein, als Gautama Shakyamuni unter Mangobäumen seine Lehren gab. Tiefe Einsichten in Sein, Nichts, Leere, Tod und Leben, die ich mir in philosophischen Werken und Diskussionen immer hart und mühsam erkämpfen mußte, wurden mit spielerischer Leichtigkeit klar. Es war faszinierend und genial, wie er für uns Heraklit und Pythagoras, Patanjali und Buddha und sogar Jesus neu belebte.

Mit Anfang 20 war ich völlig fasziniert, ließ mich in sein »Neo-Sannyas«, seine recht lebensfrohe Reform des traditionellen Hindu-Weges, einweihen und fühlte mich bald als Teil einer glücklichen Gemeinschaft von Suchern.

Ich nahm ihn wörtlich und glaubte ernsthaft, man bräuchte nur zu meditieren, offen zu sein, dem Meister zuzuhören und im Ashram einfache Arbeiten zu verrichten, um jene losgelöste, glückselige Göttlichkeit zu erlangen, die er uns als höchste menschliche Möglichkeit pries.

Befreiung, Erleuchtung, höchstes Bewußtsein – das waren die Vokabeln, die er uns vor die Nase hielt wie dem Esel die Karotte. Und so begann ich munter zu traben.

Im Laufe der folgenden Jahre fühlte ich mich als Schüler meines Meisters und war ganz auf meine innere Entwicklung und die Erfahrungen, die sie begleiteten, fokussiert. Im Rajneesh-Ashram in Poona/Indien lernte ich auch meinen wichtigsten spirituellen Freund, Michael Barnett, kennen, der dort als Rajneesh-Schüler Seminare in Bewußtseinsentwicklung leitete. Michael war damals doppelt so alt wie ich und hatte seine eigene Form transformativer Arbeit mit Menschen bereits entwickelt, als er Rajneeshs Schüler wurde. Er hatte die Fähigkeit, einen erfahrbaren Energieraum herzustellen, der unmittelbar zeigte, wovon er sprach: Gedanken, Gefühle und Empfindungen waren Energiephänomene. Alles war Energie in unterschiedlicher Schwingung: Dichter oder lichter. Blokkaden und Probleme ließen sich mühelos in freie Energie auflösen. Rajneeshs Motto, daß es keine Probleme gäbe außer in unserem Kopf, wurde hier zur spürbaren Realität. Michael zeigte mir den Weg in einen Raum der Wahrnehmung, der alles umfaßt, was kommt und geht – eine Dimension bewußten Seins, formlos, zeit- und grenzenlos – wie Energie selbst.

Die Realität, von der Rajneesh sprach, schien nun nicht mehr unerreichbar. Sie wurde konkret: energetisch spürbar und persönlich nachvollziehbar. Michael half mir, diese Wirklichkeit zu betreten, und wies auch darauf hin, wenn ich sie wieder verließ. Er ließ keinen Zweifel darüber entstehen, daß wir nur Besucher jenes Gartens waren, in dem der Meister lebte. Meditation wurde von da an für mich ein natürlicher Zustand. Ich brauchte nichts mehr zu tun, um in einen stillen, leeren inneren Raum zu gelangen, ich brauchte es mir nur zu erlauben.

Später, außerhalb der Rajneesh-Bewegung, lebten Michael und ich in der besten Lebensform, die ich kenne: Nachbarschaft. Innerlich nahm ich an Michaels Entwicklung in einer kritischen Phase seines Lebens teil und wurde durch seinen intensiven Prozeß in mir selbst weiterkatapultiert.

Es gab in jener Zeit, in den frühen 80er Jahren, eine Reihe von außergewöhnlichen *Satoris*, die mich mal für Stunden, mal für Tage in einen überpersönlichen Zustand transportierten.

In diesen Erfahrungen verschwand die Welt, wie ich sie bis dahin wahrgenommen hatte. Manchmal wurde es nachts taghell, und alle Bäume und Häuser strahlten in grellen Farben, verloren ihre Form und wurden zu Licht. Ebenso nahm ich auch meinen eigenen Körper war – nur Licht und keine feste Form. Bei anderen Gelegenheiten wurde am hellichten Tage alles dunkel, und ich sank in eine schwarze, unendliche Tiefe. Ich erfuhr eine energetische Realität ohne Zentrum. Es gab mich nicht mehr als gewohnten Bezugspunkt meiner Wahrnehmung. Vielmehr geschah alles gleichzeitig und unterschiedslos innen wie außen. Die Phase dieser ständig wechselnden Erfahrungen dauerte etwa zwei Jahre.

Durch schmerzhafte innere und äußere Ereignisse kam ich später mit meiner spirituell verdrängten Verletzlichkeit so stark in Berührung, daß eine tiefe psychische Krise lawinenartig ausgelöst wurde.

Immer noch folgte ich wie der Esel der Karotte meiner spirituellen Ideologie:

»Beachte es nicht. Schau einfach zu. Auch das wird

vorbeigehen.« Ja, ich glaubte ernsthaft, daß dies alles gut sei für die Zerstörung der Person, des Ego – dem großen Ziel der spirituellen Szene. Durch meine Jahre mit Rajneesh war die traditionelle indische Vorstellung von endgültiger Befreiung fest in mir verankert – daß nämlich nur noch Licht und Klarheit bliebe, wenn die egogebundene Persönlichkeit überwunden sei. Deshalb ließen wir uns bereitwillig auf die absurdesten Opfer, Schmerzen und Verluste ein.

Mein innerer Grenzzustand führte in eine Todeserfahrung, in der alle bekannten Bezugspunkte verschwanden und auch die Erfahrung selbst wie in ein schwarzes Loch aufgesogen wurde. Es gab ein langes Blackout ohne jede Erinnerung. Dann ein Erwachen und Staunen.

Alles war klar und einfach. Es gab keine Zeit. Jeder neue Moment perlte auf wie eine Luftblase und vergrößerte diesen Augenblick, in dem er in ihn eintauchte.

Alles geschah aus mir heraus. Ich plante und machte nichts mehr, sondern überließ alles Geschehen sich selbst, fühlte mich zu Hause in mir.

Dieses Lebensgefühl blieb und mit ihm die Gewißheit, zu sein, wo ich immer ankommen wollte. Alle Fragen und Zweifel waren verschwunden, und mein Leben lief ab wie ferngesteuert, ohne mein Zutun. Ich ließ mich in einen Raum einfachen Seins fallen, wie man sich in einen Sessel setzt.

Ohne jeden erkennbaren Grund war dieser Seinszustand aufgetaucht. Für mich war er nicht mit irgendeinem Aspekt meiner inneren Arbeit verknüpft. Er war einfach da, ohne verursacht worden zu sein. Alle Anstrengung und Suche war scheinbar unnötig gewesen und die jahrelangen Meditationen, persönlichen Opfer und spirituellen Erfahrungen hatten jetzt nicht das geringste mit meiner Realität zu tun.

Oft fiel ich in einen inneren Raum, in dem Handeln, Beziehungen und Aktivitäten der alltäglichen Welt unmöglich waren. Mein Körper schien nicht zu existieren, es gab kein Denken und die einzigen Empfindungen waren die der Menschen oder Tiere, die mir begegneten. Meine Wahrnehmung schien sich in ihrem Innern zu befinden. Wenn ich einem Pferd zuschaute, konnte ich das Heu schmecken, das es fraß, und seine Bewegung spüren, wenn es davongaloppierte. Meist fehlte mir jede Orientierung. Es hätte jedes Jahrhundert und jeder Ort sein können. Oft saß ich in meinen Zimmer und erkannte nichts mehr, hatte nicht die leiseste Idee, was die verschiedenen Gegenstände sein könnten. Nichts besaß irgendeine Wichtigkeit oder Bedeutung, alles geschah einfach. Ob etwas innen oder außen auftauchte, angenehm oder schmerzhaft war, spielte keine Rolle. Krankheit oder Tod wären lediglich Phänomene gewesen, die sich vom Fluß all der anderen Ereignisse nicht unterschieden hätten. Ich saß unendlich lange für Augenblicke in Parks und hörte den Vögeln oder dem Rauschen des Wassers zu. Stundenlang stand ich manchmal an irgendeiner Straßenecke, völlig absorbiert von der Betrachtung des Straßenverkehrs. Ein Teil von mir wußte in den Wellentälern dieser entrückten Zustände, daß ich in großer Gefahr war und Menschen brauchte, die mich vor Mißverständnissen der Umwelt beschützten. Freunde halfen mir durch diese Phase.

Zu meinem Glück begann ich langsam und mit vielen Schwierigkeiten zu lernen, »Null und Eins«[11] zu integrie-

11 s.o., Kap. Null und Eins

ren. Das ist ein sehr langwieriger und mühevoller Prozeß, der immer weitergeht. Vielleicht ist er endlos.

Illusionen

Aus meiner eigenen Erfahrung und meinem Erleben spiritueller Lehrer heraus halte ich es für einen mythischen Glauben, daß ein Mensch im Zustand von *Samadhi* ein alltägliches irdisches Leben führen kann. Schon allein deshalb ist das unmöglich, weil es in diesem Zustand nicht die geringste Orientierung in der Zeit-Raum-Realität des Alltags gibt. Es kann allerdings eine Verbindung zu diesem Raum geben, eine offene Tür sozusagen.

Im Raum des *Samadhi* gibt es keine Dualität. Alles ist eins. Ein Guru kann in *Samadhi* dasitzen und die Schwingungen reinen Seins verbreiten. Durch den sehr effektiven und nützlichen Prozeß energetischer Resonanz beginnen die Schüler diesen Raum in sich selbst zu spüren. Läßt sich der Guru aber auf das Handeln ein, aktiviert er seine persönlichen Strukturen. Er steigt gewissermaßen wieder in sein Fahrzeug ein und fährt. Wenn er seine persönlichen Strukturen nicht durcharbeitet und durchklärt, bleiben diese genauso unbewußt und unerleuchtet, wie sie immer schon waren. Bei manchen Gurus fällt das nicht besonders auf, weil die Schüler nur die überpersönliche energetische Schwingung ihres Meisters aufnehmen wollen und ihn von allen persönlichen Reaktionsweisen entweder freihalten oder aber diese Reaktionen verklären.

Das Persönlichkeitssystem löst sich durch die Erleuchtungserfahrung keineswegs in freie Energie auf – es wird lediglich verlassen, ähnlich wie ein Sterbender seinen Körper verläßt. Wer ohne Verbindung zur Welt in *Samadhi* bleibt, hat so lange kein Problem, wie sie ihn nicht persönlich fordert.

Erstaunlich häufig kommt es vor, daß traditionell östlich erleuchtete Meister an Krebs oder anderen schweren Krankheiten sterben. Bekannte Beispiele in jüngerer Vergangenheit sind Ramakrishna und Ramana Maharshi. Auch Rajneeshs relativ früher Tod bleibt rätselhaft. Tatsache ist, daß er bereits vor seiner Tallium-Vergiftung in US-Gefängnissen an verschiedenen Krankheiten litt. In einem Vortrag über seine Erleuchtungserfahrung beschrieb Rajneesh die Beziehung zu seinem Körper in klassisch indischer Erlösungsterminologie sinngemäß etwa so: »*Seit diesem Tag war ich nicht mehr in meinem Körper. Ich schwebe nur um ihn herum.*«

Das Ende der Beziehung zum eigenen Körper, die Freiheit von jeder emotionalen oder gedanklichen Reaktion gilt in der Hindutradition als das Merkmal von *Moksha* – absoluter Freiheit. Denn der Körper repräsentiert im klassisch hinduistischen Denken das Gefängnis von *Samsara*, der illusionären, materiellen Welt. Um körperliche Bedürfnisse zu befriedigen, kreiert die gefangene, inkarnierte Seele Begierden, Emotionen und Gedanken und dreht sich endlos im Rad von Tod und Wiedergeburt – aus dem der Erleuchtete nun ins *Nirwana*, das Große Nichts, entkommen kann.

Mittlerweile gilt die kausale Beziehung von Krankheitsbildern wie Krebs zu ungelebten psychischen Energien selbst in der schulmedizinischen wissenschaftlichen Forschung als gesichert. Die gläubigen Anhänger eines spirituellen Lehrers wissen allerdings stets, daß solch banale Zusammenhänge in ihrem speziellen Fall ohne Bedeutung sind. Schließlich ist ihr Meister ja nicht irgend jemand, sondern eben ein ganz besonderer Niemand!

Dieser Weltanschauung entsprechen die extrem dualistischen Wege der spirituellen Welt des Ostens – Körper, Gefühl und Denken sind die Hindernisse, die es zu überwinden gilt. Fakirische Selbstverstümmelung und die yogische Entsagung der *Sadhus* demonstrieren diesen zweckgebundenen Dualismus in manchmal grotesken Formen.

So hatte sich ein zeitgenössischer *Sadhu* in Indien eine dort durchaus respektierte Lebensform gewählt. Er stand seit Jahren unbewegt auf einem Bein an einen Baum gelehnt und ernährte sich nur von dem Gras, das um dem Baum herum wuchs. Selbst diese dürftige Nahrung resultierte in einem wachsenden Berg von Fäkalien zu seinen Füßen. Doch dessen Auswirkung hatte den *Sadhu* nicht zu stören, da sein Fokus ganz auf das transzendente Göttliche gerichtet blieb.

Eines Tages hatte er die Eingebung, einen bestimmten Tempel in Nordindien zu besuchen, der mehrere tausend Kilometer von seinem jetzigen Aufenthaltsort entfernt lag. Um diese heilige Pilgerreise nicht zu einem weltlichen Vergnügungsausflug verkommen zu lassen, entschloß sich unser *Sadhu* zu folgender Fortbewegungsart: Er legte sich auf den Boden und rollte sich liegend um die eigene Längsachse vorwärts. Auf diese Weise reiste er zu seinem Tempel, rollte durch Wälder und Flüsse, Dörfer und Städte, benutzte Feldwege ebenso wie verkehrsreiche Fernstraßen. Die indischen Rikshas und Lastwagen umfuhren ihn, und keiner scheint ihn je überfahren zu haben, denn er erreichte wohlbehalten sein Ziel. Als gefeierter Held kehrte er sodann in sein Heimatdorf zurück.

Auch das abendländische Christentum hat bis heute nicht allzuviel vom menschlichen Körper mit seinen »sündigen« fleischlichen Begierden gehalten. Zölibat und Selbstkasteiungsrituale gehören nach wie vor zum Kodex christlicher Ordensklöster. Es ist unglaublich, was Menschen sich antun können, wenn sie glauben, so aus ihrem irdischen Schmerz in den Himmel zu entkommen.

Die japanischen Zenmeister wirken dagegen meist wie recht natürliche, robuste und gesunde Burschen, vielleicht auch weil Zen die Verbindung von »Null« und »Eins« leichter macht als andere buddhistische Traditionen.

Gurdjieff, ein außergewöhnlich engagierter spiritueller Lehrer, schien die Balance mehr in Richtung »Eins« zu verschieben. Er starb Mitte dieses Jahrhunderts an eher weltlich bedingten Ausfallerscheinungen seiner Leber.

Wer also nach seiner »Null«-Erfahrung das Spiel des Lebens weiterspielt, aktiviert diejenigen Energiemuster, die insgesamt sein menschliches Wesen, seine Persönlichkeit ausmachen. Sie bleiben allesamt unversehrt erhalten, die alten Hauptselbste und ihre verneinten Gegenspieler.

Der Hindu-Mystiker und westliche Sozialwissenschaftler Agehananda Bharati zieht ähnliche Folgerungen aus seinen eigenen Erleuchtungserfahrungen und seinem persönlichen Erleben bekannter indischer Mystiker wie Ramana Maharshi. Jede echte »Null-Erfahrung«, so Bharati, hat Anfang und Ende. Mystiker verlassen ihren Verschmelzungszustand *Samadhi* wie Drogenbenutzer, die von ihrem High wieder herunterkommen. Selbst die extrem langen *Samadhis* Ramana Maharshis mündeten in ein recht unspektakuläres, entspanntes, waches Alltagsbewußtsein. Ramana sei keineswegs, wie seine Schüler behaupteten, ständig in *Samadhi*. Der Bewußtseinszustand des Mystikers außerhalb seines *Samadhi* sei auch nicht, wie viele gerne glaubten, grundsätzlich ins Gute, Heilige und Allwissende verwandelt.

»... The mystic who was a stinker before he had the zero-experience remains a stinker, socially speaking, after the experience. This of course does not mean that he cannot stop being a stinker; but for such change, he must make efforts of an ethical order, which have nothing at all to do with his mystical practise.«[12]

Die Identifikation mit den eigenen Strukturen und persönlichen Mustern mag nachlassen, aber völlige Freiheit von ihnen gibt es offensichtlich nicht. Auch erleuchtete Gurus gehen sich immer wieder selbst auf den Leim. Denn die Frage ist hier nicht: Ich oder Nicht-Ich.

Im nächsten Schritt der Bewußtseinsentwicklung geht es vielmehr darum, sich von der spirituellen Welt wieder zu lösen und ein bewußteres Ich zu entwickeln, eines, das zwischen den Gegensätzen stehen kann wie eine Art innerer Teamleiter, der die persönlichen und überpersönlichen Energien koordiniert. Die kosmische Erfahrung macht uns weder heilig und gut, noch hilft sie konkret und direkt, die praktischen Fragen des Lebens zu regeln.

Kosmisch waren auch Tyrannen wie Hitler, menschlich bewußt müssen sie noch werden. Das ist die Aufgabe, die vor uns allen liegt – nichts vorziehen, nichts ablehnen, Himmel und Erde mit Verantwortung leben.

---

12 A. Bharati. The Light at the Centre, S. 53

Bewußtseinsentwicklung hat kein Ende. Erleuchtungserfahrungen sind ein Anfang, ein Sprung in der menschlichen Evolution. Wenn wir unsere menschliche Realität annehmen, statt sie meditativ zu nivellieren, sind wir immer wieder auch gefordert, uns emotional einzulassen und nicht ins überpersönliche Sein abzudriften.

Was ist also Erleuchtung? Eine Öffnung nach oben. Ein Sprung auf dem Weg.

Ein Aspekt des Menschseins. Nichts Endgültiges.

Bin ich erleuchtet? Ja, natürlich! Bin ich unerleuchtet? Ja, ebenso!

Ich bin beides und mehr. Solange ich allerdings mit meiner spirituellen Seite völlig identifiziert bin, kann ich das kaum erkennen. Denn dieses Teilselbst übernimmt als neuer Ich-Ersatz die Führung meines Lebens und betrachtet mich folglich als reine Energie, wahlloses Bewußtsein oder mitfühlende Liebe. So umgeht das erleuchtete Selbst mit einem genialen Trick meine innere Vielfalt, indem es nämlich die Ichlosigkeit der mystischen Erfahrung, in der tatsächlich alles eins ist, zum alleinigen, durchgängigen und auf ewig einzigen Wesensmerkmal erhebt. Ich bin nun der berühmte Tropfen, der in den Ozean fiel, oder die Salzpuppe, die sich im Meer auflöste. Die Verantwortung für mein Handeln bekommt damit Gott bzw. das Universum, als dessen unmittelbaren menschlichen Ausdruck ich mich nun erlebe. Folglich bin ich als eine Art Wurmfortsatz Gottes durch die höchste Instanz, das Leben selbst, legitimiert und sanktioniert.

Was immer in mir an Impulsen auftaucht und in Handeln umgesetzt wird, ist gut und richtig, denn es kommt unverfälscht von Gott. »Ich« bin ja nicht mehr da. Die östliche spirituelle Didaktik der Guru-Jünger-Beziehung führt direkt in dieses Selbstkonzept. Zunächst gebe ich mich an den Meister, das Kloster oder die Tradition ab. Der Guru oder Abt tritt an die Stelle meiner Ich-Instanz. Ist das traditionell oder individuell gesteckte Ziel, die Erleuchtungserfahrung, erreicht, erlischt die Macht des Abtes oder Gurus, und Gott oder die Existenz bekommen die Verantwortung. Durch dieses spirituelle Ermächtigungsgesetz kann mein erleuchtetes Teilselbst nun ganz legitim absolute Autorität beanspruchen und anstelle eines begrenzten Ich uneingeschränkt herrschen. Doch so schön und klar das spirituelle Selbst auch ist – seine Alleinherrschaft bekommt uns Menschen nicht gut, denn es läßt uns keine Wahl. In bester Absicht kippt es mit seiner Absolutheit die Balance von Himmel und Erde, die wir in unserer relativen Welt so nötig haben.

Extrem verdeutlicht wird diese Gefahr durch die unheilvolle Koalition eines spirituellen Selbstes mit einer fanatischen Machtstimme. Ohne Steuerung durch ein bewußtes Ich kann eine charismatische Mischung von Licht und Verblendung, von kosmischer Energie und dumpfem Vorurteil entstehen. Die massenpsychologische Führer-Legitimation Hitlers entstand maßgeblich durch seine Erhebung in einen gottähnlichen Zustand, indem der GRÖFAZ (NS-Jargon für »größter Feldherr aller Zeiten«) mit der »Vorsehung« eins wurde. Das in Kap. 4.* bereits zitierte Propaganda-Gedicht zu »Führers Geburtstag 1941« belegt, daß Hitlers Autorität als natürlich und gottgewollt betrachtet wurde, denn die Natur »segnet« selbst, in Gestalt der Tiere »mit stummem Blick« sein »stilles Wohltun«:

Die Kinder künden's in strahlendem Glück,
Die irgendwo ihm begegnet;
Und Tiere haben mit stummem Blick
Sein stilles Wohltun gesegnet.

Es ist für »rechtgläubige« und »richtig wissende« Vertreter verschiedenster Zugehörigkeiten leicht, sich von vornherein, von außen und darüber hin spekulativ-kritisch von solchem »Unsinn« zu distanzieren. Wer sich aber darauf einläßt, die innere Realität, von der hier die Rede ist, auch nur ansatzweise nach- und mitzuerleben, wird bescheidener. Denn wir Menschen sind essentiell und existentiell immer noch mehr als alles Wissen, alle Konzepte und Visionen über uns zusammen.

Für mich brauchte es viele Jahre und viel Arbeit, bis ich die verführerisch schöne Idee von Erleuchtung als Lebensgrundlage schmunzelnd und mit Distanz betrachten konnte. Erst dieser Abstand ermöglichte es mir, die spirituellen Energien den irdischen nicht mehr vorzuziehen. Solange ich meinem inneren spirituellen Antreiber völlig freie Hand ließ, saß ich im Schnellzug und sah in rasender Fahrt niemals das verängstigte Kind, das frierend am Bahndamm hockt und sich nach Wärme sehnt. Denn er kennt nur eine Art des Reisens: Vollgas, und nur ein Ziel: völlige Auflösung im Sein. Je mehr ich dagegen als handelndes und entscheidendes Bewußtsein Verantwortung übernehme, desto besser geht es allen Beteiligten in mir. Denn dann weiß ich: Sicherlich ist der Buddha in mir – aber ich bin nicht der Buddha. Auch Hitler ist in mir, ohne daß ich deshalb zum fanatischen Tyrannen werden muß. Ebenso ist die formlose, ungeborene Realität des Seins Teil meines Lebens – aber sie ist nicht mehr oder weniger wichtig als der kleine Junge, der Freunde sucht, die ihn verstehen.

Eine meiner Lieblings Zengeschichten war die Anekdote vom »Jede-Minute-Zen«:

»Nan-in erhielt Besuch von seinem Schüler Tenno, der selbst ein Lehrer geworden war. Der Tag versprach, regnerisch zu werden, darum trug Tenno Holzschuhe und hatte einen Regenschirm bei sich. Nachdem Nan-in ihn begrüßt hatte, bemerkte er: »Ich nehme an, du hast deine Holzschuhe im Vorraum gelassen. Ich möchte gerne wissen, ob dein Regenschirm rechts oder links von den Holzschuhen steht.« Tenno wußte in seiner Verwirrung keine sofortige Antwort zu geben. Er erkannte, daß er nicht in der Lage war, sein Zen in jeder Minute bei sich zu haben. Er wurde Nan-ins Schüler und studierte sechs weitere Jahre, um sein Jede-Minute-Zen zu vervollkommnen.«[13]

Mein spiritueller Antreiber hat diese Geschichte geliebt, denn gemessen an ihren Forderungen war ich niemals gut genug. Stets gab es schärfere Bewußtheit, wachere Präsenz zu erreichen. Meine sanfteren, träumerischen psychischen Anteile wurden mit dieser Zen-Knute hart unterdrückt. Ähnlich mag es auch dem ertappten Tenno in dieser Geschichte gegangen sein, der daraufhin sofort in die Abhängigkeit eines Sohn-Vater- Beziehungsmusters mit Nan-in fällt. Dieser Vorgang scheint sich allerdings dem Zen-Bewußtsein zu entziehen.

Die einfache und sehr wirkungsvolle Arbeit mit der Voice Dialogue Methode (Siehe auch Kapitel »Hasenwe-

---

13 Reps, P., Ohne Worte, ohne Schweigen, S. 53

ge und ihre Wanderer«) half mir, meine inneren Gegensätze besser zu verstehen und auszubalancieren. Bin ich heute »Jede-Minute-Zen?« Gott sei Dank nicht! Sosehr ich die Schlichtheit des Zen auch liebe – bunte Farben beleben das Bild.

»Sünde« heißt wörtlich hergeleitet »den Punkt verfehlen«. Was für eine Gelegenheit, diesen inneren »Sündern« zu vergeben, was sie, wie alle Sünder, im besten Glauben taten. Wie Jesus so schön gesagt haben soll: »Vergib ihnen, denn sie wissen nicht, was sie tun!« Wie wahr, wie zutreffend für so viele einfarbige Gläubige, Sucher nach der Wahrheit, Verkünder einer Lehre, Erlöser der Menschheit.

Die neue Freiheit ist keine dramatische große Befreiung. Sie stellt sich eher bescheiden vor als bewußte Wahl und Verantwortung, eine Integration aller Energien, in der es darum geht, anzunehmen und zu lernen, zwischen den Gegensätzen zu stehen: Welt und Gott, Verletzlichkeit und Macht.

Auch meine spirituellen Lehrerinnen und Lehrer, die zum Zeitpunkt meiner Schülerschaft keine Traditionalisten waren, habe ich in erleuchteten und sehr unerleuchten Ausdrucksweisen erlebt. Erleuchtung und Illusion sind zwei Seiten einer Medaille. Wir sind stets erleuchtet und verblendet. Gewichtungen mögen sich drastisch verschieben, wenn wir uns entwickeln. Genausowenig aber wie der Mond aufhört zu existieren, wenn wir ihn untergehen sehen, kann unsere Buddhanatur verschwinden. Umgekehrt bleibt uns die Dunkelheit der Nacht auch erhalten, nachdem die Sonne unsere Welt in ihr gleißendes Licht getaucht hat.

Im Gegensatz zu anderen Illusionen ist die Erfahrung

von Erleuchtung reine Illusion. Wer also die Leere wirklich und die Welt einen Traum nennt, kreiert so eine völlig überflüssige neue Dualität: die Teilung des Ganzen in Wahrheit und Täuschung.

Rajneesh, meinen ersten spirituellen Lehrer, schätze ich auch deshalb besonders, weil er nach seiner Erleuchtungserfahrung gute 15 Jahre lang ein ziemlich gewöhnliches Leben führte. Er arbeitete als Journalist und Collegedozent, ohne, wie heute üblich, seine Erfahrung sofort zu vermarkten. Erst im Energiestrudel der internationalen Hippie- und »68er«-Bewegung begann er – zunächst als ein äußerst lebendiger, innovativer und involvierter Guru zum Anfassen. Für einen großen Teil der jungen Rebellen und Drop-outs vieler Industrieländer war er genau der richtige Mann am richtigen Platz zur richtigen Zeit. Nach Jahren des Erfolgs und Wachstums seiner Bewegung verwandelte er sich in einen Guru zum Anschauen und Verehren und schließlich in eine recht abstrakte Symbolfigur, zu der sein frühes Leitbild von »Zorba dem Buddha«, dem lachenden, weinenden, tanzenden und trinkenden weltlich Erleuchteten, schon fast ironisch im Kontrast stand.

Die Traditionalisten etablierter Religionen haben es leichter. Sie werden in bestimmte Grade eingeweiht und erhoben. Alles ist damit geregelt und jede ihrer Handlungen automatisch als erleuchtet sanktioniert. Das Gegenteil gilt für »selbsternannte« Heilige oder Gottmenschen.

»*An' al Haqq*!« – »ich bin Gott!« dieser ekstatische Ausruf wurde dem islamischen Mystiker Al Hallaj Mansur von seinen Zeitgenossen als Blasphemie ausgelegt und mit dem Foltertod bestraft. Blasphemie ist es für die Anhänger eines einzigen persönlichen Gottes, wenn ein Mensch sich mit ihm gleichsetzt. Das darf nicht sein. Denn wenn das Kollektiv das akzeptierte, wäre Al Hallaj Mansur damit der höchste Mann im (Gottes-)Staat und folglich in der Lage, absolute Macht auszuüben. Kein Establishment kann das zulassen. Ebendiese Form repressiver Kontrolle von unautorisierter Gottesverbindung geschah und geschieht wieder und wieder in der Religion, deren Stifter selbst aufgrund seiner proklamierten Einheit mit Gott gekreuzigt wurde: im Christentum. Jesus war für das jüdische Establishment seiner Zeit ein unautorisierter Rebell, ein selbsternannter Gottessohn, der als gefährlicher Sektierer, Demagoge und Gehirnwäscher wahrgenommen wurde.

Herrschaftsreligion kann vor allem eines nicht dulden: die autonome Beziehung des einzelnen zu Gott. Sie wird als »Selbsternennung« zum Gottmenschen oder Erleuchteten gebrandmarkt, denn das Monopol auf Gotteszugang wird dadurch unterlaufen. Geduldet wird nur, wen die Kirche selbst heiligspricht, wen der Papst oder Meister persönlich ernennt und anerkennt.

Diese Neigung zur Monopolisierung von Gotteszugang findet sich bereits in jungen religiösen Bewegungen. So wurden schon zu Lebzeiten des ebenfalls gerade erst »selbsternannten« erleuchteten Meisters Bhagwan Shree Rajneesh konkurrierende Aussteiger aus seiner Neo-Sannyas-Bewegung als »selbsternannte Erleuchtete« geächtet.

Das Christentum ließ es nach seinem Aufstieg aus den Katakomben zur Herrschaftsreligion bekanntlich bei Ächtung nicht bewenden.

»... wo aber ich bin, da ist Gott, und wo Gott ist, da bin ich.« Dieser Ausspruch Meister Eckharts wurde vom

Papst unter einschlägigen Drohungen ausdrücklich verboten – und von Eckhart zurückgenommen. Niemand darf Gott nahekommen und ähnlich sein, denn er würde Seine institutionalisierten und staatlich ermächtigten Vertreter bedrohen und die Folgsamkeit des Volkes in Frage stellen. Daran wird deutlich, daß Herrschaftsreligion sich vor allem mit Macht und Marketing und kaum noch mit Re-Ligio, der Rückbindung zur Quelle des Lebens, befaßt. Denn dafür gibt es viele Wege. Ebenso gibt es Millionen Götter und einen Gott. Und es gibt tausend und eine Nacht, um ihn zu finden. Doch auch wer Gott findet, sieht sich mit der Frage nach erleuchtetem Handeln im täglichen Leben konfrontiert.

Als der moderne japanische Zenmeister Taisen Deshimaru noch Laienschüler in einem Zenkloster war, wurde er vom Meditationsleiter beim *Zazen*, der traditionellen Sitzmeditation, immer besonders hart geschlagen. Er nahm es hin, biß die Zähne zusammen und ging vorschriftsmäßig in sich. Eines Tages aber hatte er genug davon, sprang auf, riß dem Obermönch den Stock aus der Hand und verabreichte ihm mit seinem eigenen Stock eine anständige Tracht Prügel.

Das ist eine erleuchtete Handlung!

Aus jedem Hoch und aus jedem Tief kommen wir zurück, denn sie haben Anfang und Ende. Der Ort, an den ich zurückkomme ist der gleiche, von dem ich mich ins *high* oder *down* entfernt habe: ein Zustand einfachen Lebendigseins, in dem ich nichts anderes bin und nichts anderes brauche, als ich selbst zu sein.

Dieses Ich-selbst-Sein ist weder *Samadhi* noch Allwissenheit, weder göttliche Ekstase noch kosmische Leere. Es ist ein Zustand, dem die meisten Menschen beim ersten Anblick bereits den Rücken kehren, weil sie ihn langweilig finden. Er bietet nichts Besonderes, nichts Beeindruckendes, nichts Mitreißendes; er hinterläßt weder Ergriffenheit noch aufgeregte Erwartung. Wer sich eine lange Weile lang durch seinen langweiligen grauen Schleier sinken läßt, kommt an, wo er immer schon war, und ist zufrieden.

Ich / Nur / Zufriedensein / Kenne

In diesem einfachen Satz liegen Anfang und Ende des Weges.

6.5 Leben als Reise

»Wir kommen aus dem Glanz, wir gehen in den Glanz. Was ist das?«

Hoshin, Zenmeister, 12. Jahrhundert.

»Nicht sehend, wie nah es ist,
suchen sie es in weiter Ferne.
Wie schade!«

Hakuin, Zenmeister, 17. Jahrhundert

Die alten Meister des Zen, die ihre Einsicht so ausdrückten, wußten und lebten es: Es gibt nichts zu suchen! Nirgendwo auf der Welt gibt es etwas anderes als hier. In keinem Menschen gibt es etwas anderes als in dir und mir. Die wahre Natur, die Buddhanatur, lebt in jedem von Anfang an. Sie mag verhüllt sein. Aber sie lebt.

Wir erkennen unsere Natur, wenn wir unsere Gegensätzlichkeit, unsere Unvollkommenheit annehmen. Wenn wir nicht mehr anders sein wollen, als wir sind.

Im Ende des Trennungs-Spiels mit seiner Schwärmerei und seinem Katzenjammer, mit seinem »ihr und wir«,« richtig und falsch« beginnt die Rückkehr zum Anfang eines neuen, einfachen Lebens. Ein Leben als Reise. Eine Reise mit offenen Augen, Ohren und Sinnen. Eine Reise, die kein anderes Ziel hat, als sich mit Vergnügen zu bewegen und zu lernen, ganz hier zu sein.

Diese Lebensreise bringt uns an Orte, die wir ersehnen, zu Menschen, die wir brauchen, und in Lebenslagen, die wir nötig haben. Wenn wir das erkennen, beginnen wir zu entspannen und loszulassen, dem Ganzen zu vertrauen, wie ein Kind von Natur aus der Mutter vertraut. Wir lassen uns also fallen in den Strom einer größeren Harmonie, nur um dann zu entdecken, daß es hier nicht »happy-endet«, sondern ganz profan weitergeht im Text des Alltags. Persönliche Entscheidungen, Antworten und Abgrenzungen sind weiterhin gefordert. Denn es geht der Intelligenz des Ganzen offensichtlich um ein Gleichgewicht, das sie spielerisch balanciert, ein Gleichgewicht von Tun und Lassen, von Aktivität und Ruhe, Sein und Nichts.

»Gott ist Tag und Nacht, Sommer und Winter.« (Heraklit, Fragmente)

Diese »Verborgene Harmonie der Widersprüche«, wie Heraklit, der Rätselhafte, sie so schön nannte, ist reine Poesie. Sie ist die blaue Blume, deren unbeschreibliche Schönheit sich nur dem Auge des reisenden Betrachters erschließt. Denn nur Reisende befinden sich in dem Zustand, den Heraklit mit »Alles fließt« umschrieb. Solche Reisende finden die blaue Blume, die, wie wahre Pilger, kein Ziel haben. Sie verbeugen sich vor der Straße. Die Straße ist der Buddha. Der Weg liegt direkt vor unseren

Füßen. Blumen blühen am Wegrand. Die Sonne ist jeden Tag neu. Was will man mehr?

Warum also sind wir hier?

Wir sind hier, um unsere ganz persönliche, einzigartige Note zur Entfaltung der Symphonie beizutragen, die man Leben nennt. Wir sind hier, um diese Symphonie zu spielen und sie zugleich hörend zu genießen. Wir sind Musiker und Publikum, Instrument und Spieler. Wir sind Dichter und Dichtung, Liebende und Geliebte. Wir sind der Fluß, der zwischen seinen Ufern fließt, dieser geheimnisvolle Fluß des Lebens, der uns mit auf seine weite Reise nimmt. Und zugleich sind wir die Ufer, die ihn schützen und formen. Wir sind hier und dort, zu Hause an beiden Ufern. Wesen doppelten Ursprungs sind wir, beheimatet im Himmel und verwachsen auf der Erde, auf diesem wunderschönen Planeten, der wie eine blaue Perle im Meer des Alls schwimmt.

Unsere Reise führt deshalb nirgendwohin. Sie führt von hier nach hier.

7. DAS BEWUSSTE ICH. EINS ZU NULL

»Denn es ist ein, wie es scheint, eingeborenes und völlig zwanghaft wirkendes Bedürfnis aller Menschen, daß jeder sein Ich als eine Einheit sich vorstelle. Mag dieser Wahn noch so oft, noch so schwer erschüttert werden, er heilt stets wieder zusammen ... Und wenn in besonders begabten und zart organisierten Menschenseelen die Ahnung ihrer Vielspältigkeit aufdämmert, wenn sie, wie jedes Genie, den Wahn der Persönlichkeitseinheit durchbrechen und sich als mehrteilig, als ein Bündel aus vielen Ichs empfinden, so brauchen sie das nur zu äußern, und alsbald sperrt die Majorität sie ein, ruft die Wissenschaft zu Hilfe, konstatiert Schizophrenie und beschützt die Menschheit davor, aus dem Munde dieser Unglücklichen einen Ruf der Wahrheit vernehmen zu müssen.«
(Hermann Hesse, Der Steppenwolf)

Kaum eine Instanz im menschlichen Spektrum ist so sehr übersteigert, gefeiert, gelobt, und so entschieden abgelehnt und abgrundtief verachtet worden wie das Ego. Selbstverständlicher Identitätsmittelpunkt den einen, gräßliche Fratze von Dummheit und Ignoranz den anderen.

Tatsächlich funktioniert die Ich-Realität der meisten Menschen offensichtlich so, daß beliebige Persönlicheitsfragmente, Selbste oder Selbstsysteme zur Macht durchbrechen und die Herrschaft übernehmen, bis sie von der nächsten, momentan stärkeren Instanz wieder gestürzt werden. Ein solches Chaos herrscht in diesem inneren Krieg, daß es verständlich scheint, wie die äußere Welt aussieht, die diesen kämpfenden Teilselbsten überlassen wurde. Landkarten der Antike, des Mittelalters und unserer Tage unterscheiden sich nur in der Größenordnung: An jeder Grafschaft ein Grenzzaun, neben jeder Kirche ein Galgen, neben jedem Palast ein Slum.

Die psychischen Strukturen der Menschen, die das alte Rom regierten, sind denen unserer demokratisch gewählten Repräsentanten vergleichbar – die der Untertanen auch: Teile und herrsche! Nach oben buckeln, nach unten treten! Das ist die Fratze des häßlichen Ego – von den Sklavenzügen der Antike über die Folterkammern des Mittelalters bis zu Auschwitz und Hiroshima zeigt es eine durchgängige Grundhaltung: »... und willst du nicht mein Bruder sein, dann schlag ich dir den Schädel ein ...«

Die christlichen Kirchen sind damit alt geworden und folglich etwas milder in ihrer Gewaltherrschaft als zur Zeit der Kreuzzüge und der Inquisition. Jüngere Religionen wie der Islam verhalten sich heute altersgemäß so fundamentalistisch wie die Christen im europäischen Mittelalter.

Das unbewußte Ego will sich selbst in der Welt gespiegelt sehen. Es fühlt sich wohl und sicher, wenn alle Welt ihm ähnelt, huldigt und sich vorhersagbar verhält. Alles

Andersartige wirkt bedrohlich und wird bekehrt oder bekämpft, bis Ich und Welt sich gleichen wie eine Industriestadt der anderen.

Verständlich wird so auch, daß klassische Erlösungssysteme auf die Eliminierung des Ego gedrängt haben. Ob Ost oder West, von Patanjali über Buddha und Christus bis zu Mohammed und Zarathustra sind sich die Religionsgründer und Ekstatiker einig: Das Ego ist das Problem, die Wurzel des Übels, die Inkarnation des Teufels. Das Ego muß daher sterben, damit Gott in den Menschen leben kann. Dem liegt die leidvolle Erfahrung zugrunde, daß das Ich ständig von unbegriffenen inneren Instanzen überschwemmt wird. »Ich« ist, was gerade am stärksten im Innern dominiert, und wird so unbewußt zur Exekutive verschiedenster Mächte. Zwischen Stolz und Reue, Euphorie und Depression, Größenwahn und Minderwertigkeit pendelt das unbewußte Ego hilflos im Wind sich bekämpfender Instinkte.

Ein Samurai fragt einen Zenmeister:
»Wo sind Himmel und Hölle?«
Der Zenmeister fährt ihn an:
»Wie kann so ein erbärmlicher Wurm es wagen, mir diese Frage zu stellen?«
Wutentbrannt greift der Krieger zum Schwert,
um die Beleidigung seiner Ehre zu rächen.
»Hier öffnen sich die Tore zur Hölle!«
ruft der Zenmeister.
Der Samurai hält inne und läßt das Schwert wieder zurückgleiten.
»Und hier öffnen sich die Tore zum Himmel!«
kommentiert der Zenmeister.

Das ist der Erkenntisschock des Zen. In einem Augenblick des *Kensho*, der plötzlichen Einsicht, wird der Samurai durch den Ruf des Meisters aus seinem gewohnten Weltbild herauskatapultiert und erlebt *Teisho*, die Wirklichkeit hinter den Dingen und Meinungen.

Nach diesem luziden Moment wird der Samurai vermutlich in seine vertraute Spur zurückfallen. Sollte er jedoch sein *Katana*, sein Kampfschwert, mit dem Schwert der Selbsterkenntnis tauschen, wird ihm früher oder später klar, daß er eine Wahl hat, wo vorher Automatik herrschte. Er lernt, bewußt innezuhalten, hinzusehen und eine Entscheidung zu treffen. Statt seinen Identifikationen blind zu folgen, steuert er sein Handeln. Wer erkennt und ändert hier? Das ursprüngliche formlose Selbst oder Nichtselbst? Nein, das bleibt unbeteiligt. Aber er gewinnt mögliche Alternativen zu seiner lang eingeübten Samuraihaltung. In Augenblicken wie diesem wird sein Ich bewußter. Er erweitert seine Wahlmöglichkeiten.

7.1 Spiritualisierung des Ego

»Das Leben ist nur wirklich, wenn ›Ich‹ bin.«
(G. I. Gurdjieff)

Die Psychologie der Selbste, wie sie von Hal und Sidra Stone vertreten wird, geht in der Betrachtung der Ich-Instanz einen entscheidenden Schritt über bisherige psychologische Ansätze hinaus. Die Persönlichkeitsfragmente, die der einzelne »Ich« nennt, werden als Selbste mit einer eigenen Geschichte und Bedeutung betrachtet. Solange ein Mensch mit einem oder einigen seiner Hauptselbste identifiziert ist, hat er keine Wahl. Ein praktisches Beispiel:

Albert A. ist erfolgreicher Salesmanager, sehr von sich überzeugt und schaut auf erfolglose Leute herab. Er liebt es, im Mittelpunkt zu stehen und seine Kunden zu überzeugen. Seine Freundin Lisa nennt ihn eingebildet und arrogant. Sie ist eher ein bescheidener, leiser Mensch. Lisa führt ihn in eine spirituelle Gruppe ein, in der seine forsche Art überhaupt nicht ankommt. Trotzdem ist Albert beeindruckt von den Zielen und Umgangsformen der Gruppe. Man sagt ihm dort, er müsse meditieren und sein Ego aufgeben. Albert beginnt zu meditieren und lernt nun seine Gedanken und Gefühle zu beobachten. Doch sobald er spricht und handelt, ist sein arrogantes Selbst da. Zwar stellt sich seine meditative Bewußtheit recht bald ein, aber er kann sich nicht anders äußern, als er es gewohnt ist.

Nach einiger Zeit entdeckt Albert nun eine stille, schüchterne Seite in sich und bringt sie in der spirituellen Gruppe zum Vorschein. Die Gruppenmitglieder sind mehr noch als seine Freundin Lisa sehr angetan von diesem neuen, transformierten Albert und überschütten ihn auf liebevolle Weise mit Anerkennung. Verständlich, daß Albert seine neu entdeckte schüchterne Teilpersönlichkeit für das Nonplusultra hält und sie auch in sein berufliches Leben einbringt. Von nun an ist er sehr still und zurückhaltend in seinen Geschäftsmeetings. Alberts gewohnter Erfolg beginnt zu bröckeln, seine Kunden sind verunsichert und trauen ihm nichts mehr zu.

Albert kann nicht sehen, daß er sein arrogantes Teilselbst zugunsten des bescheidenen verbannt hat. Wenn Albert nun lernte, ein bewußteres Ich zu entwickeln, könnte er zwischen den Gegensätzen stehen. Es würde ihm klar, daß er eine Wahl und die Verantwortung hat, angemessene Entscheidungen zu treffen. Seinem bescheidenen Teilselbst ist der arrogante Albert peinlich, weshalb es sich bemüht, ihn zu behindern. Der Erfolgsmensch dagegen möchte die bescheidene Stimme am liebsten wieder verschwinden lassen.

Albert löst sich von beiden Stimmen und steht in der Mitte. Nun ist er nicht mehr in der Dualität zwischen Arroganz und Bescheidenheit gefangen. Er spürt den Sog von beiden Seiten und trifft eine erste bewußte, praktische Entscheidung. In seinen Kundenbesprechungen tritt Albert nun wieder selbstbewußt auf, ohne aber arrogant zu wirken. Dabei wird ihm klar, daß die arrogante Note in seinem Verhalten aus dem Widerstreit mit seiner verneinten Schüchternheit kam.

Seine neu erwachte Sensibilität hilft ihm, die Beziehung mit Lisa zu vertiefen – die ihrerseits nun Alberts selbstbewußtes Auftreten in der Öffentlichkeit schätzenlernt. Albert hat in bezug auf zwei gegensätzliche Energiemuster in sich selbst – Arroganz und Schüchternheit, bzw. Selbstbewußtsein und Sensibilität, ein bewußteres Ich entwickelt. Wo er zuvor automatisch zum Opfer oder Täter wurde, kann er nun innehalten, hinschauen, spüren und eine bewußte Wahl treffen.

Bewußtseinsentwicklung zielt demgemäß darauf ab, Selbste und Selbstsysteme in sich selbst zu erforschen und mittels eines bewußteren Ich zu integrieren. Statt auf die endgültige Erlösung vom Übel durch den Tod des Ego zu hoffen, spricht vieles dafür, Verantwortung zu übernehmen für die »guten« und »bösen« Energien in uns selbst. Wer kann das tun? Ein egoloses, kosmisches Selbst? Ein Heiliger? Ein körperloses Lichtwesen im All?

Zu weit sind sie entfernt vom Montagmorgen im Büro, von den Bergen schmutziger Wäsche zu Hause und den Mahnbescheiden vom Finanzamt, um das irdische Alltagsleben zu balancieren. Nein, die zentrale psychische Instanz, das Ego selbst, muß diese Aufgabe übernehmen. Es kann bewußter werden, gewissermaßen transformiert und erhöht werden, indem es lernt, wie ein Moderator den verschiedenen Energien oder Selbsten Raum und Stimme zu geben statt Macht. Das Ich wird so zum Diener aller unserer Energien und lernt, niemanden zu bevorzugen, keinen zu benachteiligen. Solch ein bewußtes Ich ist eben nicht mehr jenes selbstsüchtige Ego, dem die Aufrechten den Kampf ansagen. Es tritt zurück, vermittelt und verhandelt wie ein guter Dienstleister und hilft schließlich, eine verantwortliche Entscheidung zu treffen.

Damit bekommt es selbst Macht und Verantwortung, denn es darf nicht beiseite treten, um dem inneren Killer oder Heiligen den Vortritt und damit das ganze Feld zu überlassen.

Ein unbewußtes Ego ist mit einem Teilselbst identifiziert (»Ich bin ein ehrlicher, liebevoller Mensch«) und bekämpft seine Schatten im Außen, in den Andersartigen oder Feinden – bis sie ihn einholen. Dagegen lernt das bewußtere Ich, diese und andere Teile der Gesamtpersönlichkeit zu verstehen und zu akzeptieren. Denn der geliebte, angenommene innere Killer muß nicht tatsächlich morden, um sich und seine Botschaft in Erinnerung zu bringen. Die akzeptierte und geliebte innere Königin ist weit weniger eitel und herrschsüchtig. Ihre Absichten und Beiträge können durchkommen und zum Wohle des ganzen Menschen eingesetzt werden.

Der männliche Macher muß nicht mehr ständig mit

Vollgas an seinen eigenen Bedürfnissen vorbeirasen. Die weiche, immer nachgiebige und verständnisvolle Frau muß nicht länger ihren inneren Kämpfer einsperren, um den Druck ihres psychischen Dampfkessels unter Kontrolle zu halten.

Das Drama der Juden und ihrer Verfolger zeigt durch seine ganze lange Geschichte bis hin zum Holocaust, wie die Verweigerung bewußter Bearbeitung in Gewalt mündet. Die jüdischen Gemeinden in Europa boten sich als hervorragende Projektionsfläche an für die Schuldzuweisungen und Rachebedürfnisse frustrierter und verarmter Bevölkerungsteile. Sie sahen anders aus, verhielten und kleideten sich anders, grenzten sich ab – und waren erfolgreich! Relativ viele Juden hatten Geld und Einfluß – bei Minderheiten Beweis genug für ihre Schuld. Hatten sie doch nicht nur den Erlöser der christlichen Mehrheit auf dem Gewissen – nein, darüber hinaus wagten sie auch noch, geschäftstüchtiger als ihre Umgebung zu sein! Die Minderwertigkeitsgefühle und die geringe Selbstachtung der Armen schlagen in Wut auf die unbegriffenen anderen um. Wer sich selbst zu kurz gekommen glaubt, will sie nun auch kleinkriegen. Warum schaffen die, was ich nicht schaffe? Sie müssen mit dem Bösen im Bunde sein!

Sie repräsentieren diejenigen verdrängten Selbste, die das verärgerte Opfer in sich selbst nicht anschauen will und deshalb lieber im Außen bekämpft – bis zur gewaltsamen Endlösung aus der Bedrohung.

Und die Juden? Arme Opfer? Hilf- und machtlos dem Aggressor ausgeliefert? Das paßt kaum zu einer so stolzen Minderheit, die keinem Anpassungsdruck nachgibt, die ihre eigenen Gewohnheiten und Rituale im Gegenteil sorgfältig kultiviert, um ihr Anderssein, ihr Auserwähltsein vor Gott einer ignoranten Umwelt zu demonstrieren. Soviel rigide Abgrenzung und Ausgrenzung, soviel stolze Identität in jeder Diaspora verdeckt einen inneren Gegenpart. Welche Macht- und Strafbedürfnisse sind so stark, daß sie die eigene Vernichtung in Kauf nehmen, um so den Opfersieg über die stärkere Macht um jeden Preis zu erringen?

Nazis und orthodoxe Juden hatten eines gemeinsam: Beide hielten sich für auserwählt und einzigartig – wenn auch auf sehr unterschiedliche Weise.

Der Schatten einer solchen Identität liegt in der offenen oder subtilen Verachtung anderer Lebensformen, Religionen oder Völker. So ist es gut möglich, daß die Diskriminierung, die jüdische Gemeinschaften immer wieder und überall erfahren haben, hier ihre Wurzel hat. Ihre Umgebung spürte ihre Aura von »Besonderssein« und erlebte die daraus resultierende Abgrenzung als Abwertung und Kränkung der eigenen Kultur. In der Gegenreaktion machten die Gekränkten ihrem Ärger durch Verspottung oder Verfolgung dieses arrogant erscheinenden »auserwählten Volkes« Luft.

Wenn zwischen einzelnen Menschen oder Kulturen keine Kontakte entstehen, keine Verbindungen wachsen, ist der Weg der Gewalt offen. Gewalt gegen Fremde und Andersartige ist eben auch deshalb weltweit so verbreitet, weil das innere Bild des Fremden getrennt vom eigenen Erleben ist. Das andere ist immer außen und dort kann es bekämpft und zerstört werden, um so das gewohnte Selbstbild zu sichern. So haben die deutschen Nazis den Antisemitismus, der in ganz Europa und Nordamerika spürbar war, in ihrem Weltmachtswahn stellvertretend übernommen. Deutschland konnte nun in der Rolle des von der Vorsehung auserwählten Volkes die Vernichtungsträume einer ganzen Kulturhemisphäre ausleben. Die Antisemiten der anderen Nationen befanden sich so in der angenehmen Lage, sich vom barabarischen Bösen der Deutschen abgrenzen zu können und sich durch die Zerstörung Nazi-Deutschlands demonstrativ von jeder Verstrickung reinzuwaschen. Die Übeltäter waren nun klar identifiziert und mit der Vernichtung der Vernichter verschwand das Böse schnell aus der Welt. Wer fragt schon die Befreier von Auschwitz nach ihrem Umgang mit den Verfolgten vor Auschwitz? Erst jetzt, 50 Jahre später, wagen sich die ersten vorsichtigen Tastversuche vor nach »Nazigold« in Europa, jüdischem Flüchtlingselend in New York, williger Denunziation und Auslieferung von Juden in Frankreich, Belgien und Holland. Wie naiv es ist, den Mord an einem ganzen Volk als isolierten Alleingang eines bösen Landes zu betrachten, offenbaren gerade jene gängigen Pauschalurteile, die heute mit amerikanischem Pragmatismus eine glatte und eingängige Endsicht des Holocaust verkaufen.

Aus »Die Juden sind unser Umglück« wird so die ebenso bequeme Kollektiv-Projektion »Die Deutschen sind willige Mordhelfer«.

In diesem Licht ist es interessant zu fragen, was die militanten islamischen Fundamentalisten spiegeln, in deren Bekämpfung Israel heute so erfolgreich versagt.

Die jüdische Bevölkerungsmehrheit ist in Israel eindeutig im Besitz der staatlichen Macht und sieht sich nun mit der »auserwählten« Minderheit einer anderen Religion konfrontiert. Sie tut sich sehr schwer, deren Sichtweise nachzuvollziehen, und reagiert mit Kränkung und Abgrenzung, wenn sich die »anderen« nicht einfach assimilieren lassen wollen. Der Kontakt bricht ab, die Verständigung hört auf – und damit ist der Weg zur Gewalt frei.

Es ist viel geschrieben und geredet worden über die Versöhnung zwischen Juden und Deutschen, Israelis und Palästinensern. Doch mit gutem Willen allein ist es nicht getan. Erst wenn jedes Kollektiv die eigenen Verstrikkungen und gegenseitigen Projektionen ins Bewußtsein rückt, wenn die Beteiligten den anderen in sich erkennen, können wir aus der Täter-und-Opfer-, Schuld-und-Sühne-Falle entkommen, unsere Augen öffnen und verantwortlich handeln.

7.2 Bewußtheit konkret

»Sehr oft kam Gurdjieff auf das Fehlen der Einheit im Menschen zu sprechen: »Einer der Hauptirrtümer des Menschen«, sagte er, »den man sich immer wieder vor Augen halten muß, ist seine Täuschung in bezug auf sein Ich ... Sein Ich wechselt mit gleicher Geschwindigkeit wie seine Gedanken, Gefühle und Stimmungen, und er begeht einen gewaltigen Irrtum, wenn er sich für ein und die gleiche Person hält; in Wirklichkeit ist er immer eine verschiedene Person, nicht die gleiche, die er im vorigen Augenblick war.«

(P. D. Ouspensky, *Auf der Suche nach dem Wunderbaren)*

Im Kollektiv wie im Individuum geht es heute darum, Bewußtsein in die Ich-Instanz zu bringen. Meditation ist dazu eine gute Vorübung. Meditierende üben zunächst bewußte Wahrnehmung bestimmter einfacher Körpererfahrungen oder Sinneseindrücke wie Hören, Sitzen, Gehen, Atmen. Das ist langwierig und schwierig, denn unbewußte Gedanken schieben sich ständig zwischen den Wahrnehmenden und das Wahrgenommene. Daher die buddhistische Aussage, daß wer sich selbst erkennen will, nur den eigenen Atem zu beobachten braucht.

Im meditativen Prozeß wird unbewußtes psychisches Material an die Oberfläche geschwemmt und wertfrei angeschaut. So entsteht die Instanz des inneren »Zeugen« in der Meditation, der nüchtern und sachlich innere und äußere Vorgänge wahrnimmt, ohne Partei zu ergreifen. Ein Ergebnis von langer Meditationspraxis ist ein müheloser meditativer Zustand wahlloser Bewußtheit, der in die Verschmelzung von Beobachter und Beobachtetem münden kann. Damit verschwindet der »Denker«, die koordinierende und wertende Zentrale des ichbestimmten Verstandes und löst sich auf im *Anatta* (Nichtselbst), im reinen Sein – so die traditionelle Betrachtungsweise.

In psychodynamischer Sicht hat der Meditierer seine fühlenden, denkenden und wertenden Energien schlicht beiseite geschoben, um sich ganz mit dem formlosen Selbst zu identifizieren. In diesem Nullzustand fühlt er sich vollkommen problemfrei, vielleicht auch getragen von kosmischen Kräften – ist allerdings im konkreten Alltagsleben nur bedingt entscheidungs- und handlungsfähig.

Deshalb wird der Null-Raum eben auch von seinen erleuchteten Bewohnern immer dann durch die praktischeren, aber unbewußten Persönlichkeitsanteile ergänzt, wenn es darum geht, weltlich-konkret zu handeln oder zu entscheiden. Leider bemerkt manch klassischer Meister offenbar gar nicht, wenn seine vermeintlich gestorbenen Persönlichkeitsanteile die Führung übernehmen. Er nimmt es nicht wahr, weil er aufgehört hat, seine fraglos hochentwickelte Bewußtheit dorthin zu richten. Bewußtsein erhellt wie ein Scheinwerfer genau diejenigen Felder, auf die man es richtet. Was man nicht mehr beachtet, verschwindet jetzt nicht einfach, weil es andernorts hell strahlt.

Diese erleuchtete Verdrängungsleistung hat eine konkrete historische Ursache.

Im traditionellen östlichen Weg der Erleuchtung gibt der Schüler sich dem Meister hin, d. h., er gibt seinen Willen, seine eigenen Interessen, Meinungen und Vorlieben auf, um egoistische Identifikationen zu verlieren, also sein Ego »sterben« zu lassen. Seine Wahrnehmung paßt sich vollkommen den Vorgaben des Meisters an, und er führt widerspruchslos aus, was ihm gesagt wird. Mit dieser für die meisten westlichen Menschen abschreckenden Methode brechen viele zwanghafte Identifikationen weg, und der Schüler wird immer offener und freier für die unpersönliche Göttlichkeit, für die Erkenntnis seines ursprünglichen, ungeborenen Selbstes.

Unvermeidlich gibt er auf seinem Weg der Hingabe die Verantwortung für sich selbst an den Meister ab. Im äußerst seltenen Idealfall erlebt dieser Schüler nach vielen Jahren der Meditation oder des Gebets eine Erleuchtung, die vom Meister anerkannt wird. Nun wird der Schüler selbst zum Meister und setzt die Tradition fort. Er kann jetzt die Hingabe an seinen Meister durch die Hingabe an Gott ersetzen. Die Persönlichkeitsanteile, zu denen er während seiner Jüngerschaft die Verbindung abbrach, schlummern weiterhin als unsichtbares Potential unter der Oberfläche. Wenn er nun als entscheidender, handelnder Mensch und nicht als Tor zum Göttlichen gefragt ist, wachen diese schlafenden Hunde auf und bellen wie eh und je. Er hat nie gelernt, diese Kräfte zu balancieren, und ist nicht bereit, sich mit ihnen zu beschäftigen, weil er sich als selbstloses Medium des Göttlichen versteht. Subjektiv hat er keine andere Wahl, als auszuführen, was er durch göttliche Eingebung empfängt. Er erlebt darin seine Freiheit und Ekstase. In seinem losgelösten Zustand nimmt er Fehlschläge und Angriffe entspannt, wertfrei und gelassen wie jedes Geschehen hin. So gesehen leidet er nicht und hat keine Probleme mehr. Allerdings kann er auch nicht helfen, irdische Probleme konkret zu lösen. Sein Beitrag ist der Hinweis auf den problemfreien Raum – und der ist eine Realität unter anderen.

7.3 Innerer Weg und Aufgabe

Nachdem die politischen und wissenschaftlichen Ansätze zur Lösung der gegenwärtigen globalen Krise gründlich versagten, haben sich seit den späten 60er Jahren viele Menschen hoffnungsvoll inneren Wegen zugewandt.

Mein eigener Weg führte mich, wie bereits beschrieben (s. Kap. »Erleuchtung und Illusion«), nach Indien, wo ich einige Jahre als Schüler Rajneeshs verbrachte. Nach dem Umzug der Rajneesh-Kommune in die USA Anfang der 80er Jahre kehrte ich in den Westen zurück und begann mich innerlich und äußerlich von der Zugehörigkeit zur Rajneesh-Bewegung zu lösen. Seinerzeit lebte ich in einem spirituellen Zentrum der Rajneesh-Neo-Sannyas-Bewegung, das mein Freund Michael Barnett in Brüssel leitete. Aufgrund seiner Eigenständigkeit fiel dieses Zentrum zunehmend in Ungnade. Es dauerte nicht lange, bis Michaels Ausschluß aus der Neo-Sannyas-Bewegung öffentlich verkündet wurde. Von jedem Umgang mit dem Exkommunizierten wurde den Sannyasins »stark abgeraten«. Natürlich dachte ich nicht daran, mich an solch ein Verbot zu halten, und nahm bald wieder Kontakt zu Michael auf.

Für viele wurde ich nun auch eine Unperson und verlor so die Beziehung zu der Welt der Sannyasins und den Menschen, die für acht Jahre mein Universum repräsentiert hatten. Einerseits schmerzlich, war es auch ein gutes Gefühl, wieder den Boden unter meinen eigenen Füßen zu spüren und allein auf mich selbst gestellt meinen Weg weiterzugehen.

Ganz allein war ich allerdings auch in spiritueller Hinsicht nicht. In meiner Freundschaft mit Michael, Rajneeshs verlorenem Sohn, wandelten sich mein Weg und meine Gangart. Selbstverantwortung begann die hingebungsvolle Erwartung der Sannyasjahre zu ergänzen. Erleuchtung schwebte nicht mehr in mystischer Ferne. Praktisch und nah war sie, ganz gleich ob wir über sie sprachen oder über Politik, Bücher oder Kinder, ob wir still saßen oder lachten und Wein tranken. Besuche bei J. Krishnamurti und U. G. Krishnamurti, zwei außergewöhnlichen und grundverschiedenen indischen Weisen, konkretisierten meine Sichtweise und schärften meine in Jahren der Schülerschaft etwas stumpf gewordene Wahrnehmung.

Aus diesem Lebensgefühl entstand gleichzeitig mein Bedürfnis, das Ghetto der spirituellen Szene zu verlassen und wieder in die »normale« Welt einzutauchen. Waren die Entwicklungen der letzten Jahre real, so dachte ich, dann müßten sie auch in einer gegensätzlichen Wirklichkeit lebendig bleiben. Wenn sie diesen Test nicht aushielten, dann wären sie nur künstlich kultivierte Gewächshauspflanzen, die im Wind des Lebens umfielen, nichts als esoterische Illusionen. Ich war entschlossen, das herauszufinden und die Konsequenzen zu ziehen.

Über ein etabliertes, bürgerliches Institut begann ich als Managementtrainer zu arbeiten und konfrontierte mich so mit einer völlig anderen Realität. Die Welt meiner Teilnehmer war rational, durchstrukturiert und zielorientiert. Eingespannt zwischen Karriere und Familie, zwischen Konkurrenzkampf und Hausfinanzierungsraten standen sie ständig unter enormem Druck. Als exotischer Paradiesvogel flog ich in ihre Hi-Tech-Büros ein, faszinierte sie mit entspannter Gleichmütigkeit und weiten Energieräumen, lehrte sie die Kunst bewußter Wahrnehmung und dozierte, wenn sie stiller geworden waren, über *Maya* und *Samsara*, die illusionäre Natur der Welt.

Aber sie schüttelten dieses Netz rasch ab und konfrontierten mich mit ihren Praxistests. Sie kauften weder vage Andeutungen noch subtile Möglichkeiten. Sie wollten praktikable Wege und greifbare Anleitungen. Es gab manche Auseinandersetzungen, auch Kämpfe, Eklats und Brüche. Aber der innere Raum, den ich in den letzten Jahren gefunden hatte, hielt stand, verstärkte sich sogar im Konflikt und wurde ansteckend. Nie werde ich die Energiemeditation vergessen, in die ich mit 200 angeheiterten Nudelverkäufern eintauchte. Mitten im Lärm, Qualm und Alkoholtaumel – plötzlich Stille. In meinen Seminaren sanken seriöse Versicherungsvorstände und gestandene Banker zu Boden und fühlten sich nach drei Tagen wie verwandelt. Manche änderten ihr Leben und fanden zu sich selbst zurück. Männer, die bewußtlos zwischen Zynismus und Herzinfarkt hin- und hertaumelten, hielten plötzlich inne und öffneten ihre eigenen Augen. Andere fanden die Kraft, ihre versteckten Lebenslügen anzuschauen oder auch langersehnte Ziele zu erreichen. Nichts wurde mir geschenkt, jeden Erfolg mußte ich mir Schritt für Schritt hart erarbeiten. Es gab keine Vorschußlorbeeren, Solidaritäts- oder Autoritätskredite wie für Gruppenleiter der alternativen Szene – alles war gnadenlose Knochenarbeit. Jeder einzelne Teilnehmer in jedem neuen Seminar testete mich aus. Kein Aufbau, keine Selbstverständlichkeiten, jedesmal wieder von vorn – das kleine Einmaleins. Oft war ich am Ende meiner Kräfte und fiel nach Seminarschluß nachts völlig erschöpft auf mein Hotelbett. Müde, aber glücklich, etwas Nützliches geben zu können und meinen eigenen Weg zu gehen.

Trotz des pragmatischen Charakters meiner Arbeit hatte ich in den 80er Jahren noch romantische missionarische Vorstellungen über meine Aufgabe im Prozeß der Befreiung der Menschheit durch spirituelle Entwicklung.

Seit den 90er Jahren wird deutlich, daß weder der klassische Weg der Erleuchtung noch kollektive Meditation fortgeschrittener spiritueller Gruppen allein geeignet sind, unsere irdischen Probleme zu lösen. Dies gilt offensichtlich sowohl für die äußere als auch für die innere Welt, die wir bewohnen. Die spirituelle Aufgabe der Gegenwart liegt für mich vielmehr darin, die bisher ausgegrenzten Aspekte des Menschseins einzubeziehen und damit auch die gesamte äußere Welt mit ihren sozialen, technologischen und politischen Systemen.

Unser durch Meditation oder spirituelle Praxis entwickeltes Bewußtsein müssen wir dazu in die Ich-Instanz selbst leiten. Es ist nicht genug, den gegenwärtigen Zustand des Planeten und der Menschheit zu sehen und sich dessen wahllos bewußt zu sein! Es reicht nicht aus, den Kopf in Sand zu stecken und Gott um Hilfe zu bitten! Es ist nicht damit getan, das Ego der unbewußten Menschen zu beklagen und das eigene Ich angeekelt absterben zu lassen! Vielmehr muß dieses Ich selbst durch Bewußtseinsenergie spiritualisiert werden, damit die entscheidende Instanz im Menschen intelligent und verantwortlich handeln lernt.

Es ist natürlich sehr viel schwieriger, sich von herrschaftsgewohnten eigenen Teilselbsten zu lösen, als seine Sitzhöcker auf dem Meditationsbänkchen zu spüren oder dem ein- und ausströmenden Atem zuzuschauen. Auch ist es keineswegs einfach, den neutralen, bewußten Beobachter aus der Meditationserfahrung mit einem langsam bewußteren, aber darüber hinaus auch verantwortlich handelnden und entscheidenden Ich zu verbinden.

Notwendig aber ist dieser Entwicklungsschritt, denn er bringt nun die feinen, subtilen Bewußtseinsenergien in die Materie selbst hinein. Der dichten Materie entsprechen in uns die körperlich-emotionalen, persönlichen Strukturen. Das mit ihnen identifizierte unbewußte Ego wird durch seine neue Resonanzfähigkeit zu hohen Bewußtseinsenergien selbst erhöht, spiritualisiert und fähig, diese subtilen, feinen Schwingungen in die gesamte persönliche Struktur hineinströmen zu lassen. Wir sind damit nicht länger hilflose Opfer unserer ererbten Reptilien- und Säuger-Programme, sondern lernen, Bewußtsein konkret im irdischen Alltag zu leben. Genau das erscheint mir als der konsequente nächste Schritt nach dem diffusen spirituellen Erwachen der letzten 25 Jahre.

Unser Umgang mit Bewußtheit ähnelt einem noch müden, schläfrig blinzelnden Menschen, der gerade erst aufgewacht ist und sich auf seine Umgebung und die Aufgaben des Tages noch nicht so recht einstellen mag. Seine Wahrnehmung ist diffus-zeitlos und noch gefärbt vom Schlafzustand. Aber nachdem dieser Mensch geduscht und gefrühstückt hat, fokussiert sich sein Bewußtsein. Er beginnt sich in den neuen Zustand des Wachseins hineinzufinden, wird genauer, konkreter und handlungsbereit.

Analog verläuft der Prozeß eines bewußteren Ich. Die diffuse, unfokussierte Bewußtheit aus Meditationserfahrung wird geschärft, um sich mit wachem Blick ins Innenleben und in die Außenwelt einzuschalten.

Mit erweitertem Bewußtsein, mit hellerer Klarheit betrachten wir nun uns selbst und unseren Heimatplaneten. Unübersehbar wird das Offensichtliche: Wir müssen unsere Gewohnheiten, Werte und unser Verhalten gründlich ändern, wenn wir auf der Erde weiterleben wollen. Um diese Werte, Einstellungen und Gewohnheiten zu verändern, reicht es wiederum nicht aus, einfach zu meditieren und harmonische Schwingungen auszusenden – geschweige denn zu lamentieren und nach Schuldigen zu suchen. Sinnvoller ist auch hier der forschende Blick nach innen, mit dem wir diejenigen unserer unbewußten Energien und Selbste, die für unsere selbstzerstörerischen Handlungen verantwortlich sind, aufspüren. Im Dialog mit ihnen lernen wir, sie nicht mehr als grausame Bösewichter und gierige Dummköpfe in anderen zu verurteilen und in uns zu verdrängen, sondern ihre Motivation und ihre Gefühle zu verstehen und anzunehmen. Wenn wir diese unsere »Feinde« nicht verurteilen, können wir beginnen, sie zu lieben. Zwei der kraftvollen und essentiellen Aussagen Jesu sprechen eine klare und doch unverstandene Sprache: »Urteilet nicht!« und »Liebet eure Feinde!«

Zweitausend Jahre lang sind diese Maximen missionarisch verbreitet, gepredigt und gepriesen worden. Warum haben wir es denn immer noch nicht gelernt?

Nun, bekanntlich hört und sieht jeder Einzelne eben nur, was er hören und sehen möchte und kann. Völlig verschmolzen mit der psychischen Energie eines religiösen Eiferers oder seines Gegenparts, eines cleveren Kaufmanns vielleicht, ist es niemandem möglich, die praktische Bedeutung dieser Worte nachzuvollziehen.

Zu solch einem Lernprozeß gehört folglich mehr als Predigt, Katechismus und Kreuzzug – nämlich:

1. Entwicklung unfokussierter Bewußtheit (Meditation, subtile Energiearbeit)
2. bewußte, persönliche Beziehung zu Gott
3. genaues Erforschen unserer persönlichen und kollektiven Energien und Selbste
4. konkrete Bewußtheit in Kommunikations- und Beziehungsmustern
5. Entwicklung eines bewußten und verantwortlichen Ich, das zwischen den Gegensätzen stehen und wählen kann.

Wie kann dieser Lernprozeß praktisch aussehen?

In der buddhistischen Tradition gilt der Weg der Verneinung als Königsweg zur Selbsterkenntnis. Buddhisten nennen diese Methode *Neti-Neti* – weder dies noch jenes. Man versucht zum Kern durchzudringen, indem alle wahrgenommenen Phänomene verneint werden: »Ich bin nicht mein Körper, ich bin nicht meine Gedanken, ich bin nicht diese Emotion, ich bin nicht diese Stille usw.« Übrig bleibt schließlich das unzerstörbare, ungeborene spirituelle Selbst. Im Zen hat der *Koan* mit seiner Aufforderung, ein unlösbares Rätsel zu lösen, einen weiteren Weg ins Undenkbare geöffnet.

Ähnlich arbeitet das ältere *Advaita Vedanta*, heute vertreten durch Anhänger der Tradition Ramana Maharshis[14] In dessen Methode der Selbsterforschung *Vichara* beginnt der Suchende ebenfalls mit einfacher Selbstbeobachtung (»ich bin ärgerlich, ich bin hungrig, ich bin müde …«), schneidet sich dann von diesen Wahrnehmungen ab und kehrt stets zurück zu seiner Grundfrage: »Woher steigt dieses Ich auf«? Allmählich dringt so das spirituelle Selbst durch und wird als verwirklicht betrachtet, wenn sich keine andere Stimme mehr äußert. Das Ego gilt nun als gestorben, der Mensch als erleuchtet. Tatsächlich hat aber eine einzige mächtige Stimme, das spirituelle Selbst nämlich, die anderen Bestandteile des psychischen Ganzen schlichtweg dominiert. Der Ochse[15] ist gezähmt, und wenn er bald in der Leere verschwunden ist, kann niemand mehr die Herrschaft des erleuchteten Autokraten herausfordern.

Genauso wie dieser Prozeß psychische Energien abschneiden und ins Dunkel verdrängen kann, ist er jedoch auch imstande, sie zu respektieren und ins Licht des Bewußtseins zu holen. Dazu wird der Lernende ebenfalls aufgefordert hinzuschauen, welche Stimme in ihm gerade spricht. Im Gegensatz zum negierenden Weg der Tradition wird diese Stimme nun jedoch gewürdigt. Sie darf

---

14 s. Kapitel »Der alte spirituelle Mythos: ein heiliger Asket«
15 s. Kap. »Null und Eins«

sich äußern und ihre Bedürfnisse und Anliegen mitteilen. In Beziehung zu ihr wächst allmählich ein bewußteres Ich, das sie wahrnimmt, ohne von ihr überschwemmt zu werden. Ist der Lernende imstande, seine inneren Höhen und Tiefen sprechen zu lassen, kann er freier wählen. Er wird zum weisen Freund seiner Dunkelheit und Destruktivität, ist in Kontakt mit seinen sensiblen kindlichen Energien, schätzt Verstand und Emotionen und ist verbunden mit den Seinsenergien des spirituellen Selbstes. So lernt er, wie ein Seiltänzer sein ganzes Wesen im Balanceakt zwischen seelischen Polaritäten anzunehmen und zu verantworten.

8. BALANCE

8.1 Himmel und Erde

Der Legende nach saß Bodhidharma, der den Buddhismus tausend Jahre nach Buddha von Indien nach China brachte, dort nach seiner Ankunft neun Jahre lang unbewegt in einer Höhle. Er wartete auf die richtige Person, der er das *Dharma*, die Essenz der Lehre, übertragen könnte. Völlig unbewegt sitzt er mit dem Gesicht zur Wand und reagiert auf keine Ansprache. Endlich kommt der Richtige. Hui K'e ist sein Name. Er steht vor der Höhle im Schnee, spricht ihn an und wartet. Tagelang, nächtelang keine Reaktion. Schnee bedeckt Hui K'es Haupt, seine Füße erfrieren. Bodhidharma zeigt keinerlei Regung. Da hackt Hui K'e sich seine rechte Hand ab und gibt sie dem Meister als Zeichen seiner Entschlossenheit. Bodhidharma dreht sich augenblicklich um und wendet sich seinem späteren Nachfolger zu. So wurde die Übertragungslinie gesichert.

Symbolische neun Jahre dauert es, bis die Lehre aus

der dunklen Höhle der Erdmutter ins Licht einer neuen Welt kann. Der Mann, der sie empfängt, glüht so vor Sehnsucht nach dem Licht der Befreiung, daß er bereit ist, sein bisheriges Handeln aufzugeben. Die Hand, von der er sich trennt, ist sein eigenes Handeln, das er nun in die Hände des mächtigen erleuchteten Vaters, des ersten Patriarchen des Zen, legt.

Die Dunkelheit erleuchten, Licht in die Materie bringen – das ist ein alter Traum männlich geprägter Spiritualität. Die Bilder dieses Traums spiegeln sich in den Lehren und Ritualen der Weltreligionen. Stets ist es der heilige männliche Geist, der die trübe animalische Dämmerung erleuchtet und schlummernde Menschen in bewußte Lichtwesen verwandelt – vergleichbar der Sonne, die eine dumpfe schwere Erde bestrahlt, in deren dunklem Schoß die Saat sehnlich auf ihre Befreiung durchs himmlische Licht wartet.

Die Urbilder dieses Traumes entstanden im Banne jahrtausendelanger matriarchalischer Macht. Für Äonen beherrschten die Symbole des Weiblichen und der Erde das ganze menschliche Leben und zwangen den freien Flug des Geistes bereits nach wenigen Flügelschlägen zurück in die Zyklen seiner Reproduktion: auf den Boden und ins Blut des ewigen Mutterschoßes, der allein sein Weiterleben zu garantieren schien. Da der Zusammenhang zwischen Zeugung und Geburt in frühen matriarchalischen Kulturen unbekannt war, blieb die absolute Macht der Mutter als geheimnisvolle Quelle des Lebens unantastbar. Am schöpferischen Kreislauf von Geburt, Tod und Wiedergeburt hatten die Männer in mutterrechtlichen Welten keinen Anteil. Das Licht des Vaters erstrahlte dann um so heller, als es dem siegreichen Patriarchat gelang, Vater,

Sohn und Heiligen Geist als Ursprung allen Lebens auszugeben. Nun avancierte der Mann zum wahren Erzeuger des Lebendigen und reduzierte die Frau zum bloßen Gefäß, in dem seine Saat wie in einer Blumenschale heranwuchs. Seine religiösen und spirituellen Wege betonten die Notwendigkeit der Befreiung aus dem Gefängnis des Erden-Körpers. Erst die Durchdringung mit himmlischem Licht konnte dem »Fünklein« der Seele im unbewußten Weltmenschen helfen, sich in eigenem Licht zu entfalten.

Die Beispiele und Stellungnahmen dieses Buches haben sich mit Sinn und Sackgassen der Suche nach spiritueller Befreiung beschäftigt. Neben den Anhängern der klassischen Erleuchtungswege begeistern sich heute viele wieder für eine matriarchalisch geprägte Blut-und-Boden-Spiritualität. Die Renaissance matriarchalisch-religiöser Ideen und Praktiken ist nicht das Thema dieses Buches – aber als sein Schattenthema indirekt beteiligt.

Ob Patriarch oder Matrone, ob Gottvater oder Muttergöttin – beide Vorstellungen grenzen ihre andere Hälfte aus und verewigen die alte Trennung in richtig und falsch, gut und böse, die so deutlich in der gegenseitigen Beherrschung und Unterdrückung der Geschlechter sichtbar wird. Wobei richtig natürlich das jeweils eigene und falsch das andere, Gegensätzliche ist.

Die Formen der Trennung ändern sich im Kaleidoskop der Zeiten – neben Männern und Frauen können Christen und Juden, Hindus und Moslems, Russen und Deutsche, A-Dörfler und B-Städter die Guten oder Bösen sein. Abgrenzung, Unterdrückung und Kampf sind zwangsläufige Folgen eines innermenschlichen Zustands, in dem die Kluft zwischen »uns« und »denen« menschliches Zusammenleben eher verhindert als gestaltet. Eine Chance zur harmonischen Entwicklung der Menschen entsteht vielleicht erst mit dem Ende dieser unseligen Trennung.

Aber wie kann das andere zum Eigenen werden?

8.2 Weg der Energie

Menschen sind göttlich und teuflisch. Wesen doppelten Ursprungs nannte uns Dürckheim, einer der ersten westlichen Zenlehrer. Verfolgten und verachteten Menschen wird bekanntlich von ihren rechtmäßigen oder ungesetzlichen Verfolgern aberkannt, was sie sich selbst zubilligen. Diese Gewohnheit macht vor der spirituellen Welt nicht halt. Ich habe mich immer gewundert, wie manche spirituellen Sucher das Göttliche in einem Grashalm zu sehen glaubten, während sie in einem bestimmten Menschen nur Dunkelheit und Haß erkennen konnten. Instinktiv spürte ich schon als Kind, daß auch diese erschreckenden Seiten, die mir in Größeren und Stärkeren Angst machten, irgendwie dazugehörten.

Sehen lernte ich es viel später, als ich mit Gewalt, Zerstörung und Tod direkt konfrontiert wurde. Wohl zeigte sich mir das Licht auch in Gewalttätern. Aber ich konnte darüber hinaus eine Verbindung zu ihnen spüren, in der ich so fühlte wie sie. In mir selbst bebte ihr Haß mit, und ich konnte ihre Zerstörungswut und ihren flammenden Fanatismus spüren. Vielleicht, mögen manche einwenden, habe ich die Schlimmsten nicht erlebt. Nur gewöhnliche Mörder, Vergewaltiger, Fremdenhasser. Das mag sein. Neulich aber las ich in einem Magazin über eine Frau, die sie alle in den Schatten stellte.

Diese ehemalige KZ-Aufseherin wurde gerade aus dem

Gefängnis entlassen. Unter ihrem groß aufgemachten Bild war ihre Geschichte erzählt. Im KZ hatte sie aus eigenem Antrieb Müttern ihre Kinder entrissen, um sie zur Gaskammer zu schleppen. Was kann den Schmerz dieser Mütter beschreiben? Was die Angst der Kinder? Was den Zustand jener Frau? Bestialisch? Wohl kaum. »Bestien«, wilde Tiere also, töten aus natürlichem Instinkt. So wartet die Hyäne neben einer gebärenden Kuh, bis das Junge auf den Boden fällt, um es dann zu verschlingen. Was geht in der gebärenden Kuh vor, die ihre Kindsmörderin warten sieht? Was in der Hyäne? Haß? Rachegefühle?

Als ich ihr Bild sah und ihre Geschichte las, war es mir vollkommen klar: Diese Frau repräsentiert auch einen Teil von mir, ebenso wie Urwaldinstinkte zu meiner Erbschaft gehören. Gleichzeitig spürte ich ein Echo vom Schmerz ihrer Opfer. Wer diese seelischen Anteile nicht mehr verneint, muß keine Energie aufwenden, um sie in sich oder anderen zu bekämpfen. Folglich beherrschen sie ihn nicht so zwangsläufig wie den guten Menschen, der als braver Soldat im Kampf für die gerechte Sache hinterrücks von seinem eigenen inneren Killer überrannt wird.

Satan, der Teufel gilt als der gefallene Engel. In die Tiefen des Bösen ist er gestürzt und bemüht sich von dort nach Kräften, diese Energie zu verbreiten. Wer jemals mit ihr konfrontiert war, weiß, daß diese Qualität keine Erfindung, sondern sehr real ist. Sie verhüllt das Lichte in manchen Menschen fast vollständig. Fast – denn wer die Verletzlichkeit hinter ihrer Boshaftigkeit spürt, bekommt eine Ahnung von ihren verdrängten sanften und mitfühlenden Seiten. Vielleicht heißt der Teufel auch deshalb in manchen Sprachen Luzifer, der Lichtbringer.

Wie viele andere Menschen habe auch ich Schmerzen

erlebt, die nicht mehr zu ertragen waren. Waren sie doch, offensichtlich, denn ich habe sie überlebt. Aus dem Abstand betrachtet, haben sie mich geweitet und geöffnet für eine größere Wahrnehmung. Im Moment der Wahrheit aber haben sie mich im Handumdrehen auf ein hilfloses, jammerndes Häuflein Mensch reduziert. Lange habe ich mich bemüht, seelische und körperliche Schmerzen zu besiegen, sie meditativ zu nivellieren und stoisch zentriert durchzustehen wie die Helden der zahlreichen Zengeschichten, die Hunger, Kälte und Krankheit ebenso wie Verachtung, Folter und Tod mit mildem Lächeln zur Kenntnis nahmen.

Heute versuche ich das nicht mehr. Wenn ich im Zahnarztstuhl sitze, erlaube ich dem verängstigten Tier in mir, verkrampft zu zittern. Im Kendo, einer harten japanischen Kampfkunst, die ich sehr liebe, darf das weinerliche innere Kind Angst haben, ohne Opfer eines rigiden inneren Kritikers zu werden. Wenn ich dann trotzdem Zugang zum Tiger finde, gibt es einen schönen Kampf. Bei einem Vortrag vor vielen fremden Leuten gestatte ich mir, Unsicherheit, Schüchternheit und Verlegenheit zu spüren und zugleich ihren Gegenpart, den souveränen, kompetenten Redner. So bekomme ich ein Gespür für das Spektrum meiner Energien und manchmal sogar meine eigenen Hände ans Steuer. Das ist ein großer Genuß, auf den Wellen dieses inneren Meeres zu surfen und dabei meine Richtung zu bestimmen. Es ist wie ein Tanz, dessen Bewegung ich beherrsche, während ich mich zugleich ganz der Musik überlasse.

Eine wunderbare Mischung von Abwesenheit und Anwesenheit ist das. Darunter ist ein Gefühl, getragen zu sein, aufgehoben im Universum, zu Hause in mir selbst.

Es gibt mir einen Boden, auf dem ich stehe, gehe und auf den ich immer wieder zurückfalle. Nicht daß ich keine Unsicherheiten oder Niederlagen mehr erlebte – im Gegenteil, es gibt nun eher mehr davon. Verletzlicher als je zuvor fühle ich mich. Zugleich spüre ich, daß ich nicht wirklich fallen kann, weil überall nur das eine existiert: Gott. Hat mir das meine Suche eingebracht? Ja und nein. Die Leere, ja. Mich auf ein Spektrum verschiedener Energien einstimmen, ja. Die Fähigkeit, seelische Gegensätze wahrzunehmen, ja.

Gott? Nein. Gott war schon immer in mir, ich in Gott. Ich habe ihn nur wieder und wieder entdeckt. Meine Beziehung zu Gott kann mir nichts und niemand nehmen. Ebensowenig kann irgend jemand mir mehr geben als das. Es gibt nichts Besseres! Diese Erkenntnis erst macht mich frei von großen Verkündigungen und Erlösungsangeboten aller Art. Mit ihr stirbt die Suche. An ihrem Grabstein scheint die ganze lange Suche unnötig und geradezu absurd. Warum etwas suchen, was immer schon da ist? Getrieben von Sehnsucht nach Befreiung, aber kann ich meine Hand vor den eigenen Augen nicht sehen. So beginnt eben die Suche. Hätte ich auch ohne zu suchen eines Tages das Offensichtliche gesehen? Ich weiß es nicht.

Vielleicht hatte ich gute Karten. Mit einem Blatt ohne Trumpf ist es jedenfalls schwer, zu gewinnen. Immer wieder erlebe ich Menschen, die augenblicklich begreifen, worum es für sie wirklich geht. Sie sehen, verstehen und schweigen. Anderen fällt es schwerer, zum Wesentlichen vorzudringen. Zu beschäftigt sind sie mit den aufregenden, bunten Farben ihrer wechselnden Welten, um tiefer sinken zu können.

Schon das bloße Wort »Gott« ist für mich eine stärkere Medizin als Begriffe wie »Existenz«, »Essenz«, »Das«, oder »ungeborenes Selbst«.

Er ist in mir als Freude und Traurigkeit, als Lust und Schmerz, als Stille und als Zorn. Er ist um mich wie der Wind, trägt mich wie die Erde, wärmt mich wie die Sonne. Manchmal ist er wie Pulverschnee, in den ich sinke, wie die Luft, die ich atme, wie der Tee, den ich trinke, wie der Stuhl, auf dem ich sitze. Gott ist für mich so nah und so unerreichbar, so spürbar und so unfaßbar, so vertraut und so überwältigend wie ein unhörbarer Donner. Unergründlich ist er eben, wie schon manche unserer Vorfahren auf ihren Grabsteinen vermerken ließen.

Ich nenne ihn »Gott«, obwohl sie für mich genauso Göttin ist. Mit meiner sprachlichen Konditionierung kämpfe ich auch nicht mehr. Wenn ich »Gott« sage, wende ich mich an beide, denn für mich ist Gott beides und mehr. Energien, die sich so wundervoll ergänzen, sind unzertrennlich. Nur im menschlichen Bewußtsein können sie sich verdunkeln und über den Grat der Selbstüberschätzung abstürzen ins Bodenlose – wie besagter Luzifer, dessen Heimat die Hölle ist.

8.3 Frei von der Befreiung

Was ist die große Befreiung wert? Was kann ein spirituell erleuchteter Mensch bewirken, wenn als Preis der Freiheit seine Persönlichkeit einer Ruine, seine Gefühle einer Wüste und sein Körper einem Fels gleichen?

Erlebnisse spiritueller Befreiung, Erleuchtung und Verbindung zum Göttlichen beenden für manche zwar die

Suche, befreien sie aber nicht von ihrer Befreiung. Warum sollte ich mich von meiner Befreiung befreien wollen? Weil der schöne Weg zur Sackgasse wird, in der ich, wenn ich stehenbleibe, steckenbleibe. Denn angekommen am ersehnten Ziel, schwingt sich das befreite spirituelle Selbst zur bestimmenden Macht auf und regiert den ganzen Menschen. Colins Karriere als Suchender und sein Aufstieg und Fall als erleuchteter Meister (s. Kap. »Colin, der Einsiedler) verdeutlichen die enorme Kraft dieser regierenden Teilpersönlichkeit.

Sein Beispiel zeigt auch den Grund für ihre Machtergreifung: Die problematischen und schmerzhaft-verletzlichen Persönlichkeitsanteile werden ausgeblendet, damit das spirituelle Hauptselbst ihn vor Verletzungen schützen kann. Wenn alles in ihm sich auf die »Null« (vgl. auch Kapitel »Null und Eins«) der kosmischen oder göttlichen Erfahrung ausrichtet, erscheinen andere Aspekte des menschlichen Lebens banal und nebensächlich neben ihrer strahlenden Realität. Colin gleicht nun »einem Kornfeld im Wind«, wie die Autoren des Neuen Testaments den innerpsychischen Zustand Jesu so poetisch umschreiben. Worin liegt die Falle? In der Einseitigkeit eines Lebens, das von einem einzigen, mächtigen Teilselbst geführt wird. Es gibt keine Wahl, wenn das spirituelle Selbst am Steuer sitzt und mit gleichmütigem Lächeln die kindlicheren und weltlicheren Bedürfnisse ignoriert.

Nur in Einfalt und vollständiger Hinwendung zu Gott können wir solch ein Leben nach dem Vorbild der alten Heiligen führen. Menschen aber sind von Natur aus vielfältige Wesen. Wir ähneln mehr einer Stadt als einem Kloster, mehr einem blühenden Garten als einer Wüste, eher einer bunten Zirkustruppe als einem Einsiedlermönch.

Warum also sich mit der weißen Lotosblüte begnügen? Warum nicht hundert Blumen blühen lassen? Warum nicht auch die kleinen, unscheinbaren und das Unkraut?

Erst wenn ich mich vom spirituellen Selbst löse, eröffnet sich wieder das ganze Spektrum meiner menschlichen Möglichkeiten. Dann stehe ich vor ihrer Vielfalt und kann all die verschiedenen Teile meiner selbst wahrnehmen und anerkennen. Für mich war es sehr schwer, diesen Schritt zu gehen und meine Identifikation mit dem spirituellen Selbst loszulassen. Frei von dieser Bindung, lerne ich jetzt meine verschiedenen Seiten gleichermaßen schätzen. Körper, Verstand und Gefühl dürfen sich äußern, und ich ziehe die unangreifbare Leere der menschlichen Verletzlichkeit nicht mehr vor. Heilig und profan, gutmütig und durchtrieben, heldenhaft und feige, engagiert und faul, kindlich und göttlich sein zu dürfen schmeckt so viel köstlicher und reicher als jenseitige Reinheit.

Die Gewißheit der kosmischen Verbindung rückt vom Vordergrund wieder bescheiden in den Hintergrund und lernt sich einzufügen ins menschliche Leben. Dabei behält das spirituelle Selbst seine einzigartige Sonderstellung gerade, indem es diesen Status mit den anderen Selbsten teilt. So gleicht es einem Herrscher, der seinen Thron aufgibt und die Monarchie für beendet erklärt, um sich unters Volk zu mischen und mitzuspielen. Der Ex-Monarch taut auf, wird weicher, lustiger und viel verständnisvoller für die Sorgen und Nöte seiner ehemaligen Untertanen. Er zerbricht seine goldene Krone und wirft die glitzernden Kronjuwelen hoch in die Luft. Wie Götterfunken taumeln sie zur Erde zurück und legen sich als Glanz auf alle Gesichter. Grenzenlose Lebensfreude strahlt aus den Augen der befreiten Untertanen.

Da die Null, das spirituelle Selbst, unser Ursprung ist, wird sie nicht nur vom bewußteren Ich ausbalanciert, sondern bildet zugleich auch seine Wurzel. So ist sie in allen anderen psychischen Anteilen enthalten, schwingt mit in ihrem Kern. Sie lebt in der Essenz eines jeden Mitglieds des inneren Zirkus fort, im Lachen des Clowns, im Mut des Löwenbändigers, in der Leichtigkeit der Trapezartisten und im Herzen des staunenden Kindes.

8.4 Keine Sonne, kein Mond

Wer auch immer eine lebendige Verbindung zum Unendlichen spürt, hat etwas zu geben und mitzuteilen. Die traditionelle Form dieses Austauschs ist die Meister-Schüler-Beziehung, in der die strahlende Sonne des Meisters den mondhaft empfänglichen Schüler erleuchtet. Ich kenne keinen anderen Weg, der einem Sucher spürbare Resonanz zum Göttlichen so direkt vermittelt. Ihr schneller Anfangserfolg kommt daher, daß der Prozeß jedem aus der Kindheit bereits vertraut ist. Wie ein Kind die Eltern verinnerlicht, so liebt der Schüler seinen Lehrer und saugt seine Realität auf, indem er sich vollständig mit ihm identifiziert. Er spürt seine Ausstrahlung, übernimmt seine Einstellungen, lebt nach seiner Lehre und imitiert seine Gewohnheiten. In Initiationstraditionen bricht der Schüler symbolisch mit der Vergangenheit und erhält einen neuen, spirituellen Namen. Solchermaßen zum zweiten Mal geboren und getauft, gibt er sich nun als spirituelles Kind in die Hände seines Meisters.

In diesem positiven Beziehungsmuster nährt der gütige Vateranteil des Meisters den willigen Sohn im Schüler.

Umgekehrt unterstützt ein anerkennender Vateranteil im Schüler den inneren Wunderknaben-Sohn im Guru. Spätestens aber wenn der Schüler fortgeschritten ist, ändert sich das Beziehungsmuster. Bisher verdrängte Persönlichkeitsanteile im Schüler melden sich mit Aufmüpfigkeit, Protest oder Langeweile und führen zu kritischerer Sichtweise oder zum Bruch. Analog verläuft dieser Prozeß zwischen Mutterguru und Schülertochter. Bei gegengeschlechtlichen Konstellationen wird die sexuelle Komponente intensiviert.

Zwischenmenschliche Beziehungen kippen wie auf einer Wippschaukel vom positiven zum negativen Bindungsmuster und wieder zurück. Spirituelle Lehrbeziehungen bilden keine Ausnahme. Im Gegenteil, durch die enormen Erwartungen, die an sie geknüpft werden, ist ihre energetische Ladung im negativen Muster so hoch, daß enttäuschtes Vertrauen zu extremen Brüchen oder völligem Verschluß führen können.

Die Krisen verschiedener moderner Guru-Bewegungen bieten ein reiches Anschauungsmaterial für diesen zwischenmenschlichen Vorgang. Für den enttäuschten Schüler, der seinen ehemals geliebten Meister verläßt, verwandelt sich dessen göttliches Antlitz häufig in die Fratze des Leibhaftigen. Den Mann, den er für Jahre oder Jahrzehnte als das höchste Glück in seinem Leben pries, erlebt er nun als teuflischen Zerstörer seines Lebens. Viele Ex-Jünger schütten erbittert das Kind mit dem Bade aus und verlassen in einer extremen Kehrtwendung den spirituellen Weg. Manche aber finden nun den »wahren« Guru, mit dem alles anders ist – bis zur nächsten Krise. In jedem Fall wird die Beziehung zu früh verlassen für einen Schritt in die eigenverantwortliche spirituelle Arbeit. Mit dem Schmerz seiner Verletztheit wird der Enttäuschte den nächsten Erlöser magisch anziehen.

Diese Beispiele machen eines deutlich: Werden Beziehungsmuster nicht bewußt bearbeitet, wirken sie unbewußt und verschließen nach dem Honeymoon, wie in jeder anderen engen Beziehung auch, alle Türen.

Ein Blick auf die Erfolgsquote der Meister-Schüler-Beziehung ist äußerst ernüchternd. Selbst in der wohl erfolgreichsten Erleuchtungstradition, dem Zen, ist es die absolute Ausnahme, daß ein Schüler sein spirituelles Selbst realisiert. Die Mehrheit arbeitet und meditiert jahrzehntelang mit hohem persönlichem Nutzen, aber ohne ihr Ziel zu erreichen. Vielleicht liegt ein Grund für die extrem uneffektive Arbeitsweise spiritueller Lehrer in dieser undurchschauten Beziehungssituation. Bearbeiteten Meister und Schüler ihre Beziehung, könnte die Resonanz der Anfangsphase wieder schwingen. Seine Erlösungssehnsucht aber macht den Schüler für erste Beziehungsumschwünge blind und taub. Er will die heraufziehenden dunklen Wolken nicht sehen, um seine Chance auf Erleuchtung nicht zu verlieren. Tatsächlich aber hat er die energetischen Kanäle durch genau diese Verdrängung und Selbstverneinung bereits geschlossen. Der Meister andererseits ist so vollständig in seinem spirituellen Selbst aufgegangen, daß er diesen Prozeß, wenn er ihn wahrnimmt, als Teil der Illusion betrachtet, die der Schüler durchschauen muß. Folglich wird er sich wie ein kritischer Vater zurücknehmen oder einen kühleren, härteren Ton anschlagen, der dem Schüler vollends beweist, daß etwas nicht stimmt. Er führt das als schuldiger Sohn auf seine eigene Unzulänglichkeit zurück und arbeitet mit verdoppelter Anstrengung für seinen Durchbruch. Allmählich staut er dabei so viel unterdrückten Ärger auf, daß er entweder explosionsartig mit dem »Scharlatan« bricht oder seine Gefühle abtötet und zum steinernen Heiligen erstarrt.

Auf beiden Seiten wird also die Verletzlichkeit geschützt – durch kritische Distanz oder Rückzug beim Guru und durch Bruch oder Erstarrung beim Schüler. Könnten sich beide jetzt außerhalb ihrer Rollen persönlich begegnen und ihre Verletzungen zeigen, wäre die Krise vielleicht bald überwunden. Womöglich entdeckten sie dabei sogar eine neue Form des Lernens und Lehrens, in der nicht einer über dem anderen steht.

Dazu müßten beide etwas wagen. Führer und Gurus sind oft einsame Menschen. Nach außen hin betonen sie erwartungsgemäß die kosmische Glückseligkeit völlig bedürfnislosen Alleinseins – sie brauchen niemanden, weil sie ja eins mit allem sind. Dieser überpersönliche Schutzwall bietet Sicherheit vor Angriffen. Ebenso isoliert er allerdings auch von persönlichem Kontakt und unterbricht so einen Lebensstrom, der für menschliche Wesen so wichtig ist wie ihr eigener Blutkreislauf. Wenn Führer es trotzdem wagen, ihre menschliche Unvollkommenheit und Verletzlichkeit zu zeigen, gehen sie einen großen Schritt in eine neue Qualität der Beziehung. Ihre Anhänger beginnen sich mit ihnen auseinanderzusetzen, sie zu unterstützen und zu kritisieren. Sie erahnen erstmals die Möglichkeit, deren einsame Entscheidungen, Verkündigungen und Offenbarungen zu überprüfen. Mit dieser Chance verbindet sich zugleich eine große Gefahr. Das eingespielte Kind-Vater-Beziehungsmuster bricht mit dem Ende des Mythos vom perfekten Meister ein und läßt offenen, undefinierten Raum entstehen.

Aus meiner Arbeit mit Gurus weiß ich, wie bedroht

und unverstanden sie sich manchmal fühlen. Die meisten, die ich berate, sind Wirtschaftsgurus, Industrieführer. Visionäre und starke Persönlichkeiten sind sie. Natürlich vermitteln sie nicht göttliche Weisheit und bieten keine geistige Führung. Viele Menschen sehnen sich aber so sehr nach diesen Qualitäten, daß sie ihren Chef nicht selten dazu bringen, auch ihr seelischer Lebensführer zu sein. In meiner Rolle als Coach und professioneller Vertrauter stehe ich außerhalb der Beziehung und erfahre viel von dem Schmerz und der Verletztheit dieser Führer. Oft erleben sie ihre Leute als gedankenlos-egoistische Blutsauger, die undankbar und rücksichtslos nehmen, was sie kriegen können. Die Horrorvorstellung der großen Meister ist es, einmal schwach und bedürftig zu sein. Damit wäre der Mythos ihrer Meisterschaft gebrochen, und sie müßten befürchten, brutal gestürzt oder verächtlich verlassen zu werden. Diese Ängste sind keineswegs auf das Urwaldmilieu der Wirtschaft begrenzt. Ich kenne Psychotherapeuten und spirituelle Lehrer, denen es ähnlich geht. Der König hat den goldenen Glanz zu liefern. Stockt die Lieferung oder entspricht sie nicht den Wünschen der Kunden, wird er verachtet und symbolisch getötet. Die Geschichte der Kreuzigung Jesu ist in unserem Kulturkreis das archetypische Bild für diesen Vorgang. Weil er sich weigert, der König ihrer Träume zu sein, bringt das Volk ihn um. Verlassen auch von seinen engsten Jüngern, stirbt Jesus allein einen qualvollen Tod.

In ihrer Sehnsucht nach Erlösung durch den Messias erkennen die Jünger ebensowenig wie die Massen den »Menschensohn«. Sie sehen nur, was sie sehen wollen: den strahlenden, allmächtigen König, der Wunder vollbringt, ihre Wünsche erfüllt, ihre Feinde vernichtet und sie heim ins Reich führt. Das kann er tot offenbar viel besser als lebendig. Ist nämlich der »Menschensohn« mit seinen Schwächen und seiner Unvollkommenheit erst einmal getötet, kann die Verehrung seiner göttlichen Vollkommenheit ungestört inszeniert werden. Insofern ist der Fels, auf dem die christliche Kirche gebaut ist, sehr unmittelbar der Fels von Golgatha. Die Gläubigen dürfen beim heiligen Abendmahl endlich das Blut des Messias mit dem Segen der amtlich sanktionierten Gottesvertreter trinken. Modernen spirituellen Lehrern ergeht es kaum anders. Nach dem Tode Rajneeshs avancierte der staatlicherseits stets ungeliebte indische Rebell zum »großem Sohn unseres Landes«. Für den zu seinen Lebzeiten massiv behinderten Ausbau seines Ashrams standen plötzlich sogar Fördermittel zur Verfügung. Auch viele seiner Schüler wirken bei der Verehrung seiner Asche entspannter und glücklicher als bei der Ausführung seiner unberechenbaren und oft paradoxen Anweisungen.

Meisterschaft ist ein gefährlicher Mythos. Er schadet Führern wie Anhängern, weil er sie daran hindert, Verantwortung für ihr eigenes Handeln zu übernehmen. Lernten die Schüler eines spirituellen Lehrers dessen menschliche Eigenarten und Schwächen ebenso wahrzunehmen wie sein Charisma, könnten sie freier entscheiden. Sie gäben ihre Macht nicht blind an ihn ab, sondern lernten von ihm im Bewußtsein ihrer eigenen Selbstverantwortung. Beide Seiten könnten beginnen, ihre absoluten Vorstellungen mit etwas mehr Fairneß und gesundem Menschenverstand auszugleichen. Spirituelles Lernen färbte sich menschlicher und persönlicher, wenn die traditionelle religiöse Gewaltvorstellung von der endgültigen Egozerstörung geheilt würde. Respekt und Autonomie könnten die

Beziehung zwischen Lehrendem und Lernendem erfüllen. Dazu müßten beide Verantwortung für die verletzlichen Anteile in ihrer Beziehung übernehmen. Führer und Lehrer entkommen der Falle ihrer Gururolle erst, wenn sie aufhören, sich von ihren Anhängern kleinkindhaft versorgen und abschirmen zu lassen. Denn die unbewußte Kehrseite seiner Ermächtigung zum omnipotenten spirituellen Vater ist die Infantilisierung des Gurus. In manchen Fällen gipfelt sie in säuglingshafter Isolation, die als Schutz seiner hohen Sensibilität rationalisiert wird. Sie bewirkt nach einigen Jahren eine extrem regressive Haltung und gibt seinen Schülern fast uneingeschränkte Macht über sein weltliches Leben. Schüler entwachsen ihrer Abhängigkeit vom großen Erlöser, indem sie allmählich ihre eigene Kraft und ihr eigenes Licht entdecken und lernen, ihr eigenes Tor zum Göttlichen zu benutzen.

Eine neue, praktische Didaktik spirituellen Lernens wäre eher von Teamteaching als von Starpersönlichkeiten gekennzeichnet. Wenn man horizontal statt vertikal denkt, könnten die Strukturen in so einem Lernfeld auf Hierarchien und Privilegien weitgehend verzichten. Eine Institution neuen spirituellen Lernens wäre sehr irdisch orientiert und könnte sich auch politisch äußern und einmischen.

Ihre ökonomische Grundlage wäre solide. Das Einkommen ihrer Mitglieder stammte aus professioneller Tätigkeit und nicht, wie heute üblich, allein aus dem *holy business*. Der weibliche und der männliche Aspekt des Göttlichen würden geehrt. Erfahrung des Formlosen und Meditation hätten genauso ihren Raum wie psychodynamische Arbeit an Persönlichkeit und Beziehung. Es gäbe einen sehr respektvollen Umgang mit Verletzlichkeit und dem Recht jedes einzelnen auf seine persönliche Sphäre und seinen individuellen Weg.

Neues spirituelles Lernen öffnet die Tür in einen Raum, in dem es kein Herabschauen und Hinaufschauen gibt. Wer das Heilige vom Thron auf den Boden bringt, sieht das Wunderbare auch im alltäglichen Leben. Statt der eigenen »hinderlichen« Persönlichkeit nach dem Leben zu trachten, könnten wir sie mit dem spirituellen Selbst versöhnen. Vom Wunsch nach Ego-Tod gelangten wir so zu einer friedlichen Koexistenz unserer weltlichen und spirituellen Seiten. Der Vernichtungskrieg des spirituellen Selbstes, der von Buddha über die Zenmeister bis Rajneesh, von den alten Rishis über Zarathustra bis Krishnamurti gegen das menschliche Ich geführt wird, käme zu einem Ende. Kein innermenschlicher Holocaust an lebensunwerten Egos mehr, keine spirituelle Atomexplosion für den erleuchteten Endsieg! Wir lassen sie einfach alle leben, die bösen Egos und die lichtvollen, reinen Seelen, und lernen, Persönliches und Überpersönliches ins Gleichgewicht zu bringen.

8.5 Balance

Loslassen, befreit vom Ballast der Vergangenheit der Eingebung des Augenblicks folgen – das war das Credo der psychospirituellen Bewegung des letzten Vierteljahrhunderts. Durch das Loslassen aller inneren und äußeren Einschränkungen, Verkrampfungen, Blocks und Bindungen sollte sie geschehen, die große Befreiung. Revolutioniert in Bewußtsein und Sein sollte der neue Mensch das Lotusparadies auf Erden gestalten.

Losgelassen haben wir, die an spirituellen oder therapeutischen Prozessen teilnahmen, bis wir Schwielen an den Händen hatten, wie eine Autorin der frühen Rajneesh-Bewegung amüsant vermerkte. Mit Erfolg, denn Ketten wurden gesprengt, Einschränkungen überwunden, Lebensfreude, Humor, Sinn für Stille und Natur und eine neue, vertiefte spirituelle Erfahrung belohnten die Mühen mancher Sucher. Allerdings bekamen viele im Lauf der Jahre eine solche Fertigkeit im Loslassen, daß diese Fähigkeit nicht nur zur Lebensmaxime, sondern darüber hinaus zur alleinigen Lebenspraxis avancierte. So wurde eine ursprünglich kreative und nützliche Haltung, die junge 68er und andere Sucher beflügelte, fast unmerklich im stillen routinisiert. Die permanente Befreiung verkam zur endlosen Kreisbewegung, in der die routiniert Gelösten nun heiser wie eine verkratzte Schallplatte in derselben Rille den immer gleichen Ton erzeugten: Laßt alles los, seid offen, teilt alles, haftet euch an nichts, fließt mit dem Augenblick. Unsere Fähigkeiten sind dabei offenbar unterschiedlich gewichtet oder genauer gesagt »getimed«.

Erfahrene Leiter und Teilnehmer von psychospirituellen Befreiungsbewegungen wissen zu berichten, daß Frauen sich spontaner und schneller einlassen und öffnen können. Männer dagegen neigen zunächst zum Blokkieren und Kämpfen, sie trotzen dem Neuen, wollen ihr Gesicht nicht verlieren. Später allerdings wendet sich das Blatt. Sucherinnen verhalten sich nach einigen Jahren oft zäh und widerspenstig, während ihre männlichen Kollegen allmählich aufweichen. Hier mag ein biologisches Programm einrasten, in dem Frauen nach anfänglicher Öffnung und Empfängnis einer neuen Lebensweise durch ihre mütterlichen Überlebens- und Sicherungsinstinkte gebremst werden.

Ganz anders die Männer. Sie verteidigen das Heimatdorf ihrer Gewohnheiten und Überzeugungen solange sie können – dann geben sie auf und wechseln die Seiten mit fliegenden Fahnen. Gleichgültig wie wir es lernen: Loslassen ist nach vielen Jahren der Übung nicht mehr das Problem. Wer seit Jahren Menschen, Beziehungen, Länder, Orte und Tätigkeiten immer wieder aufgibt und verläßt, hat damit keine Mühe mehr. Es ist ihm ebenso zur Gewohnheit geworden wie der Mehrheit der Menschen ihre Verwurzelung im traditionellen Sicherheitsdenken. Die Herausforderung besteht, solange jemand in ängstlicher Bindung an eine bestimmte Lebenssituation sich selbst die Luft zum Atmen abschnürt. Nach einigen gelösten Jahren aber, in denen das Neue, Schrille und Unerwartete stets das Bessere war, überholt die im Hier-und-Jetzt fließenden Sucher ihr eigener Schatten. Ist die offene Wohngemeinschaft tatsächlich auch mit 50 oder 60 Jahren noch das lebenswerte Modell? Sind fließende Präferenzen auch nach 20 Jahren ungebundener Augenblickspartnerschaften wirklich die befriedigendere Alternative?

Was fehlt den geübten Loslassern? Welche inneren Haltungen und äußeren Fähigkeiten haben sie ins Abseits verdrängt? Es ist so einfach wie offensichtlich – das Verläßliche, Bodenständige, Seriöse; das Bauen und Vertrauen, das Säen für zukünftige Ernten, das Versorgen und Vorsorgen. Indem sie diese Qualitäten nur schwarz sahen und als dumpfes, vernageltes Beharren verurteilten, schnitten sie sich von ihren Segnungen ab.

Die neue Herausforderung heißt: sich einlassen und verpflichten, Bindungen eingehen, gründen, bauen, Strukturen schaffen. Materialisieren muß sich das neue Bewußtsein nun, sich manifestieren in konkreten, spürbaren und sichtbaren Ergebnissen. Das verlangt von geübten Loslassern wieder einmal ein unbequemes Umdenken. Sie sind aufgefordert, Unternehmen zu gründen, statt von der Hand in den Mund zu leben, die Themen des Mainstream zu besetzen, statt in esoterischen Ecken zu verharren, sich zu stellen, statt aus dem Weg zu gehen. Dann pflanzen und wässern wir Bäume dort, wo das Wasser fließt, und nicht in der Wüste. Wenn wir unsere konservativen Seiten mit unserer Offenheit integrieren, können wir lernen, Felder zu bestellen und zu ernten, ohne müde, faul und fett zu werden. Das wäre eine Lebenskunst, die diesen Namen eher verdient als bloßes Abwinken und Weiterziehen.

Diese Versöhnung der Gegensätze verlangt allerdings ein weiteres großes Loslassen: Nun ist es der Traum von der endgültigen Erlösung, vom egolosen freien Schweben, den wir gehenlassen. Denn ob Erfahrung oder Wunschtraum – in der Loslösung allein liegt keine Lösung für uns Menschen. Gefesselt an ihre entgegengesetzte Zwillingsschwester, die Bindung, wird auch sie zur Gefangenen der Dualität und läßt das Pendel der Waage einseitig ausschlagen. Also müssen wir beide umfassen. Wer solche Gegensätze in sich leben lassen kann, ist mit sich eins.

So gewinnen wir ein bewußteres Ich, das als Meister und gleichermaßen als Diener unserer irdischen und spirituellen Seiten Verantwortung für unser ganzes Leben übernimmt. Denn wie der weise Lebenskünstler Gurdjieff sagte:

»Das Leben ist nur wirklich, wenn ›Ich‹ bin.«

Glossar

Advaita Vedanta, Sanskrit, wörtl. »Nicht-Zweiheit«. Advaita Vedanta ist die Lehre von der nondualen Einheit aller Erscheinungen, in der Gott, Welt und Seele eins sind. Wichtigster Vertreter war Shankara. Zitat: »Nur *Brahman* ist wirklich, die Welt ist Schein, das Selbst ist nichts als *Brahman* allein.« Heute wird Advaita Vedanta auch im Westen bekannter durch einige moderne Vertreter ihrer Grundsätze wie Ramesh Balsekar, Poonjaji u. a.

Anatta (Pali), Nicht-Selbst, Nicht-Wesenhaftigkeit ist eine der zentralen Doktrinen des Buddhismus. Danach existiert kein Selbst im unvergänglichen, ewigen Sinne. Dieses Freisein von Selbstnatur wird mit *shunya* – leer bezeichnet. Leere gilt als die Natur aller Dinge.

Bankei, Bankei Eitaku, 1622–1693, jap. Zenmeister der Rinzai-Schule, einer der populärsten Zenmeister Japans. Mit ihm verbindet sich der Begriff des »Ungeborenen« als Synonym für den reinen Seinszustand ursprünglicher Leere, um den es im Zen geht.

Barnett, Michael, geb. 1930, spiritueller Lehrer, einer der frühen Schüler Rajneeshs, erforschte vor allem die energetische Dimension des Lebens. Autor zahlreicher Bücher zum spirituellen Weg. Lebt mit einer Gemeinschaft von Suchern in Frankreich.

Bhakti, Sanskrit, Liebe zu Gott, Hingabe an den Guru oder das erwählte spirituelle Ideal. Im Hinduismus einer der vier Hauptwege zur Vereinigung mit Gott

Bodhidharma, brachte um 500 n. Chr. den Buddhismus von Indien nach China. Er war der 28. Patriarch nach Buddha in der indischen Linie und der 1. Patriarch des chinesischen Ch'an aus dem später das japanische Zen wurde. Um ihn ranken sich viele Legenden, die ihn als kompromißlosen und mächtigen Meister beschreiben.

Bodhisattva, Sanskrit, Erleuchtungswesen. Ein menschliches Wesen, das die Buddhaschaft anstrebt, jedoch so lange auf sein Eingehen ins *Nirwana* verzichtet, bis alle Wesen erlöst sind. Sein Handeln ist bestimmt durch *Karuna*, Mitgefühl, und getragen von höchster Einsicht und Weisheit.

Brahmacharya, Sanskrit, Enthaltsamkeit, Keuschheit, auch Einweihung von Novizen in einen hinduistischen Mönchsorden

Brahman, Sanskrit, das ewige, unvergängliche Absolute; die höchste, nicht-duale Wirklichkeit des *Vedanta (Advaita-Vedanta).*

Buddha, Gautama, Sanskrit, Pali, Der »Erwachte«. Der Titel »Buddha« bezeichnet einen Menschen, der die zur Erlösung aus dem Kreislauf der Existenzen (Samsara) führende vollkommene Erleuchtung verwirklicht und damit die vollkommene Befreiung (Nirwana) erlangt hat. Der historische Buddha wurde als Siddharta Gautama um 563 v. Chr. als Sohn eines Fürsten aus dem Geschlecht der

Shakyas geboren, dessen kleines Reich im Vorgebirge des Himalajas im heutigen Nepal lag. Während seines Lebens als wandernder Asket wurde er als »Shakyamuni«, d.h. »der schweigende Weise aus dem Geschlecht der Shakyas«, bekannt. Er gilt als der Religionsstifter, auf den sich buddhistische Gläubige verschiedenster Ausrichtungen ebenso beziehen wie die Zen-Traditionen, deren Übertragungslinien über die Zen-Patriarchen bis auf Gautama Buddha zurückführen.

Darshan, Sanskrit, »Anblick, Anschauen«, Begegnung mit einem Guru oder Heiligen

Devi, Sanskrit, Göttin. Das Wort kann sich auf jede weibliche Gottheit des Hinduismus beziehen. Oft wird es dem Namen einer Göttin beigegeben, z.B. Lakshmi-Devi.

Dharma, Sanskrit, tragen, halten. Im Buddhismus das kosmische Gesetz, die »Große Ordnung«, der unsere Welt unterliegt. Auch die Lehre des Buddha, der dieses Gesetz erkannt hat, d.h. also die Lehre, die universelle Wahrheit ausdrückt. Zu diesem Dharma nimmt der Buddhist Zuflucht.

Erleuchtung, damit wird in Ermangelung eines geeigneteren Ausdrucks der Sanskrit-Terminus *Bodhi* (wörtl. Erwachen) und das japanische *Satori* oder *Kensho* übersetzt. Es hat allerdings nichts mit optischen Lichterfahrungen zu tun. Vielmehr wird der Mensch plötzlich der Leere inne, die er selbst ist und die es ihm ermöglicht, das wahre Wesen aller Dinge zu begreifen. Der Mensch überschreitet seine bisherigen Begrenzungen und realisiert seine unwahrnehmbare, undenkbare, unfühlbare, unendliche Natur jenseits von Sein und Nicht-Sein.

Gaia, griech. Göttin der Erde, Mutter des Uranus, die alle Lebewesen nährende Mutter, Herrscherin über Leben und Tod. Sie trägt eine Sichel, mit der sie den Tod auf die Erde bringt. In New-Age-Kreisen gilt Gaia als Synonym für den Planeten Erde als lebendigem, bewußtem Organismus.

Gral, keltisch-christlich, Füllhorn und die sagenhafte Schale, in der das Blut Christi bei der Kreuzigung aufgefangen worden sein soll. Im Mittelalter wurde die Suche nach dem Heiligen Gral zum Synonym für die Suche nach der höchsten Wahrheit. In der Artus-Sage sind es die ehrenhaften Ritter der Tafelrunde des König Artus, deren höchstes Ziel es ist, den Heiligen Gral finden. In Abbildungen wird er meist als strahlender goldener Kelch dargestellt. Symbolisch ist der Gral das offene Gefäß der suchenden Seele, in das aufgrund ihrer Leere und Offenheit die göttliche Wahrheit einströmen kann.

Gurdjieff, Georg Iwanowitsch, 1866–1949, umstrittener spiritueller Lehrer und Lebenskünstler, der in den 20er und 30er Jahren durch sein ungewöhnliches, manchmal skandalöses Auftreten viel gesellschaftliche Beachtung fand. Als junger Mann unternahm der in Armenien geborene Abenteurer und Gottsucher gefahrvolle Reisen zu den asiatischen Zentren des Glaubens und Wissens, um die geheimen Lehren der esoterischen Traditionen kennenzulernen – was ihm offenbar gelang. In seinem »Institut zur harmonischen Entwicklung des Menschen« zunächst in Tiflis, dann in Fontainebleau vermittelte er seinen teils prominenten Schülern aus aller Welt sein eigenes psycho-spirituelles System und führte sie auf seinem Weg zum »wirklichen Leben«.

Guru, Sanskrit, Lehrer, insbesondere der spirituelle Lehrer oder Meister. In der Hindu-Tradition ist die Guru-Rolle in vier Stufen definiert: 1. Die Eltern als Tor und Einführung ins Leben, 2. die weltlichen Lehrer in Schule und Ausbildung, 3. Spirituelle Lehrer und Führer, die Wege in die innere Welt weisen, 4. Kosmischer Guru, zu dem der spirituelle Meister hinführt. Er ist als göttliche Inkarnation vergleichbar dem Gottessohn Jesus im Christentum.

An einem gewissen Punkt der inneren Entwicklung übernimmt das eigene Selbst die Gururolle. Im Sanskrit heißt das *Antaryamin*, wörtl. »innerer Führer«.

Hakuin, Hakuin Zenji, 1686–1769, war einer der bedeutendsten jap. Zenmeister der Rinzai-Schule. Er gilt als der Vater des modernen Rinzai-Zen. Hakuin systematisierte die Koan-Schulung und betonte die Bedeutung des Zazen, der Sitzmeditation. Ihm wird das bekannte Koan »Was ist der Ton einer klatschenden Hand?« zugeschrieben.

Heraklit, griech. Philosoph um 500 v. Chr., wurde beschrieben als der »Rätselhafte«, da seine Philosophie der strikten, linearen Logik seines Kollegen Aristoteles widersprach. Er gilt als der erste griech. Philosoph, der die Idee einer menschlichen Seele beschrieb. Nur wenige Fragmente seiner Verse sind überliefert.

Hermes Trismegistos, Hermes ist der griech. Name des altägyptischen Gottes Thoth. Trismegistos heißt der dreimal Große. Eine Biographie des Hermes als Begründer der nach ihm benannten hermetischen Philosophie ist nicht bekannt. Manche Historiker sehen ihn als symbolische Figur, in dessen Namen viele anonyme Philosophen schrieben. Hermes gilt als der weise Übermittler der »Tabula smaragdina«, der smaragdenen Tafel der Weisheit, deren bekanntester Lehrsatz lautet: »Wie oben, so unten.«

Hoshin, jap. Zenmeister, 12. Jahrhundert

Hui K'e, bisweilen auch Hui K'o genannt, jap. Name Eka, 487–593 n. Chr., gilt als der 2. Patriarch des Zen in China. Er empfing die Lehre direkt von Bodhidharma und wurde sein Dharma-Nachfolger. Überlieferungen beschreiben Hui K'e als einen sehr aufrichtigen, selbstkritischen und unorthodoxen Lehrer. Im Alter von 106 Jahren soll er aufgrund der Denunziation neidischer buddhist. Priester wegen Häresie hingerichtet worden sein.

Hybris, altgriech., Stolz, Selbstüberhebung über das Gleichgewicht der Kräfte im griech. Kosmos durch einseitige Betonung eines Aspektes des Ganzen

Jivanmukti, Sanskrit, ein »zu Lebzeiten Befreiter«, ein Mensch, der sich noch im Körper befindet, sich aber von der Illusion (*Maya* >) der Getrenntheit befreit hat und sich eins mit Brahman weiß

Jnani, Sanskrit, ein »Wissender«, der die letzte Wirklichkeit der Einheit von *Brahman* und Einzelseele kennt. Sein Weg, *Jnana*, ist der rein intellektuell-logische Weg der Gotteserkenntnis, dessen Prozeß *Neti-Neti* kompromißloses Unterscheidungsvermögen verlangt. Ein Jnani tut alles, was *Maya* ist, als unwirklich ab, bis nur noch *Brahman* bleibt.

Kali, Sanskrit, die Schwarze, weibl. hinduistische Gottheit, die grimmige Gemahlin Shivas. Sie steht auf der hingestreckten Gestalt ihres Gatten Shiva. Kali trägt einen Gürtel aus abgeschlagenen Armen und eine Halskette aus Schädeln. Von ihren vier Armen hält die untere linke Hand den blutenden Kopf eines Dämons, die obere linke ein Schwert. Mit ihrer rechten oberen Hand macht sie das Zeichen der Furchtlosigkeit, mit der unteren rechten gewährt sie Wohltaten. Kali ist das Symbol für Auflösung und Zerstörung und wird besonders in Bengalen verehrt. Ihre bekanntesten Tempel befinden sich in Kalighat und Dakshineshvara, wo *Ramakrishna* Priester der Kali war.

Kalptaru, Sanskrit, der himmlische Baum der Hindu-Mythologie, der alle Wünsche, die man unter ihm äußert, erfüllt

Karuna, Sankskrit, Pali. Erbarmen, Mitgefühl, bezeichnet alle Handlungen und Haltungen, die helfen, das Leiden anderer zu verringern. Karuna ist die hervorragende Eigenschaft aller *Bodhisattvas* und *Buddhas*

Koan, jap., wörtl. »öffentlicher Aushang«, bedeutete es ursprünglich einen juristischen Präzedenzfall. Im *Zen* bedeutet Koan ein Paradoxon, ein unlösbares Rätsel, dessen Lösung jenseits des Denkbaren liegt. In der Koan-Prüfung schaut der Meister, ob sein Schüler dualistisches Denken transzendiert hat und den Sprung auf eine andere Ebene des Begreifens vollzieht.

Krishna, Sanskrit, dunkelblau, Symbol für den unendlichen Raum des Universums. Der Hindu-Gott Krishna ist der gefeiertste Held der ind. Mythologie und die bekannteste aller Hindu-Gottheiten. Um ihn haben sich zahlreiche Fabeln, Legenden und Geschichten gebildet.

Krishnamurti, Jiddu, 1896–1985, spiritueller Philosoph und Lehrer, der keine Schüler wollte, sondern Gleiche. Theosophen entdeckten ihn als Kind am Strand in Südindien und brachten ihn als 15jährigen nach England, um ihn auf die Rolle des »Weltlehrers« vorzubereiten. Krishnamurti ließ sich darauf ein, bis er als 33jähriger plötzlich das Projekt platzen ließ, die für ihn geschaffene Organsiation auflöste und begann, seine eigene Lehre individueller Befreiung zu verbreiten. Sie löste weltweit hohe Resonanz vor allem in intellektuellen Kreisen aus.

Krishnamurti, U.G., geb. 1918, indischer Anti-Philosoph und Anti-Guru, kurzzeitiger Weggefährte J. Krishnamurtis, der sich einen Namen durch seine Ablehnung jeder Form spirituellen Lehrens und Lernens machte

Mansur, Al Hallaj, 858–922, persischer Mystiker des Islam, der öffentlich predigte und seine mystische Erfahrung in dem berühmten Satz »An'al Haqq – Ich bin Gott« verkündete. Seine islamischen Zeitgenossen sahen das als Blasphemie an und richteten ihn auf grausame Weise hin.

Matriarchat, mutterrechtliche Gesellschaftsform, in der die Frauen gesellschaftliche Machtpositionen innehaben und Politik, Wirtschaft und Lebensformen bestimmen. Götterbilder und -namen sind weiblich und die Erde wird mit ihren natürlichen Zyklen als Mutter allen Lebens besonders geehrt. Die matriarchalische Phase der Menschheit dauerte je nach historischer Einschätzung zwischen dreihunderttausend und drei Millionen Jahre.

Maya, Sanskrit, Täuschung, Illusion, Schein. Als Nicht-Erkenntnis oder Illusion überdeckt Maya *Brahman* und verschleiert die Sicht des Menschen, so daß er nur die Vielfalt des Universums erblickt und nicht die eine Wirklichkeit.

Meister Eckhart, 1260–1329, deutscher Mystiker und Prediger, der mit viel Mut seine ekstatischen Lehren der Vereinigung des Menschen mit Gott verkündete und dessen Lehrsätze durch die päpstliche Bulle des Johannes XXII. »In agro dominico« verdammt wurden. Unter den seinerzeit üblichen einschlägigen und eindeutigen Bedrohungen des Papstes widerrief Eckhart seine Aussagen, wie z.B. »Wo aber Gott ist, da bin ich, und wo ich bin, da ist Gott.«

Moksha, Sanskrit, endgültige Befreiung und Erlösung von allen weltlichen Bindungen und dem Kreislauf von Geburt, Tod und Wiedergeburt durch Vereinigung mit Gott oder Erkenntnis der letzten Wirklichkeit

Neo-Sannyas, von *Rajneesh* > modernisierte und reformierte Form des Hindu-Mönchstums *Sannyas*. Traditionell entsagen die Hindu-Sannyasin der Welt und leben in völliger Besitzlosigkeit und Keuschheit ganz auf die Verwirklichung ihrer Befreiung *Moksha* ausgerichtet. Die von Rajneesh eingeweihten Neo-Sannyasin leben ohne mönchische Auflagen in der Welt, sollen sich aber innerlich darauf ausrichten, nicht »von der Welt zu sein«. Wie die Hindu-Sannyasin bekommen sie mit der Initiation einen spirituellen Namen, tragen orangefarbene Kleidung und die *Mala*, eine Kette aus hundertundacht Perlen, allerdings geschmückt durch ein Bild Rajneeshs. In seinen späten Jahren ließ Rajneesh auch das Gebot der orangefarbenen Kleidung und der Mala fallen. Nur der spirituelle Name blieb.

Nirwana, Sanskrit, Pali, Verlöschen, ein Zustand der Befreiung oder Erleuchtung gekennzeichnet durch das Aufgehen des individuellen, vergänglichen Ich in *Brahman*. Nirwana befreit den Menschen von Leiden, Tod und Wiedergeburt und allen anderen Formen weltlicher Bindung. Nirwana bezeichnet das höchste transzendente Bewußtsein. Im Buddhismus bezeichnet Nirwana die Beendigung des Leidens (*Dukha*).

NLP, Neurolinguistisches Programmieren. Kurzzeittherapietechnik, entwickelt von einem amerikanischen Computerspezialisten in Zusammenarbeit mit einem Linguisten. In der Beobachtung des Verhaltens erfolgreicher Therapeuten bemühten sich die NLP-Begründer, Bandler und Grinder, die »Codes« herauszufiltern, die diese in der therapeutischen Arbeit benutzten, um sie dann technisch reproduzierbar darzustellen und als Lernprogramm zu systematisieren. Ziel von NLP ist schnelle Änderung eines unerwünschten Verhaltens bzw. Beseitigung eines Symptoms und Erlernen erwünschten Verhaltens, sowie die Induktion erwünschter innerer Zustände.

Novalis, Pseudonym für Friedrich von Hardenberg, 1772–1801, Dichter der ersten Generation deutscher Romantiker, der für die »Blaue Blume« als Sinnbild der Sehnsucht nach Befreiung und Liebe steht. Der Tod seiner Geliebten, Sophie von Kuhn, im Jahre 1797 inspirierte Novalis zu seinem Hauptwerk »Hymnen an die Nacht«, das in ekstatischen Rythmen die mystischen Visionen feiert, die er an ihrem Grab hatte.

Patriarchat, vaterrechtliche Gesellschaftsform, in der die Männer die gesellschaftlichen Schlüsselpositionen innehaben und Macht ausüben. Patriarchalische Religion verehrt männliche Gottheiten oder Patriarchen, die als Meister über den gewöhnlichen Menschen stehen. Frauen werden geringer als Männer eingeschätzt, der Zugang zu Einfluß und Macht wird ihnen verwehrt oder beschnitten. Die Herrschaft des Patriarchats begann mit männlichen Revolutionen gegen das weltweit herrschenden Matriarchat vor drei-bis viertausend Jahren.

Rajneesh, Chandra Mohan, 1931–1990, bekannt als Bhagwan Shree Rajneesh, später Osho, kontroverser indischer Mystiker und spiritueller Lehrer, der in den siebziger Jahren Tausende von Schülern aus westlichen Industrienationen anzog, die in seinem Ashram in Poona/Indien Erleuchtung suchten und eine Mischung aus östlicher Weisheitslehre, Meditation und westlicher Psychotherapie erfuhren. Er initiierte seine Schüler in *Neo-Sannyas*, eine Reform des traditionellen Hindu-Sannyas. Mit zahlreichen Provokationen und Skandalen erregte Rajneesh immer wieder die Aufmerksamkeit der internationalen Öffentlichkeit und erreichte einen hohen Bekanntsheitsgrad. Er entwickelte mehrere aktive Meditationstechniken, wie die »Dynamische Meditation«, in der bioenergetische Elemente den Meditierenden helfen, Spannungen abzuschütteln, bevor sie in die Stille eintauchen. In freien Vorträgen sprach Rajneesh über religiöse und spirituelle Traditionen und entwickelte sein Selbstbild als Meister vom Rang eines Buddha oder Jesus und seine Vision eines »Neuen Menschen«. Aus seinen Vorträgen transkribierten Schüler mehrere hundert Bücher, die in viele Weltsprachen übersetzt wurden. In den achtziger Jahren gründete Rajneesh in Oregon, USA, eine internationale Kommune. Konflikte mit Nachbarschaft und Staat führten 1985 zur Schließung der Kommune und Ausweisung Rajneeshs, der später in Poona seinen Ashram weiterführte, in dem auch nach seinem Tode das Therapie- und Meditationsprogramm weiterläuft und sein Mausoleum von Tausenden besucht wird.

Ramakrishna, 1836–1886, Heiliger in Bengalen, Indien, der heute von vielen Hindus als göttliche Inkarnation verehrt wird. Durch die Kraft seiner spirituellen Verwirklichung bewirkte er eine Wiederbelebung und Erneuerung des Hinduismus, der durch das materielle Fortschrittsdenken und den christlichen Einfluß der britischen Kolonialregierung an Einfluß verloren hatte. Kurz vor seinem Tode weihte er einige seiner Schüler zu Mönchen und legte damit den Grundstein für den später von seinem Schüler Vivekananda gegründeten Ramakrishnaorden.

Ramana Maharshi, 1879–1950, einer der bedeutendsten indischen Heiligen der Neuzeit. Im Alter von 17 Jahren kam Ramana ohne Anleitung eines Gurus zu einer tiefen Erfahrung seines spirituellen Selbst. Nach Jahren schweigender Zurückgezogenheit am heiligen Berg Arunachala in Südindien begann er, Sucher zu empfangen und Fragen zu beantworten. Dabei folgte er keinem bestimmten Lehrsystem, sondern seiner Erfahrung der Nicht-Zweiheit *Advaita*. Seine Lehrmethode bestand darin, den Fragenden immer wieder mit der Frage »Wer bin ich?« auf sich selbst zurückzuweisen.

Sadhu, Sanskrit, abgeleitet von »sadh« – zum Ziele führen. Ein Heiliger, oft ein Mönch, der Gott verwirklichen will und der Welt entsagt hat.

Samadhi, Sanskrit, fixieren, festmachen. Ein Bewußtseinszustand, der über Wachen, Träumen und Tiefschlaf hinausgeht und in dem das Denken aufhört. In Samadhi verschmilzt der Mensch mit dem Göttlichen und vergißt die Welt um sich herum. Manche Traditionen betrachten Samadhi als Folgezustand der *Erleuchtung* bzw. des *Satori*

Samsara, Sanskrit, Wanderung. Der Kreislauf von Geburt, Tod und Wiedergeburt, dem jeder Mensch unterworfen ist, solange er in *Maya*, in Illusion und Nicht-Erkenntnis, lebt und seine Identität mit *Brahman* < nicht erkannt hat

Sannyas/Sannyasin, siehe *Neo-Sannyas*

Satori, siehe Erleuchtung, Zen-Terminus für die Erfahrung des Erwachens. Abgeleitet von »satoru«-erkennen, bedeutet aber keine intellektuelle sondern eine existentielle Erkenntnis.

Shakti, Sanskrit, Kraft, Macht, Energie, auch die Gemahlin *Shivas*, die als Göttliche Mutter in Indien unter verschiedenen Namen (z. B. Devi, Durga, Kali) verehrt wird. Sie ist die Personifizierung der Ur-Energie, der dynamische Aspekt Gottes, durch den er erschafft, erhält und auflöst.

Shiva, Sanskrit, der Gütige, Freundliche, die dritte Gottheit der Hindu-Trinität Brahma, Vishnu und Shiva, in der er der Gott der Auflösung und Zerstörung ist. Als Zerstörer der Illusion ist er eine segensvolle Gottheit. Sein Symbol ist der Lingam. Er wird oft in Vereinigung mit seiner Gemahlin *Shakti* dargestellt.

Sosan, chin. Seng-ts'an, gestorben 606 (?) n. Chr. der dritte Patriarch des Zen in China, der Nachfolger von Hui K'e. Über sein Leben sind kaum Einzelheiten bekannt, und seine Gestalt ist von Legeden umrankt. Er gilt als Autor des Shinjinmei, einer frühen Schrift des Zen in Gedichtform, die starke taostische Einflüsse erkennen läßt.

Teilpersönlichkeiten, siehe Voice Dialogue

Tagore, Rabindranath, 1861–1941, der bedeutendste indische Dichter der Neuzeit. Zu seinen lyrisch-mystischen Hauptwerken gehört *Gitanjali*.

Tao, chinesisch, Weg, zentraler Begriff des Taoismus, der davon seinen Namen ableitet. Im Tao Te Ching des Lao Tse ist das Tao das allumfassende Erste Prinzip, das allen Erscheinungen zugrunde liegt. Tao bezeichnet die eine Wirklichkeit, aus der das Universum entspringt, den Urquell allen Seins, in den auch alles wieder zurückkehrt. Einheit mit dem Tao zu verwirklichen ist für die Taoisten möglich, indem sie die Einheit, Einfachheit und Leere des Tao in sich selbst intuitiv erkennen.

Tathagata, Sanskrit, Pali, der so Gekommene, Vollendete, einer der zehn Titel des Buddha, dessen er sich selbst bediente, wenn er von sich oder anderen Buddhas sprach

Tathata, Sanskrit, Soheit, im Buddhismus das absolute, wahre Wesen aller Dinge jenseits von Begriffen und Unterscheidungen. Tathata als das So-Sein der Dinge stellt die Erkenntnis der Einheit von Subjekt und Objekt in der Erfahrung der Erleuchtung (Satori, Kensho) dar.

Ungeboren, siehe Bankei

Unio mystica, die innere Vereinigung der Gegensätze, die in mystischen Traditionen Europas für die Verwirklichung des höchsten Bewußseinszustandes steht. Siehe auch Erleuchtung.

Veden, Sanskrit, Wissen, heilige Lehre, die Gesamtheit der ältesten Texte der indischen Literatur, denen orthodoxe Hindus übermenschlichen Ursprung und göttliche Autorität zuschreiben

Voice Dialogue, von dem amerikanischen Psychologenehepaar Hal und Sidra Stone entwickelte Methode zur Entwicklung eines bewußten Ich. In Begegnung mit den inneren Stimmen, Selbsten oder Teilpersönlichkeiten, aus denen die seelische Ganzheit sich zusammensetzt, erfährt sich das Individuum als separiert von ebenjenen inneren Stimmen, mit denen es zuvor unbewußt ichhaft identifiziert war. Ihre Psychologie der Selbste beschreibt in Weiterentwicklung der Jungschen Psychologie, wie sich zum Schutze der Verletzlichkeit des Kindes diese Teilselbste sinnvoll entwickeln, um schließlich die Psyche zu dominieren und als handelndes Ich zu funktionieren. Mit der allmählichen Entwicklung eines bewußten, von den Teilselbsten getrennten Ich kann das Individuum das Spektrum seiner Selbste und Energien erkennen und lernen, aus bewußter Wahl zu handeln.

Zen, japanische Lesart des chinesischen *Ch'an*, das wiederum die Übersetzung des Sanskrit-Wortes *Dhyana* ist. Bezeichnet die Sammlung des Geistes und Versunkenheit, in der alle dualistischen Unterscheidungen wie Ich – Du, wahr – falsch, innen – außen usw. aufgehoben sind.

Die Zen-Tradition ist eine Schule des Mahayana-Buddhismus, die sich im China des 6. und 7. Jahrhunderts aus der Begegnung des von Bodhidharma nach China gebrachten Dhyana-Buddhismus mit dem Taoismus entwickelte. Die Lehren des Zen sind darauf gerichtet, zur Selbst- und Wesensschau und schließlich zum vollen Erwachen (Satori, Kensho, Erleuchtung) zu führen. Als kürzesten, aber auch steilsten Weg zum Erwachen lehrt Zen die Praxis des Zazen, des stillen, absichtslosen Sitzens in nicht-wertender Aufmerksamkeit.

Literatur

Adriel, Jean, Avatar. The Life Story of Avatar Meher Baba, Berkeley 1947
Almaas, A. H., Essence, York Beach, 1986
ders., The Elixir of Enlightenment, York Beach, 1984

Baba, Meher, The Everything and the Nothing, Berkeley 1971
Bankei, Das Ungeborene, München 1983
Barnett, Michael, Es gibt nichts Besseres, Zürich 1987
ders., Handbuch für die Kunst des Springens, Zürich 1987
ders., The Arrow of Man, Zürich 1991
Bennet, John G., Idiots in Paris, London 1973
Benoit, Hubert, The Supreme Doctrine. Psychological Studies in Zen Thought, New York 1955
Bharati, Agehananda, The Light At The Centre, London 1976
Blofeld, John (Hg.) Huang-Po, Der Geist des Zen, München 1983
ders., The Importance of Living, New York 1974
Buber, Martin, Die Erzählungen der Chassidim, Zürich 1949
Bukkyo Dendo Kyokai, Die Lehre Budhhas, Tokio 1984
Bullock, Alan, Hitler. Eine Studie über Tyrannei, Düsseldorf 1960

Dethlefsen, Thorwald/Dahlke R., Krankheit als Weg, München 1983
Deshimaru, Taisen, Za-Zen, Heidelberg 1993
Dürckkeim, Karlfried, Vom doppelten Ursprung des Menschen, Freiburg 1973

Eliade, Mircea, Yoga, Unsterblichkeit und Freiheit, Frankfurt 1988
Evans-Wentz, W. Y. (Hg.) Das tibetanische Totenbuch, Olten-Freiburg 1993

Fester, R., König M./Jonas D. u. a., Weib und Macht, Frankfurt 1979

Gurdjieff, G. I., Views from the Real World, New York 1973
Govinda, Lama Anagarika, Grundlagen tibetanischer Mystik, München 1993

Helwig, P., Charakterologie, Freiburg 1967
Hellinger, B., Ordnungen der Liebe, Heidelberg 1996
Hesse, Hermann, Der Steppenwolf, Frankfurt 1955
ders., Siddhartha, Frankfurt 1953
Heraklit, Die Fragmente, o. J.
Herrigel, Eugen, Der Zen-Weg, München 1983

Isherwood, Christopher, Ramakrishna and His Disciples, Hollywood 1965

Jung, C. G., Der Mensch und seine Symbole, Olten-Freiburg 1982
ders., Erinnerungen, Träume, Gedanken, Olten-Freiburg 1992

Kkayaam, Omar, The Rubaiyat, New York 1974
Kerényi, Karl, Antike Religion, München–Wien 1971
Krishnamurti, U. G., The Mystique of Enlightenment, Goa 1982
Krishnamurti, J., Krishnamurti's Notebook, London 1977

ders., Krishnamurti's Journal, London 1982
ders., Freedom from the Known, London 1969

Laing, Ronald D., Phänomenologie der Erfahrung, Frankfurt 1967
ders., Das Selbst und die Anderen, Köln 1973
ders., Knoten, Hamburg 1986
Lexikon der östlichen Weisheitslehren, Bern, München, Wien 1986
Lincoln, H., Baigent, M, Leigh, R., Der Heilige Gral und seine Erben, Berg. Gladbach 1984
Lutyens, Mary: Krishnamurti: The Years of Awakening, New York 1976
dies., Krishnamurti: The Years of Fulfillment, New York 1983

Mahler, Margaret, u. a., The Psychological Birth of the Human Infant, New York 1975
Marcuse, Herbert, Der eindimensionale Mensch, Neuwied, 1971
Mata Amritanandamayi, Mutter der unsterblichen Glückseligkeit, Interlaken 1993
Meister Eckehart, Deutsche Predigten und Traktate, München 1963
Mensching, Gustav, Buddha und Christus, Stuttgart 1978
Merton, Thomas, Mystics and Zen Masters, New York 1967
Moore, James, Gurdjieff. Eine Biographie, Bern, München, Wien 1992
Muktananda, Swami, Guru. New York 1971

Naranjo, Claudio, Psychologie der Meditation, Frankfurt 1976

Nietzsche, Friedrich, Also sprach Zarathustra, Sämtliche Werke, Stuttgart 1988
Novalis Werke, Leipzig, o. J.

Ohtsu, R. (Hg.), Der Ochs und sein Hirte, Pfullingen 1958
Ornstein, Robert, On the Experience of Time, London 1969
Osborne, Arthur, The Collected Works of Ramana Maharshi, New York 1969
Ouspensky, P. D., Der vierte Weg, Basel 1991
ders., Auf der Suche nach dem Wunderbaren, München 1978

Picker, Henry, Hitlers Tischgespräche im Führerhauptquartier, Stuttgart 1977

Ramakrishna, The Gospel of Ramakrishna, New York 1958
Rajneesh, Bhagwan Shree (Osho), I am the Gate, Poona 1975
ders., Goldene Augenblicke, München 1986
ders., The Hidden Harmony, Poona 1976
ders., The Psychology of the Esoteric, New York 1979
Reich, Wilhelm, Die Massenpsychologie des Faschismus, Köln 1986
Reps, Paul, Ohne Worte – ohne Schweigen, Bern–München–Wien 1976
Roberts, Jane, Gespräche mit Seth, München 1993
Rumi, Jalal al-Din, Mystical Poems of Rumi, Chicago 1968

Satprem, Sri Aurobindo oder das Abenteuer des Bewußtseins, Gladenbach 1991
Shah, Idries, Karawane der Träume, Basel 1982
Shapiro, David, Neurotische Stile, Göttingen 1991
Sosan, Shinjinmei, Berlin 1978
Schumann, Hans W., Der historische Buddha, Köln 1982
Schulz von Thun, F., Miteinander Reden, Band 2, Reinbek 1989
Speer, Albert, Erinnerungen, Frankfurt–Berlin 1969
Sloterdijk, Peter, Weltfremdheit, Frankfurt 1993
Stone, Hal, Embracing Heaven and Earth, Marina del Rey 1985
Stone, Hal und Sidra, Du bist Viele, München 1994
Suzuki, Shunryu, Zen Geist, Anfänger Geist, Küsnacht 1993
ders., Leben aus Zen. Eine Einführung, München 1987

Tagore, Rabindranath, The Religion of Man, Boston 1966
Trungpa, Chogyam, Spirituellen Materialismus durchschneiden, Küsnacht 1993
ders., Aktive Meditation, Olten-Freiburg 1992

Wilber, Ken, Eros, Kosmos, Logos, Frankfurt 1996
Wong Mou-Lam, The Sutra of Hui Neng, London 1966

Yogananda, Paramhansa, Autobiographie eines Yogi, München 1996

Zimmer, H., Der Weg zum Selbst. Lehre und Leben des Shri Ramana Maharshi, München 1974
ders. Abenteuer und Fahrten der Seele, München 1977
ders., Indische Mythen und Symbole, München 1981

Louise L. Hay

Seit Gesundheit für Körper und Seele vor 20 Jahren zum ersten Mal erschien, ist es zu einem der erfolgreichsten Selbsthilfebücher geworden – mit über 30 Millionen Weltauflage, davon über 1,5 Millionen in Deutschland.

Gesundheit für Körper und Seele
304 Seiten
€ [D] 8,95 / € [A] 9,20 / sFr 16,50
ISBN 3-548-74097-9

Wahre Kraft kommt von Innen
256 Seiten
€ [D] 8,95 / € [A] 9,20 / sFr 16,50
ISBN 3-548-74098-7

Die Kraft einer Frau
192 Seiten
€ [D] 7,95 / € [A] 8,20 / sFr 14,80
ISBN 3-548-74096-0

Das große Buch der heilenden Gedanken
400 Seiten
€ [D] 11,95/€ [A] 12,30/sFr 21,50
ISBN 3-548-74095-2

Die innere Ruhe finden
192 Seiten
€ [D] 6,95/€ [A] 7,20/sFr 12,80
ISBN 3-548-74099-5

Ullstein Taschenbuch